CAMBRIDGE
UNIVERSITY PRESS

Panorama francophone 2

Danièle Bourdais, Sue Finnie, Geneviève Talon
Coordination pédagogique: Jenny Ollerenshaw

CAMBRIDGE
UNIVERSITY PRESS

University Printing House, Cambridge CB2 8BS, United Kingdom

One Liberty Plaza, 20th Floor, New York, NY 10006, USA

477 Williamstown Road, Port Melbourne, VIC 3207, Australia

4843/24, 2nd Floor, Ansari Road, Daryaganj, Delhi – 110002, India

79 Anson Road, #06–04/06, Singapore 079906

Cambridge University Press is part of the University of Cambridge.

It furthers the University's mission by disseminating knowledge in the pursuit of education, learning and research at the highest international levels of excellence.

www.cambridge.org
Information on this title: www.cambridge.org/9781107572676

First published 2015

20 19 18 17 16 15 14 13 12 11 10 9 8 7 6

Printed in the United Kingdom by Latimer Trend

A catalogue record for this publication is available from the British Library

ISBN 978-1-107-57267-6 Paperback

Cambridge University Press has no responsibility for the persistence or accuracy of URLs for external or third-party internet websites referred to in this publication, and does not guarantee that any content on such websites is, or will remain, accurate or appropriate. Information regarding prices, travel timetables, and other factual information given in this work is correct at the time of first printing but Cambridge University Press does not guarantee the accuracy of such information thereafter.

This work has been developed independently from and is not endorsed by the International Baccalaureate (IB).

IB consultant: Irène Hawkes

....

En route vers l'aventure

Chapitre 1

Aspects couverts

* Les activités
* Les coutumes et traditions locales
* L'hébergement
* Le temps
* Les moyens de transport
* Les voyages

Grammaire

* L'imparfait (rappel)
* Le passé composé (rappel)
* Les connecteurs logiques pour illustrer ou amplifier
* L'impératif (rappel)
* Le plus-que-parfait

1 Mise en route

Regardez l'image. Que voyez-vous dans la valise ? Écrivez une liste. Ensuite, comparez avec un(e) camarade.

Exemple : un avion, …

2 Parlez

Fermez le livre. De mémoire, dites tout ce qui est dans la valise. Votre camarade vérifie. Gagnez un point par objet correct.

3 Parlez

À votre avis, les vacances, c'est pour :

* s'évader, se reposer ?
* se faire de nouveaux amis ?
* découvrir d'autres villes, régions ou pays ?
* aider les autres / la planète ?

Discutez en classe.

Souvenirs de vacances

Les vacances au bord de la mer
(une chanson de Michel Jonasz)

On allait au bord de la mer
Avec mon père, ma sœur, ma mère
On regardait les autres gens
Comme ils dépensaient leur argent

5 Nous, il fallait faire attention
Quand on avait payé le prix d'une location
Il ne nous restait pas grand-chose*

Alors, on regardait les bateaux
On suçait des glaces à l'eau
10 Les palaces, les restaurants
On ne faisait que passer devant
Et on regardait les bateaux
Le matin, on se réveillait tôt
Sur la plage, pendant des heures
15 On prenait de belles couleurs

On allait au bord de la mer
Avec mon père, ma sœur, ma mère
Et quand les vagues étaient tranquilles
On passait la journée aux îles
20 Sauf quand on pouvait déjà plus

Alors, on regardait les bateaux
On suçait des glaces à l'eau
On avait le cœur un peu gros**
Mais c'était quand-même beau

* pas grand-chose = presque rien
** avoir le cœur gros = être triste

Pierre Grosz (auteur), Michel Jonasz (compositeur),
© Warner Chappell Music France

1 Lisez

Lisez les paroles, à gauche. Trouvez le nom de :
- trois membres de la famille
- un moyen de transport
- quelque chose à manger

2 Compréhension

Vrai ou faux ? Justifiez vos réponses avec les mots du texte.

Exemple : Le chanteur raconte ce qu'il va faire l'année prochaine.

FAUX. (On allait… On regardait… – verbes à l'imparfait)

1 Enfant, il partait en vacances en famille.

2 D'habitude, ils allaient à la montagne.

3 La famille n'était pas très riche.

4 Le soir, ils mangeaient au restaurant.

5 Le chanteur détestait ces vacances au bord de la mer.

Rappel grammaire

L'imparfait
(Livre 1, page 133)

L'imparfait est un temps du passé. On l'utilise :

pour décrire (le décor, le cadre, etc.)	C'était en été. Il faisait beau.
lorsqu'une action est habituelle ou répétée	On partait tous les ans au mois d'août.
lorsqu'une action est interrompue	Je regardais les bateaux quand j'ai vu un dauphin.

3 Lisez

Relevez tous les verbes à l'imparfait dans la chanson et expliquez s'il s'agit :

A d'une description

B d'une action habituelle

C d'une action interrompue

📖 *Cahier d'exercices 1/1*

4 Imaginez

Vous êtes l'auteur de la chanson. Un jour, votre famille a gagné des millions au loto. Après cela, comment se passaient vos vacances annuelles ? Écrivez un paragraphe avec des verbes à l'imparfait.

Exemple : Après avoir gagné au loto, tous les étés, nous partions dans notre jet privé. Nous allions… On faisait… J'aimais… C'était…

Forum-voyages

**Lucie,
17 ans,
Belgique**

Je ne suis pas partie cet été parce que j'étais malade et j'ai dû rester au lit. Si vous, vous êtes partis, racontez-moi vos souvenirs de vacances... ça me fera rêver !

**Patrick,
18 ans,
Saint-Pierre
et Mique-
lon**

À mon avis, les vacances, c'est partir à l'aventure ! Moi, je suis parti au mois d'août au Québec, avec mon copain Daniel. Le voyage était long : nous avons pris le ferry et des cars parce que c'était beaucoup moins cher que l'avion et nous sommes passés par Terre-Neuve et le Labrador. Nous sommes restés trois semaines au Québec et nous avons logé dans des auberges de jeunesse.

Le Québec est populaire pour les sports d'hiver, mais j'ai découvert que c'est aussi une destination idéale pour faire des sports nautiques. En plus du fleuve du Saint-Laurent, nous avons exploré de nombreux lacs et rivières. Nous nous sommes bien amusés. Un jour, nous avons loué un bateau à moteur et, plusieurs fois, nous avons fait de la planche à voile, et même du surf. C'était génial ! Très « fun », comme on dit au Québec ! Une des activités les plus populaires là-bas, c'était la motomarine (le jet-ski), mais comme ça coûtait assez cher, nous n'en avons pas fait.

Une chose qui m'a surpris : il faisait beau et chaud presque tous les jours au Québec. Chez nous, en été, c'est brumeux en général.

**Zoé,
16 ans,
Sion, Suisse**

Coucou, Lucie ! Moi, cette année, je suis allée en vacances avec mes parents et mes deux petits frères. Nous avons passé un mois dans un terrain de camping immense au bord de la mer – c'était à Canet-Plage, une station balnéaire près de Perpignan. Nous y sommes descendus en voiture fin juillet et nous avons loué un très joli mobil-home pour le mois d'août.

Pour nous, les vacances en famille, ce sont des journées à la plage. Nous aimons nager dans la mer, nous faire bronzer, lire un bon livre (j'ai lu au moins cinq romans cette année !) et trouver un bon petit restaurant le soir. Mes parents ont aussi visité un peu la région, mais moi, je ne suis pas allée plus loin que le port. J'ai trouvé le paysage un peu monotone et plat par rapport aux montagnes suisses. Mes petits frères ont adoré le camping, où ils jouaient tous les jours sur les toboggans de la piscine.

Nous avons eu de la chance parce qu'il a fait beau temps, avec seulement deux ou trois jours de pluie. Mais à vrai dire, comme je n'ai trouvé personne de mon âge avec qui je pouvais sortir, je me suis un peu ennuyée.

5 Lisez

Lisez les messages du forum. Reliez les photos (**A**, **B**, **C**) aux messages.

6 Compréhension

1 Relisez le message de Patrick. Écrivez ses réponses aux questions suivantes.

Exemple : 1 Je suis allé au Québec.

1 Tu es allé(e) où ?

2 Avec qui ?

3 C'était quand ?

4 Combien de temps es-tu resté(e) ?

5 Qu'est-ce que tu as fait comme activités ?

6 Le temps était comment ?

7 As-tu bien aimé ?

8 Est-ce que tu as remarqué quelque chose qui était différent de chez toi ?

2 Relisez le message de Zoé. Écrivez ses réponses aux mêmes questions.

7 Parlez

Interviewez votre camarade au sujet de ses vacances. Utilisez les questions de l'activité 6.

 Cahier d'exercices 1/2

8 Écrivez

Suite au message de Lucie en haut de la page, décrivez vos vacances pour Forum-Voyages (+/-100 mots). Pour vous aider, vous pouvez répondre aux questions de l'activité 6.

Rappel grammaire

Le passé composé

(Livre 1, pages 50–52, 81, 92)

Le passé composé est aussi un temps du passé. On l'utilise quand une action s'est passée à un moment précis.

Pour la plupart des verbes, il se forme avec :	l'auxiliaire *avoir* j'ai, tu as, il a, nous avons, vous avez, ils ont	+	le participe passé trouvé, fini, vendu, fait
Pour certains verbes (surtout de mouvement), il se forme avec :	l'auxiliaire *être* je suis, tu es, il est, nous sommes, vous êtes, ils sont	+	le participe passé* allé(e)(s), parti(e)(s), descendu(e)(s)
Pour les verbes pronominaux, il se forme avec :	l'auxiliaire *être* je me suis, tu t'es, il s'est, nous nous sommes, vous vous êtes, ils se sont	+	le participe passé* amusé(e)(s), ennuyé(e)(s)

*Il faut accorder le participe passé (voir Livre 1, page 92).

Faire le tour du monde, ça vous dit ?

Florence Trudeau, une jeune Française, a fait le tour du monde quand elle n'avait que 20 ans. Voici un extrait de l'interview qu'elle a donnée à un magazine pour adolescents.

Voici dans l'ordre les 10 pays les plus visités lors d'un tour du monde (voyageurs français)

- la Thaïlande (80%)
- le Chili (78%)
- l'Argentine (70%)
- le Pérou (69%)
- la Bolivie (64%)
- le Laos (63%)
- la Chine (63%)
- le Cambodge (63%)
- l'Australie (61%)
- le Viêt-nam (58%)

Florence, si j'ai bien compris, vous avez fait le tour du monde récemment, c'est ça ?
Oui, je suis rentrée le mois dernier.

Et qu'est-ce qui vous a donné l'idée de partir ?
J'ai toujours voulu voyager, même quand j'étais très, très jeune.

Et comment ce rêve est-il devenu une réalité ?
Quand j'ai obtenu mon bac, j'ai décidé de partir aux États-Unis pour perfectionner mon anglais. J'ai vécu huit mois dans une famille sympa près de Seattle. Je prenais des cours d'anglais le matin et l'après-midi. Pour gagner un peu d'argent, je m'occupais d'un petit garçon de 18 mois. Puis, comme je ne voulais pas rentrer tout de suite pour aller à l'université en France, j'ai pris le train et j'ai traversé le Canada.

C'est beau, le Canada !
Ah oui ! Je me suis rendu compte combien ce pays est vaste et sauvage.

Vous êtes partie toute seule ?
Oui, voyager seule, ça ne m'a jamais posé de problème. J'ai la tête sur les épaules : je suis une personne pratique et je n'ai jamais pris de risques. Et comme je suis plutôt bavarde, je me suis fait plein d'amis pendant mes voyages.

Et après le Canada, vous avez voulu prolonger encore l'aventure ?
Oui, en effet, c'est à ce moment-là que j'ai pris la décision de visiter le plus grand nombre de pays possible et de faire le tour du monde.

Qu'est-ce qui vous a motivée à entreprendre une telle aventure à l'âge de 19 ans ?
J'ai hérité de l'argent de mon grand-père quand il est mort et je voulais l'utiliser pour faire quelque chose d'extraordinaire. Et puis, j'ai toujours eu envie de sortir de ma routine quotidienne, de découvrir d'autres pays, c'est-à-dire d'autres cultures, d'autres paysages, d'autres modes de vie…

et c'est ainsi que mon désir de voyager est né.

Et quels pays vous ont le plus impressionnée ?
Difficile à dire ! Par exemple, en Europe je suis tombée amoureuse de l'Irlande, pour ses habitants qui étaient vraiment chaleureux. En Afrique, le Kenya était un paradis pour les animaux sauvages. Et en Amérique du Nord, j'ai adoré les sites de beauté naturelle comme les gorges spectaculaires du Grand Canyon.

1 Mise en route

Lisez la liste des pays. Quels pays visiteriez-vous si vous faisiez le tour du monde ? Notez et comparez avec un(e) camarade. Expliquez pourquoi.

Exemple

Élève A : Moi, j'irais au Kenya parce que je voudrais voir des animaux sauvages. Tu aimerais aller au Kenya ?

Élève B : Non, moi les animaux, ça ne m'intéresse pas.

Grammaire en contexte

Les connecteurs logiques pour illustrer ou amplifier

ainsi	en effet
c'est-à-dire	ou, plus exactement,
comme	par exemple

---

2 Lisez

Lisez l'interview et complétez les phrases en utilisant les mots du texte.

Exemple : Florence est rentrée chez elle…

Florence est rentrée chez elle le mois dernier.

1 Même depuis qu'elle était petite, Florence a toujours eu envie de…

2 Après son bac, elle est allée…

3 Aux États-Unis, elle a logé chez…

4 Florence n'a pas eu peur de voyager seule parce qu'elle est…

5 En faisant le tour du monde, elle a voulu…

6 Elle a bien aimé le Kenya à cause des…

3 Écrivez et parlez

Préparez une liste de phrases « vrai / faux » pour tester vos camarades sur l'interview. Ils doivent justifier leurs réponses.

Exemple : Florence a commencé son tour du monde en Afrique.

(FAUX. Elle l'a commencé aux États-Unis.)

4 Parlez

Vous préférez voyager à l'étranger ou dans votre propre pays ? À deux ou en classe, discutez des avantages et des inconvénients de chaque option. Utilisez des mots connecteurs pour illustrer.

Exemple : Si on reste dans son propre pays, les voyages sont plus faciles comme on n'a pas de problèmes de langue…

> Mon auteur préféré, c'est l'écrivain français Jules Verne. Grâce à lui, j'ai pu vivre des aventures sans bouger de mon canapé.

Théo, 17 ans

Récemment, j'ai lu le roman d'aventures *Le Tour du Monde en 80 jours* de Jules Verne. Il a publié ce livre à Paris en 1873. C'est le dixième de sa série *Voyages Extraordinaires*.

C'est l'histoire d'un riche Anglais, Phileas Fogg, qui est parti faire le tour du monde en 80 jours. Pourquoi en 80 jours ? Parce que, lors d'une visite à son club londonien, il avait affirmé qu'il était capable de le faire, et il avait même parié la somme de 20 000 livres sterling !

Le jour du pari, il a pris le train pour Paris, accompagné de son fidèle domestique français Passepartout. Ils ont vécu beaucoup d'aventures pendant leur voyage. Par exemple, en Inde, ils ont sauvé une princesse du bûcher. En Amérique, Fogg a fait face à l'attaque du Pacific Railroad et s'est battu contre des Sioux qui avaient mis Passepartout en prison.

Fogg n'a pas hésité à emprunter une multitude de moyens de transport en plus du train : il a voyagé en paquebot, en voiture, en yacht, en traîneau et même à dos d'éléphant ! À la fin de l'histoire, de retour à Londres, il a cru avoir un jour de retard. Heureusement, il s'est aperçu qu'il avait gagné 24 heures sur le calendrier comme il avait voyagé d'ouest en est. Il est donc arrivé à son club 80 jours exactement après son départ. Il a ainsi gagné son pari, même s'il avait déjà dépensé les 20 000 livres. S'il n'a pas gagné d'argent, il a par contre trouvé l'amour – la princesse indienne est devenue sa femme.

5 Lisez

Lisez le résumé que Théo a fait du livre qu'il vient de lire. Répondez aux questions.

Exemple : 1 Il dit : « Mon auteur préféré, c'est l'écrivain français Jules Verne »

1   Comment sait-on que Théo aime les romans de Jules Verne ?

2   Quel genre de livre est *Le Tour du Monde en 80 jours*?

3   Pour quelle raison Phileas Fogg a-t-il fait le tour du monde ?

4   Avec qui a-t-il fait son voyage ?

5   Pour quelle raison une princesse indienne était-elle reconnaissante à Fogg ?

6   Quels moyens de transports a-t-il utilisés ?

7   Pourquoi Fogg a-t-il gagné son pari ?

8   À la fin de l'histoire, pourquoi Fogg est-il content même s'il ne lui reste plus d'argent ?

6 Lisez

Trouvez pour chaque mot de la colonne de gauche (tiré du texte de Théo), le mot dans la colonne de droite dont la signification est la plus proche. Notez la lettre de la bonne réponse. Attention : il y a plus de mots proposés que nécessaire. Un exemple vous est donné.

Exemple : *écrivain*	D
1 affirmé	☐
2 fidèle	☐
3 dépensé	☐

A   déclaré
B   sauvé
C   utilisé
D   *auteur*
E   intelligent
F   loyal
G   voyageur
H   demandé

7 Parlez et écrivez

Discutez en classe ou à deux : aimeriez-vous lire ce livre ? Pourquoi (pas) ? Avez-vous lu d'autres romans d'aventures ? Si oui, lequel est votre préféré ? Résumez l'histoire.

Point info

Jules Verne (1828–1905), grand écrivain français, a écrit de nombreux livres d'aventures et de science-fiction. Il a mis 40 ans à écrire sa série *Voyages Extraordinaires*, constituée de 62 romans et 18 nouvelles. Il est l'auteur de langue française le plus traduit au monde.

Le tourisme responsable

Êtes-vous un voyageur écolo ?

1 Vous partez en vacances. Comment voyagez-vous ?

A En avion. Les vacances sont courtes et vous voulez aller le plus vite et le plus loin possible.

B En voiture. Vous partez en famille ou avec les copains parce que c'est le moyen de transport le plus pratique.

C À vélo. Vous aimez prendre votre temps. Le trajet fait partie du voyage et c'est bon pour la santé.

2 Où logez-vous ?

A Dans un hôtel de luxe ou un club vacances, dans une grande chambre avec tous les gadgets modernes, bien sûr !

B Dans une chambre d'hôtes. Vous aimez le contact avec les habitants.

C Dans un camping. Vous êtes content(e) de changer vos habitudes et vous vivez très simplement, en plein air.

3 Que faites-vous quand vous avez faim ?

A Vous cherchez un restaurant qui prépare vos plats préférés.

B Vous mangez dans un petit bistrot où vous pouvez découvrir les spécialités de la région.

C Vous allez au marché, vous achetez des produits locaux et vous faites la cuisine vous-même.

4 En vacances, quelles sont vos activités préférées ?

A Vous faites du scooter de mer ou du ski nautique.

B Vous faites des découvertes culturelles et gastronomiques.

C Vous aimez faire des randonnées dans la nature.

1 Lisez et parlez

Faites le jeu-test à deux : l'élève A lit les questions, l'élève B répond. Ensuite, changez de rôles. Vous avez plus de réponses **A**, **B** ou **C** ?

2 Compréhension

Est-ce qu'un voyageur écolo aurait plus de réponses **A**, **B** ou **C** ? Et un voyageur qui aime connaître d'autres cultures ?

3 Parlez

Discutez en classe : est-ce que l'éco-tourisme est populaire dans votre pays ? À votre avis, est-ce que c'est quelque chose d'important pour l'avenir ?

4 Écrivez

Faites le portrait de voyageurs écolo, en vous basant sur les réponses du jeu-test.

Exemple : Les voyageurs écolo partent en vacances à vélo. Ils aiment prendre leur temps...

5 Imaginez

Inventez d'autres questions pour le jeu-test.

*Exemple : Que faites-vous après un pique-nique à la plage ? **A** Vous ne laissez pas de déchets. **B**...*

6 Compréhension

Lisez la page d'un site web, page 11. Reliez chaque image à un des conseils.

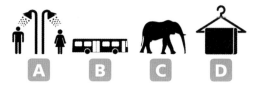

7 Lisez

Relisez la page du site web. Répondez aux questions.

1 Selon l'article, pourquoi est-ce important d'être bien informé quand on fait un voyage ?

2 Le texte mentionne quel exemple de comportement qui peut offenser les gens ?

3 Pour quelles raisons ne devrait-on pas changer de serviette de bain tous les jours dans un hôtel ?

4 Selon le texte, quel est l'avantage des moyens de transport collectif ?

5 Qu'est-ce qui peut contribuer à l'extinction des animaux ?

6 Pourquoi suggère-t-on de privilégier les douches ?

COMMENT ÊTRE UN TOURISTE RESPONSABLE ?

Un touriste responsable doit avoir du respect non seulement pour ses hôtes, mais aussi pour leur environnement et leur culture. Par ignorance et sans le vouloir, les touristes peuvent avoir un impact négatif sur les communautés qu'ils visitent.

1 Avant de partir, faites des recherches sur l'histoire, la culture et les croyances de la région ou du pays que vous allez visiter. Si possible, renseignez-vous sur les comportements à adopter ou à éviter. S'embrasser en public, par exemple, est très choquant dans certains pays.

2 Choisissez de préférence un logement qui a des principes écolo. Si vous restez plusieurs jours dans le même hôtel, ne demandez pas qu'on remplace vos serviettes de bains et vos draps, afin d'économiser de l'eau, du produit de lessive et de l'électricité.

3 Utilisez les transports en commun comme le train ou le bus, qui vous permettent d'entrer en contact avec les gens du pays.

4 Respectez les lieux sacrés. N'y entrez jamais si l'accès est interdit aux touristes. N'achetez pas d'objets sacrés qui font partie du patrimoine historique d'un lieu.

5 Observez les animaux sauvages à distance. Ne les effrayez pas et ne les touchez jamais. N'importez et n'exportez jamais d'animaux (vivants ou morts). N'encouragez pas le commerce de leur peau, fourrure, ivoire, etc., qui contribue à l'extinction de ces animaux.

6 L'eau est une ressource précieuse. Ne la gaspillez pas. Prenez une douche rapide plutôt qu'un bain. Utilisez du savon ou du gel biodégradable. Si vous nagez dans la mer, choisissez un lait solaire qui se dissout dans l'eau.

7 Conservez vos déchets pour les mettre plus tard à la poubelle et continuez à recycler.

8 Lisez et parlez

À deux, trouvez des exemples de verbes à l'impératif dans le texte du site web.

9 Recherchez et écrivez

Ajoutez des conseils à la liste.

Exemple : Ne faites jamais de graffitis sur les monuments historiques.

 Cahier d'exercices 1/3, 1/4

10 Parlez

À votre avis, est-il important d'être un touriste responsable ? Pourquoi (pas) ? Discutez en classe.

Rappel grammaire

L'impératif

(Livre 1, page 68)

	au singulier	au pluriel
	tu respectes → respecte	vous respectez → respectez
au négatif	Ne pars pas.	Ne partez pas.
avec un pronom	Prends-le.	Prenez-le.
au négatif avec un pronom	Ne le prends pas.	Ne le prenez pas.

Exemples au singulier / au pluriel :

Fais / Faites des recherches.

N'achète pas / N'achetez pas d'objets sacrés.

Les déchets ? Conserve-les / Conservez-les.

L'eau est une ressource précieuse : ne la gaspille / gaspillez pas.

Joignez l'utile à l'agréable : avez-vous déjà pensé au travail solidaire ?

A

Haïti, la perle des Antilles
Travaillez dans un orphelinat. Logez en résidence de tourisme à 15 minutes de la mer. Jouez avec les enfants et aidez la cuisinière expérimentée à préparer leurs repas.

Missions d'environnement au Togo
La surexploitation du bois pour le chauffage prend des proportions inquiétantes. Vous travaillerez dans un programme de reboisement et vous participerez à l'une des animations d'éducation environnementale.

B

Mission Ferme solidaire à Togbota, au Bénin
Dans ce village africain, la population vit de l'agriculture. Aidez-les aux travaux agricoles ou recherchez des débouchés pour leurs produits sur les marchés environnants.

C

Témoignage de Nicolas, bénévole INIGO à Godomey au Bénin, en Afrique

Depuis le mois de janvier, je suis en mission INIGO dans la communauté Jésuite de Godomey, à côté de Cotonou au Bénin. Je suis animateur-formateur en informatique. L'objectif de ma mission est tout d'abord d'apporter mon expérience dans le domaine de l'informatique au CREC (Centre de Recherche, d'Étude et de Créativité), centre d'activités des Jésuites.

Je m'occupe de la mise en place d'un logiciel pour la bibliothèque et de la création d'un site internet pour le CREC et d'un autre pour la communauté Jésuite. L'objectif dans les deux cas est de pouvoir communiquer avec l'extérieur et de faire connaître nos activités.

Enfin, après la construction de nouveaux bâtiments pour le CREC, je serai en charge de la mise en place du réseau informatique.

En parallèle, je donne des cours de soutien en mathématiques à des étudiants principalement de Terminale S.

Toutes ces activités sont pour moi une expérience très enrichissante. J'apprends énormément dans le domaine de l'informatique et j'ai la chance de travailler avec beaucoup de monde : la bibliothécaire, les responsables du chantier (pour comprendre comment le bâtiment est construit), les étudiants.

Ces activités me permettent aussi de mieux comprendre comment vivent les Béninois, comment ils s'organisent, comment ils travaillent. Je me rends aussi compte qu'il existe certains problèmes que nous n'avons plus en Europe, tels que les coupures d'électricité ou d'Internet.

1 Lisez

Lisez les annonces **A**, **B** et **C**, page 12. Trouvez la mission idéale pour Max, Zoé et Ali. Justifiez votre choix.

Max

Chez moi, j'aime bien jardiner. Je n'ai pas peur de me salir les mains. Je suis quelqu'un d'entreprenant et de sociable.

Zoé

Moi, je suis membre d'une association écolo et je m'intéresse beaucoup à tout ce qui est nature. J'aime bien le plein air. J'aimerais faire quelque chose pour aider la planète, même si ce n'est qu'un petit geste.

Ali

Plus tard, je voudrais travailler dans un restaurant, mais pour le moment, je cherche une mission où je peux être en contact avec des jeunes ou des animaux.

2 Écrivez

Et vous, laquelle des trois annonces, page 12, vous attire ? Choisissez une annonce et écrivez un e-mail à un ami français pour expliquer votre choix. Pensez à ce qui vous intéresse, vos qualités, etc.

Exemple : je fais souvent du baby-sitting pour ma voisine et je m'entends toujours très bien avec les enfants, alors je pense que…

3 Compréhension

Lisez rapidement le témoignage de Nicolas. Trouvez trois phrases qui montrent qu'il est content de sa mission.

4 Lisez

Lisez plus attentivement. Vrai ou faux ? Justifiez vos réponses avec des phrases du texte.

Exemple : Nicolas est parti en mission en Amérique du sud.

FAUX. Il est bénévole à Godomey au Bénin, en Afrique.

1   Il est spécialisé en informatique.

2   Pendant sa mission, il va créer des sites web.

3   Nicolas enseigne aussi le français.

4   Il n'a pas beaucoup de contact avec la population locale.

5   En France, il n'a pas l'habitude des pannes d'électricité.

5 Parlez

En classe, discutez des bénéfices qu'un(e) bénévole peut obtenir de sa mission.

Exemple

Élève A : À mon avis, les bénévoles ont une bonne préparation à la vie professionnelle.

Élève B : D'accord, mais je trouve que vivre dans une région ou un pays très différent, c'est aussi…

6 Écrivez

Lisez les notes de Charlotte, une bénévole en Afrique. Imaginez et écrivez son journal intime. Faites attention aux verbes : passé composé ou imparfait ?

Exemple

Lundi 3 juin

Ce matin, je me suis levée à cinq heures moins le quart. Je suis allée à vélo jusqu'aux champs où je travaille. Comme d'habitude, j'ai cultivé…

4h45	se lever, aux champs à vélo, cultures – tournesol et millet
6h15	retour au village, petit déjeuner (bananes, lait), vaisselle, douche froide
8h	16 km à vélo pour arriver au travail, mettre au point un système d'irrigation pour les agriculteurs
12h	travail au bureau
17h	retour à la maison, courses au marché, beaucoup de monde !
19h	dîner au clair de lune
20h	l'heure de se coucher

La vie, c'est fait pour vivre des aventures !

Alexandra David-Néel (1868–1969)

À une époque où seuls quelques explorateurs – et uniquement des hommes – s'étaient aventurés dans des régions inexplorées, une Française, Alexandra David-Néel, a osé partir, souvent seule, vers l'inconnu. Elle a consacré toute sa vie à l'exploration et à l'étude.

Adolescente, elle avait été rebelle, anarchiste. Avant son mariage en 1904, elle avait voyagé et travaillé comme chanteuse. Puis, elle a fait plusieurs voyages avec son mari dans le désert d'Afrique du nord. Comme une vie jugée « normale » pour une femme l'étouffait, elle est partie en Inde et au Népal à la recherche des sources du bouddhisme. Quand elle est arrivée, le maharaja du Népal a mis à sa disposition une caravane d'éléphants et une chaise à porteur.

La vie d'Alexandra David-Néel a été longue et pleine d'aventures. À 100 ans, peu de temps avant sa mort, elle a fait renouveler son passeport. Elle comptait bien repartir pour d'autres aventures !

Jacques-Yves Cousteau (1910–1997)

Le Français Jacques Cousteau était un homme extraordinaire : il était à la fois marin, explorateur, cinéaste et environnementaliste. Il avait d'abord rêvé de devenir pilote, mais un grave accident de voiture a mis fin à ses ambitions. Pour soigner ses blessures, il a fait de la natation dans la mer Méditerranée. C'est là qu'il s'est passionné pour la mer et la plongée.

Il a été l'un des premiers à explorer les fonds sous-marins, avec la soucoupe plongeante qu'il avait inventée en 1959. Il y a découvert des formes de vie dont on ignorait l'existence. Il a filmé ses découvertes sous-marines et en a fait des séries télévisées. Plusieurs années plus tard, il est retourné dans la Méditerranée et il s'est rendu compte que beaucoup de ses splendeurs naturelles avaient disparu. Avec l'aide d'associations internationales de protection de l'environnement, Cousteau a consacré le reste de sa vie à protéger la planète pour les générations futures.

1 Lisez

1 À qui se rapportent les phrases suivantes : David-Néel ou Cousteau ? Basez vos réponses sur les deux textes à gauche.

   1 a exploré les océans

   2 a retracé les origines d'une religion

   3 a inventé un appareil pour respirer sous l'eau

   4 en a eu assez de rester à la maison

   5 est devenu écologiste

2 Reliez les mots tirés du texte sur David-Néel dans la colonne de gauche avec leur équivalent dans la colonne de droite. Un exemple vous est donné.

Exemple : époque	C	A	voyageait
		B	toujours
1 uniquement	☐	C	*période*
2 s'étaient aventurés	☐	D	seulement
		E	oppressait
3 rebelle	☐	F	révoltée
4 étouffait	☐	G	avait l'intention de
		H	étaient allés
5 comptait bien	☐	I	surtout
		J	timide

3 Trouvez dans le texte sur Cousteau des expressions équivalentes aux mots suivants.

   1 en même temps

   2 réalisateur de films

   3 il s'est enthousiasmé

   4 les profondeurs des océans

   5 on ne savait pas

   6 il a remarqué

Grammaire en contexte

Le plus-que-parfait

Le plus-que-parfait est un autre temps du passé. On l'utilise pour parler d'un événement qui s'est passé **avant** un autre événement dans le passé.

Formation : l'auxiliaire (*avoir* ou *être*) à l'imparfait + le participe passé.

1ère action plus-que-parfait	2ème action passé composé	présent

… imparfait …

Cousteau est devenu marin, mais <u>il avait rêvé</u> de devenir pilote.

Avant mon mariage en 2012, <u>j'avais fait</u> un long voyage.

Avant de voir le film la semaine dernière, <u>nous avions lu</u> le livre.

Nous sommes arrivés hier, mais <u>ils étaient</u> déjà <u>partis</u>*.

* Attention : le participe passé s'accorde avec le sujet si l'auxiliaire est *être*.

📖 *Cahier d'exercices 1/5*

2 Lisez

En vous basant sur les textes page 14, terminez les phrases dans la colonne de gauche en choisissant une fin appropriée dans la colonne de droite. Un exemple vous est donné. Attention : il y a plus de fins de phrases que de débuts de phrases.

1

Exemple : **Alexandra David-Néel est née** — `H`

1. À l'époque, la plupart des explorateurs ☐
2. David-Néel n'a pas choisi de vivre à la maison comme les autres femmes de son époque ☐
3. Le maharaja du Népal ☐

A parce qu'elle avait envie de voyager.

B au Népal.

C l'a aidée.

D parce qu'elle travaillait comme chanteuse.

E étaient des hommes.

F étaient nombreux.

G n'aimait pas le bouddhisme.

H *au dix-neuvième siècle.*

2

Exemple : **Jacques-Yves Cousteau a consacré sa vie** — `C`

1. Il a commencé à faire de la plongée ☐
2. Dans ses émissions de télévision, il nous a fait découvrir ☐
3. Quand il est retourné dans la Méditerranée, Cousteau s'est rendu compte ☐

A les richesses naturelles sous-marines.

B à faire des émissions de télévision.

C *à la protection de la planète.*

D l'invention de la soucoupe plongeante.

E que la Méditerranée n'était pas très grande.

F de la destruction sous les mers.

G après un accident.

H parce qu'il était environnementaliste.

3 Recherchez et écrivez

Une station de radio francophone va diffuser une émission sur les explorateurs / exploratrices. Choisissez un des explorateurs ci-dessous. Faites des recherches à la bibliothèque ou sur Internet et écrivez un paragraphe qui résume la vie de la personne de votre choix pour cette émission. Attention aux temps des verbes !

Exemple : Jean-Baptiste Charcot était un médecin français et un explorateur des zones polaires…

* **Jacques Cartier**
* **Samuel de Champlain**
* **Hélène Hoppenot**
* **Jean-Baptiste Charcot**
* **Sylvain Tesson**
* **Adrien de Gerlache de Gomery**

4 Parlez

À tour de rôle, lisez votre résumé (voir activité 3) à la classe.

Exemple : Au 16ᵉ siècle, le navigateur Jacques Cartier était le premier explorateur du golfe Saint-Laurent…

5 Parlez

Discutez en classe :

* À votre avis, existe-il encore des régions inexplorées ?
* Est-ce que les explorateurs d'aujourd'hui ont les mêmes motivations que les aventuriers du passé ?
* Est-ce que l'appétit pour l'aventure met en danger non seulement la vie des explorateurs mais aussi celle des services de secourisme ?

Point info

En 1982, Jean-Loup Chrétien a été le premier Français (et le premier Européen de l'Ouest) à voyager dans l'espace.

Claudie Haigneré (née André-Deshays), scientifique, spationaute et femme politique, a été la première femme française dans l'espace en 1996.

Révisions

Révisions

Voyagez utile !

1 Parlez

1 Regardez l'affiche. Discutez en classe.

- Quelle sorte d'organisation est Compagnons Bâtisseurs ? Dans quel pays se trouve-t-elle ?

- Quel est le but de l'affiche ?

- Qui voit-on sur la grande photo en haut de l'affiche ? Décrivez ce qu'ils portent. À votre avis, qu'est-ce qu'ils vont faire ?

2 Avec un(e) camarade, décrivez les trois autres photos de l'affiche.

- À votre avis, où et quand se passent les scènes ?

- Comparez ce que font les jeunes.

- Quelles légendes pourrait-on donner à chaque photo ?

Vocabulaire

Pour décrire une photo

C'est une scène (à la campagne / au bord de la mer…)

Sur cette photo, on voit…

À gauche / À droite, il y a…

Pour décrire la photo plus en détail

Au premier plan, on voit… / il y a…

À l'arrière-plan, on voit / remarque / distingue…

Pour décrire les gens et ce qu'ils font

Il/Elle porte…

À la main, il/elle a…

Ils/Elles ont l'air (heureux / sérieux…)

À mon avis, il/elle est en train de + *infinitif*

J'imagine qu'il/elle va + *infintif*

Les médias : s'informer, s'amuser, réfléchir

Chapitre 2

A

B

C

D

E

F

Aspects couverts

* Les journaux, les magazines
* La radio, la télévision
* Internet
* Les réseaux sociaux en ligne
* La publicité

Grammaire

* Les adverbes de manière en *-ment* (rappel)
* Le superlatif des adjectifs (rappel)
* Les adjectifs démonstratifs
* Les pronoms démonstratifs neutres
* Le comparatif des adverbes
* Les adverbes de lieu
* La voix passive

1 Mise en route

Regardez les photos et trouvez :

* un quotidien
* une station de radio
* une BD
* un magazine
* un journal en ligne
* un site d'information
* un guide de voyage
* une page d'un réseau social
* une chaîne de télévision
* un dépliant publicitaire

Attention : Pour l'une des photos, il y a <u>deux</u> réponses possibles.

Exemple : L'image B, Mediapart, c'est un journal qui paraît en ligne.

 Cahier d'exercices 2/1

2 Parlez

Quelle est votre source d'information préférée ? Pourquoi ? Discutez en groupe.

Exemple : Pour moi, c'est le journal télévisé, parce qu'il y a des images et des reportages.

Qui s'informe où ? Il y a beaucoup de choix.

La France est l'un des plus grands consommateurs de presse écrite du monde

Les « hyperconnectés » sont les plus gros lecteurs.
La majorité des Français, deux sur trois, lisent quotidiennement un journal ou un magazine. C'est la proportion pour tous les types de presse : quotidiens nationaux et régionaux, magazines hebdomadaires et mensuels, presse gratuite et payante.

Environ 38% des lecteurs lisent un journal ou un magazine sur un support numérique, un ordinateur ou un smartphone.
57% des lecteurs lisent uniquement la version papier, 22% l'Internet fixe et 4% l'Internet mobile. Certains lecteurs utilisent plusieurs

supports ; ils représentent 17% du total des lecteurs. Une surprise : ces « hyperconnectés », les personnes qui ont un ordinateur, une tablette et un smartphone, lisent généralement plus de journaux que la moyenne.

Et les jeunes ?
Les personnes âgées entre 35 et 64 ans sont les plus gros lecteurs : la moitié lisent la presse écrite. Les moins intéressés sont les jeunes âgés entre 15 et 24 ans : un sur six seulement lit la presse écrite. Cette évolution n'est pas récente. Dans les années 50, un jeune Français sur trois lisait habituellement un quotidien, mais seulement un sur cinq dans les années 80.

---

1 ▸ Lisez

1 Lisez l'article sur les Français et la presse écrite. Quelles expressions de l'encadré *Vocabulaire* figurent dans l'article ?

Exemple : 38%,...

2 Mettez les expressions suivantes en ordre croissant.

Exemple : le quart,...

> 38% • les deux tiers • la moitié
> le quart • le tiers • le total • les trois
> quarts • un... sur trois

📖 **Cahier d'exercices 2/2**

2 ▸ Compréhension

Complétez les phrases suivantes en utilisant les mots exacts de l'article.

Exemple : 1 ... un journal ou un magazine.

1 En France, beaucoup de personnes lisent tous les jours...

2 La majorité des Français lisent seulement...

3 Un très petit pourcentage lit la presse sur...

4 Les personnes qui lisent plusieurs journaux différents ont souvent un ordinateur, ...

Vocabulaire

38% (trente-huit pour cent)	le pourcentage
	la proportion
les deux tiers	le quart
environ	le tiers
la majorité	le total
la moitié	les trois quarts
la moyenne	un... sur trois
plusieurs	

3 ▸ Lisez

Recopiez et remplissez le tableau ci-dessous. Indiquez à qui ou à quoi se rapporte le mot souligné. Basez vos réponses sur le texte ci-dessus. Un exemple vous est donné.

Dans l'expression...	le(s) mot(s)...	se rapporte(nt) à...
Exemple : Les hyperconnectés sont les plus gros lecteurs	*« lecteurs »*	*les hyperconnectés*
1 les personnes qui ont un ordinateur	« qui »	
2 la moitié lisent la presse	« la moitié »	
3 Les moins intéressés sont les jeunes	« les moins intéressés »	
4 seulement un sur cinq	« un »	

Rappel grammaire

Les adverbes de manière en *-ment* *(Livre 1, page 79)*

Les adverbes de manière répondent aux questions *Comment... ?, Dans quelles circonstances... ?*

*La majorité des Français lisent **quotidiennement** un journal.*

Pour former beaucoup d'adverbes, on ajoute le suffixe *-ment* à un adjectif, en général à la forme féminine :

seule (f) + -ment = seulement   *unique + -ment = uniquement*

Exceptions notables : *vraiment, poliment...*

Pour les adjectifs terminés en *-ent* ou *-ant*, on remplace cette terminaison par le suffixe *-emment* ou *-amment* :

récent → récemment

abondant → abondamment

---

4 Lisez

Relisez l'article (page 18) et trouvez deux autres adverbes en *-ment*. À partir de quel adjectif sont-ils formés ?

 Cahier d'exercices 2/3

5 Lisez et parlez

Regardez le graphique sur les sources d'information au Québec.

1   Quelles sont les quatre sources d'information mentionnées ?

2   Quelle est la source d'information la plus importante, pour tous les âges ?

3   Quelle est la source d'information la moins importante ?

4   Est-ce qu'il y a des chiffres qui vous surprennent ? Lesquels et pourquoi ?

À l'ère numérique, comment les Québécois s'informent-ils ?

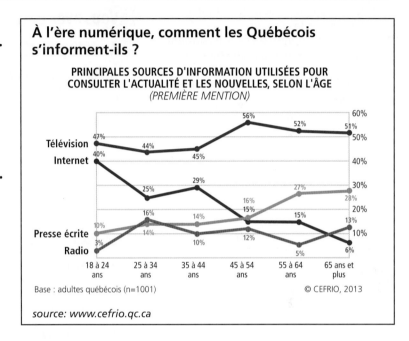

PRINCIPALES SOURCES D'INFORMATION UTILISÉES POUR CONSULTER L'ACTUALITÉ ET LES NOUVELLES, SELON L'ÂGE *(PREMIÈRE MENTION)*

Base : adultes québécois (n=1001)   © CEFRIO, 2013

source: www.cefrio.qc.ca

6 Parlez

À deux. L'élève A choisit un chiffre sur le graphique. L'élève B fait une phrase, de préférence avec un superlatif.

Exemple

Élève A : 56 pour cent.

Élève B : Pour 56 pour cent des 45–54 ans, la télévision est la source d'information la plus importante.

7 Parlez

Faites un sondage sur les sources d'information parmi les élèves de votre classe.

Exemple

Qu'est-ce que tu lis pour t'informer ?

Qu'est-ce que tu regardes ?

Qu'est-ce que tu écoutes ?

8 Écrivez

Rédigez un billet pour le blog de votre lycée dans lequel vous donnez les résultats de votre sondage et vous faites une comparaison avec la France et le Québec. Employez des superlatifs si possible.

Exemple : Dans ma classe, 10 pour cent des élèves lisent le journal. Au Québec aussi, 10 pour cent des jeunes lisent le journal. Par contre, en France, un jeune sur six...

Dans notre classe et au Québec, la source d'information la plus importante, c'est la télévision.

Rappel grammaire

Le superlatif des adjectifs *(Livre 1, page 98)*

le / la / les + plus / moins + adjectif

*En France, **les plus gros** lecteurs ont entre 35 et 64 ans.*

***Les moins intéressés** sont les jeunes.*

Si l'adjectif est placé après le nom, on répète l'article :

*La source d'information **la** plus importante, c'est la télévision.*

Information : comment exercer son esprit critique

1 Mise en route

Regardez l'affiche. À qui s'addresse-t-elle ?
Est-elle attirante ? Pourquoi ? Discutez en
groupe.

2 Lisez

Les mots de la colonne de gauche sont
repris du texte de l'affiche. Trouvez, pour
chaque mot de la colonne de gauche, le
mot dans la colonne de droite dont la
signification est la plus proche.
Remarque : la colonne de droite contient
plus de mots que celle de gauche.

Exemple : *gratuitement*	G	**A**	autorisée	
		B	avec plaisir	
1 exercer	☐	**C**	exercices	
		D	obligations	
2 devoirs	☐	**E**	oublier	
3 financée	☐	**F**	payée	
		G	*sans payer*	
		H	utiliser	

3 Parlez

On vous offre un abonnement gratuit.
Quel journal choisissez-vous ? Pourquoi ?
Utilisez les idées sur l'affiche, puis
ajoutez vos justifications. Discutez avec
un(e) partenaire.
Remarque : vous pouvez choisir un journal
de votre pays ou un journal francophone.

*Exemple : Je choisis X, parce que je veux
me tenir au courant. Je voudrais mieux
comprendre les élections.*

PRESSE

votre abonnement gratuit !

Vous avez entre 18 et 24 ans ?

Avec l'opération « Mon journal offert », vous apprenez à connaître et à comprendre la presse – gratuitement.

Pourquoi est-ce important ?
Lire la presse, cela permet :

* de se tenir au courant
* de comprendre le monde qui nous entoure
* d'exercer son esprit critique
* de se former une opinion
* de participer à des discussions
* de comprendre ses devoirs de citoyen.

Inscrivez-vous à partir du 30 octobre sur notre site web. Sur le site, vous avez le choix entre
59 quotidiens très variés, de *Nice-Matin* à *L'Équipe*, *Ouest-France* ou *International Herald Tribune*.
Vous recevrez le journal de votre choix gratuitement, une fois par semaine, pendant un an.

Attention : le nombre d'abonnements est limité. N'attendez pas et inscrivez-vous vite.

Bonne lecture !

Cette opération est financée par l'État français et les éditeurs des journaux participants.

Point info

Quelle presse pour les Français?

Les Français préfèrent la presse quotidienne. *Ouest-France,* diffusé dans l'ouest de
la France, est le quotidien régional le plus populaire. *Le Parisien* (*Aujourd'hui en
France*) est le quotidien national le plus vendu et *Le Monde* est le quotidien national
le plus connu à l'étranger. Les Français s'intéressent aussi beaucoup à la presse
hebdomadaire : les titres les plus lus sont les magazines télé (par exemple *Télé 7 Jours*)
et les magazines « people » (racontant la vie des célébrités) comme *Closer* ; *Paris-
Match* est le magazine d'actualité le plus réputé pour ses reportages photos.

Les jeunes et la presse

Les 15–24 ans en France sont le groupe qui lit le moins de journaux. Les éditeurs
veulent attirer les jeunes pour continuer à vendre des journaux. L'abonnement gratuit
est efficace : quand *Ouest-France* a offert 12 000 abonnements gratuits à des jeunes,
65 % ont continué à lire le journal après la fin de l'abonnement. Malheureusement,
l'opération « Mon journal offert » coûtait cher et n'a duré que trois ans.

Trouver des informations fiables

C'est vrai, je l'ai lu dans le journal !

C'est vrai, je l'ai vu sur Internet !

C'est vrai, je l'ai entendu à la radio !

Est-ce que ce qu'on lit, voit et entend est toujours vrai ? Avec les journaux, la radio, Internet ou la télévision, il faut exercer son esprit critique.

Pour les journaux ou les magazines, c'est assez facile. Les informations sont vérifiées par les éditeurs. Si ces journaux et ces magazines sont connus, et surtout respectés et respectables, les informations sont normalement fiables.

Sur le web, c'est plus difficile, parce que tout le monde peut publier et il n'y a pas toujours d'éditeur. Il existe, par exemple, une vidéo qui montre comment recharger un iPod avec un oignon. Cela est intéressant, mais faux : cette vidéo est un canular.

4 Lisez

Lisez la page web à gauche, puis travaillez en groupe. Ensemble, expliquez dans votre langue les mots *fiable, vérifié, bien connu, respecté, respectable, canular, accueil, référence, mis à jour.*

5 Parlez

Choisissez quelques sites web et une fois sur le site, regardez la page *Qui sommes-nous ?* Discutez en groupe. Décidez si le site est une source fiable ou non.

6 Écrivez

Votre ami Sam, qui travaille en France comme cuisinier dans un restaurant bien connu depuis trois ans, ouvre un bar à sandwichs pour étudiants et jeunes travailleurs dans la région parisienne. Vous l'aidez à construire son site web.

Préparez le texte de la page d'accueil ou de la page *Qui sommes-nous ?*

1   D'abord, sélectionnez les informations importantes, en répondant aux questions suivantes : que veut vendre Sam ? Où ? À qui ? Quand ? Qui est Sam ? Quels sont ses diplômes ? A-t-il de l'expérience?

2   Assurez-vous ensuite que votre page est fiable.

Voici quelques caractéristiques d'un site fiable.

Cette page est facile à lire et bien présentée.

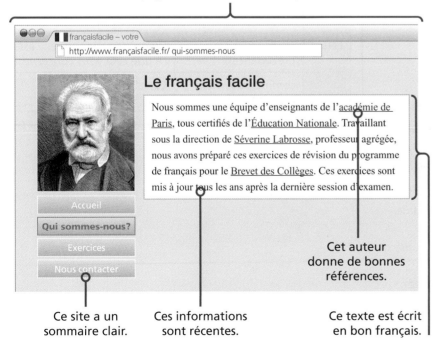

Ce site a un sommaire clair.

Ces informations sont récentes.

Cet auteur donne de bonnes références.

Ce texte est écrit en bon français.

Grammaire en contexte

Les adjectifs démonstratifs

L'adjectif démonstratif s'emploie pour désigner quelqu'un ou quelque chose :

Cette page est facile à lire.

Il s'emploie aussi pour reprendre un nom déjà mentionné :

Pour les journaux, c'est facile. Si ces journaux sont connus, les informations sont fiables.

nom…	
masculin singulier	**ce** site
masculin singulier commençant par une voyelle	**cet** auteur
féminin singulier	**cette** page
pluriel	**ces** journaux

 Cahier d'exercices 2/4

Tous en réseau : une chance et un risque

Ceci est surprenant, mais vrai : nous passons environ 1 000 heures par an sur Internet. Notre passe-temps principal, ce n'est pas le sport ou la musique, c'est le web. Nos amis, ce sont souvent des amis virtuels. Pourtant, nous connaissons mal notre identité numérique. Ceci peut nous aider :

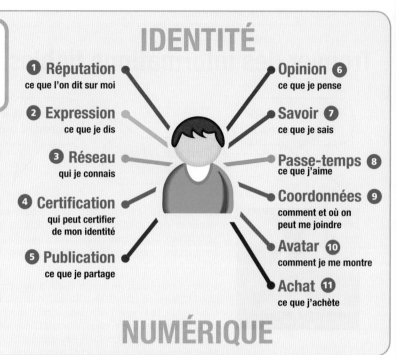

IDENTITÉ

1. **Réputation**
ce que l'on dit sur moi

2. **Expression**
ce que je dis

3. **Réseau**
qui je connais

4. **Certification**
qui peut certifier
de mon identité

5. **Publication**
ce que je partage

6. **Opinion**
ce que je pense

7. **Savoir**
ce que je sais

8. **Passe-temps**
ce que j'aime

9. **Coordonnées**
comment et où on
peut me joindre

10. **Avatar**
comment je me montre

11. **Achat**
ce que j'achète

NUMÉRIQUE

1 Parlez

L'identité numérique, qu'est-ce que c'est, à votre avis ? Est-ce que cela vous concerne ? Discutez avec un(e) partenaire.

2 Écrivez et parlez

Regardez les sections 1–11 dans le schéma sur l'identité numérique.

1 Écrivez vos réponses aux questions suivantes pour dire ce que vous faites sur le web.

Exemple : 1 Mes amis disent que je publie trop de photos de chats et de chiens. Ça m'amuse !

1 Qu'est-ce que l'on dit sur vous ?

2 Qu'est-ce que vous dites ? De quoi parlez-vous ?

3 Qui connaissez-vous ? Sur quels sites ?

4 Qui vous connaît ? Qui peut certifier de votre identité ?

5 Qu'est-ce que vous publiez ? Qu'est-ce que vous partagez ? Sur quels sites ?

6 Est-ce que vous publiez vos opinions ? Sur quels sites ?

7 Sur quels sites est-ce que vous apprenez le plus de choses ?

8 Quels sont vos passe-temps et vos centres d'intérêt sur le web ?

9 Est-ce que vous publiez vos coordonnées : adresse, numéro de téléphone… ? Sur quels sites ?

10 Quelles images de vous est-ce que vous publiez ? Avez-vous des avatars ?

11 Qu'est-ce que vous achetez ? Sur quels sites ?

2 Pour finir, discutez de votre identité numérique en classe.

Grammaire en contexte

Les pronoms démonstratifs neutres

ce, c'	employé habituellement avec le verbe *être*, présente, reprend ou renforce une idée ou une situation en général	*C'est* vrai, je l'ai lu dans le journal ! Notre passe-temps principal, *ce n'est* pas le sport. Nos amis, *ce sont* souvent des amis virtuels.
ceci	présente une idée	*Ceci* est surprenant, mais vrai :…
cela	reprend l'idée précédente	L'identité numérique… est-ce que *cela* vous concerne ?
ça	comme *cela*, mais plus familier	*Ça* m'amuse.

L'avenir des réseaux sociaux : entretien avec Alima Kidjo, sociologue

Alima Kidjo, vous êtes spécialiste des réseaux sociaux virtuels. Quel est l'avenir pour ces réseaux ?

Avec les réseaux virtuels, les choses évoluent très rapidement. Le réseau le mieux connu, Facebook, est né en 2004. Au départ, c'était un site plutôt divertissant, où les jeunes échangeaient des informations anodines. Très vite, les adultes et des organisations diverses ont commencé à créer des comptes. Facebook a connu un succès phénoménal et dix ans plus tard, il y avait un milliard d'utilisateurs. Mais maintenant, les jeunes vont moins souvent sur Facebook.

Pourquoi ce changement ?

Il y a deux raisons principales. D'une part, les règles de confidentialité sont compliquées.

On comprend moins bien qui peut voir notre page. Si on ne fait pas attention, on risque de révéler des informations embarrassantes, à des employeurs potentiels, par exemple.

D'autre part, le profil démographique a changé. Maintenant, l'âge moyen des utilisateurs est plus élevé. Les jeunes n'ont pas envie de partager leurs informations avec leurs parents ou leurs grands-parents,

alors ils vont sur d'autres réseaux.

Quels types de réseaux ?

Les jeunes préfèrent des réseaux simples, juste pour échanger des photos. Sur les réseaux les plus populaires, ils envoient des centaines de millions de photos par jour ! Ils aiment mieux les réseaux de microblogage, pour diffuser des messages très courts, ou pour « suivre » leurs personnalités préférées.

Alima, vous venez du Bénin. Est-ce qu'on utilise les réseaux sociaux aussi régulièrement dans votre pays qu'ailleurs ?

Oh oui ! Au Bénin, et dans d'autres pays d'Afrique, on a plus facilement accès à un téléphone portable qu'à des services de base. Maintenant, les 15–24 ans utilisent leur portable pour tout : faire des courses en ligne, envoyer de l'argent, gérer leur micro-

entreprise, et principalement communiquer.

Quand les Africains vont sur les réseaux sociaux, c'est pour bavarder avec leurs amis, garder le contact avec les membres de la famille qui ont émigré, mais c'est surtout pour s'informer. Beaucoup de jeunes Africains n'aiment pas beaucoup la presse. Ils pensent que Facebook, Twitter ou Ushahidi tiennent plus efficacement au courant que les journaux ou les chaînes de télévision.

Qu'est-ce que c'est, Ushahidi?

C'est un site web créé au Kenya par des gens ordinaires pour diffuser des informations fiables en période de crise. On l'utilise maintenant partout dans le monde, par exemple pendant le tremblement de terre en Haïti en 2010.

---

3 Lisez

Les phrases suivantes sont-elles vraies ou fausses ? Justifiez votre réponse en utilisant **des mots pris dans le texte**.

Exemple : Au début, on allait sur Facebook juste pour s'amuser. VRAI

Justification : c'était un site plutôt divertissant

1 Facebook est devenu très populaire.

2 Les membres de Facebook sont de plus en plus jeunes.

3 Les ados aiment beaucoup les réseaux d'échange de photos.

4 Les jeunes n'aiment pas écrire de longs messages.

5 En Afrique, tout le monde a accès aux services de base, mais les portables sont rares.

6 Les jeunes Africains ne peuvent plus se passer de leur téléphone portable.

7 Les jeunes en Afrique ne font pas confiance à la presse.

8 C'est le gouvernement du Kenya qui a créé Ushahidi.

4 Écrivez

Pour vous exercer à l'épreuve du Travail écrit (voir chapitre 4), faites des recherches sur les réseaux sociaux virtuels dans un pays d'Afrique francophone. Décrivez ensuite ces réseaux et comparez-les à ceux dans votre pays, puis répondez ensuite aux trois questions suivantes :

1 Quels aspects des réseaux sociaux virtuels dans le pays d'Afrique francophone vous ont étonné ?

2 Selon vous, pourquoi ces similarités / différences existent-elles ?

3 Qu'est-ce qu'une personne du pays d'Afrique francophone que vous avez choisi pourrait trouver de différent dans votre pays en ce qui concerne les réseaux sociaux virtuels ?

Grammaire en contexte

Le comparatif des adverbes

Le comparatif des adverbes permet de comparer deux situations. On peut mettre au comparatif les adverbes de manière (par exemple *bien*, *mal* et les adverbes en *-ment* – voir page 19) et aussi les adverbes *longtemps, tôt, tard, souvent, loin, près, vite*.

*Facebook tient **plus efficacement** au courant **que** les journaux.*

*Est-ce qu'on utilise **aussi régulièrement** les réseaux sociaux dans votre pays **qu'**ailleurs ?*

*Les jeunes vont **moins souvent** sur Facebook **qu'**avant.*

*Dix ans **plus tard**, Facebook avait un milliard d'utilisateurs.*

Certains adverbes ont un comparatif irrégulier (*bien – mieux, mal – pire*) :

*Ils aiment **mieux** les réseaux de microblogage **que** Facebook.*

*Perdre un mot de passe, c'est **pire que** perdre son portefeuille.*

 Cahier d'exercices 2/5

La publicité : informer, amuser ou manipuler ?

1 Mise en route

Discutez avec un(e) partenaire. Que représente la photo ? (L'affiche sur la photo fait partie d'une campagne pour réduire la place de la publicité dans les lieux publics.)

- Que veulent dire les mots en rouge ? (être ou avoir ? créer ou consommer ? résister ou subir ? rêver ou désirer ? contre ou pour la publicité ? contre !)

- Est-ce que vous êtes d'accord avec les auteurs de l'affiche ? Pourquoi (pas) ?

- Que veulent dire les mots en vert ? (plus de vie, de poésie, de créativité, de sensibilité)

- Pensez-vous qu'il y aurait plus de vie, de poésie etc. s'il y avait moins de publicité ?

- Pouvez-vous ajouter d'autres mots à la liste ?

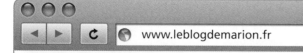

www.leblogdemarion.fr

Accueil **Photos** **Contact**

Marion

Aujourd'hui, je veux parler de publicité. Plus précisément, comment les publicitaires ciblent-ils les jeunes consommateurs ?

D'abord, les publicitaires connaissent bien leur public. Dans les pubs pour les vêtements ou les boissons, par exemple, ils savent ce qui est important pour les jeunes : appartenir à un groupe, séduire, mais aussi désobéir aux règles et se distinguer des adultes. Tous les ados ont envie d'être cool !

En plus, les publicitaires ont des techniques variées. En France, par exemple, les fabricants d'alcool n'ont pas le droit de cibler les jeunes. Alors ils utilisent :

- le marketing viral sur Internet
- le placement de produit dans les films ou jeux vidéo : on voit les personnages en train de boire et on voit la marque de la boisson
- les alcopops : des boissons alcoolisées très sucrées qui ressemblent à des jus de fruit.

Alice

Tu es un peu négative, Marion. La pub, ça peut être utile. Par exemple, elle informe sur les spectacles, les nouvelles technologies, ou les produits de beauté. Moi, je trouve ça pratique. Quelquefois, les pubs sont aussi très artistiques, ou même franchement marrantes.

Marion

Je ne suis pas d'accord avec toi, Alice. La pub, ça manipule et ça peut être dangereux. Les publicitaires ont un seul objectif, vendre le produit. Regarde les deux pyramides : à gauche, c'est « l'alimentation idéale ». La pyramide de droite montre le temps consacré aux catégories d'aliments dans les pubs à la télé. Or, il y a en France six millions d'obèses. Mais ce sont les chiffres de vente qui motivent les publicitaires, pas l'intérêt public.

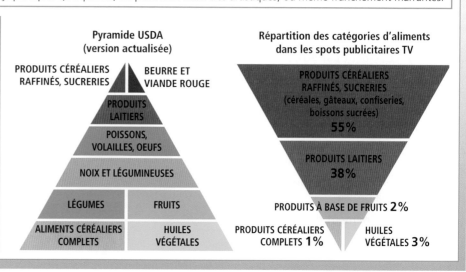

2 Compréhension

Lisez le blog de Marion (page 24). Remplissez les blancs dans le résumé suivant en utilisant les mots de l'encadré, tirés du blog.

Exemple : connaissent

> acheter • artistiques • ~~connaissent~~ consomment • informe • jeunes manipule • négative • positive techniques • utile • vendre

Marion explique que les publicitaires [*Exemple*] les consommateurs et qu'ils ont beaucoup de __[1]__ pour les influencer. Pour vendre de l'alcool aux __[2]__ , par exemple, ils utilisent le marketing viral.

Alice trouve Marion plutôt __[3]__. Elle pense que la pub est __[4]__ et pratique parce qu'elle donne des informations. Elle admire aussi certaines pubs __[5]__. Marion, par contre, considère que la publicité est dangereuse parce qu'elle __[6]__ les consommateurs et les publicitaires veulent seulement __[7]__ le produit.

Vocabulaire

les publicitaires

la pub(licité)

le slogan

le spot publicitaire

l'annonce publicitaire

la technique

la marque

le marketing viral

le placement de produit

le chiffre de vente

cibler

se distinguer

manipuler

3 Recherchez et parlez

Est-ce que vous reconnaissez les mêmes techniques dans votre pays ? Trouvez des exemples où les publicitaires...

- ciblent les jeunes et utilisent leur désir d'appartenir à un groupe, ou leur désir de se distinguer des adultes
- font du marketing viral
- font du placement de produit
- créent des produits sucrés spécialement pour les jeunes.

4 Parlez et écrivez

1 À la télévision, on voit plus souvent des spots publicitaires pour les céréales sucrées que pour les fruits et légumes. Pourquoi ? Est-ce qu'il faut interdire la publicité pour les aliments sucrés ou trop gras, à votre avis ? Discutez en groupe.

2 Écrivez un rapport sur les différents points de vue dans votre classe, pour le forum étudiant du site web de votre école partenaire en France.

5 Parlez

Est-ce qu'en général, la publicité est une bonne chose, une mauvaise chose, ou un peu des deux ? Discutez en groupe.

Point info

En France, à la télévision, les spots publicitaires sont plus nombreux ou plus longs aux heures de grande écoute, afin de toucher un plus large public. Cependant, des limites sont fixées par certaines règles de diffusion. Par exemple, les journaux télévisés et les émissions pour enfants ne peuvent pas être interrompus par de la publicité. De plus, les interruptions publicitaires sont interdites pendant les films diffusés par les chaînes de cinéma ou de service public.

6 Écrivez

Vous êtes abonné à un magazine de langue française qui contient beaucoup de publicité. Écrivez une lettre au magazine.

Dans cette lettre,...

- dites que vous voudriez un peu moins de publicité dans le magazine
- expliquez que vous avez des objections vis-à-vis de certaines publicités. Exprimez au moins <u>trois</u> objections.

Vous pouvez utiliser les expressions suivantes :

Madame / Monsieur

Je suis abonné(e) à… J'aime beaucoup les articles, mais pas beaucoup la publicité. Je comprends qu'elle est nécessaire, mais je pense que…

D'abord,…

Ensuite,…

Pour finir,…

J'espère donc que vous pourrez…

Veuillez accepter, Madame / Monsieur, l'expression de mes meilleurs sentiments.

7 Écrivez

Vous appartenez à un club de jeunes entrepreneurs et vous avez un produit que vous voulez vendre sur un marché francophone. Rédigez le texte d'une affiche pour une publicité « honnête » pour votre produit. Dans ce texte vous devez :

- dire de quel produit il s'agit
- indiquer à qui il est destiné
- indiquer les qualités de ce produit
- dire pourquoi il faut l'acheter
- indiquer son prix
- dire où on peut l'acheter
- terminer par un bon slogan qui encouragera la vente

Utilisez des superlatifs dans votre texte. Échangez vos idées en groupe. Votez pour la meilleure publicité – et la plus honnête.

La télévision, la meilleure et la pire des choses

*Les participants d'*Occupation Double

Forum télé

| Suivre cette discussion | Partager | Similaires | Imprimer |

Réjean, Montréal, Canada

Mon émission préférée s'appelle *Occupation Double*. C'est une émission de télé-réalité, du genre « relations amoureuses ». Les hommes partagent une maison à Montréal, les femmes une autre. Les participants font aussi des activités, mais pour ça, ils vont ailleurs : en Polynésie française, par exemple. Là-bas, ils doivent faire des épreuves, pour révéler leur personnalité.

Chaque semaine, les femmes éliminent les hommes, un par un. Puis l'homme qui reste élimine les femmes, une par une. Le couple final gagne beaucoup de cadeaux.

Ilona, Paris, France

La Polynésie, c'est loin ! Moi aussi, j'aime la télé-réalité, mais dans mon émission préférée, *L'Amour est dans le pré*, les participants restent ici, en France. Ils sont agriculteurs, ils travaillent très dur et ils vivent seuls. Ils cherchent l'amour, mais comme ils ne le trouvent nulle part, ils invitent des femmes à essayer la vie à la ferme pendant une semaine.

Hong Hanh, Québec, Canada

Trouver l'amour dans une émission télé, moi, je n'y crois pas ! Par contre, dans l'émission *Les Chefs*, ici au Canada, il y a une compétition culinaire. Une douzaine de jeunes cuisiniers préparent leur meilleure recette avec un produit québécois – le jambon, les pommes de terre, le sirop d'érable… Chaque semaine, un candidat est éliminé. J'aime bien l'émission parce que les participants ne sont pas superficiels. Ils ont de vraies compétences professionnelles.

Baptiste, Nantes, France

Retour au pensionnat, c'est aussi de la télé-réalité, mais c'est complètement différent. Une vingtaine d'ados sont envoyés à la campagne, dans un pensionnat style années 50. Là-bas, ils préparent un examen et sont soumis à une stricte discipline, comme leurs grands-parents autrefois.

Les participants qui réussissent l'examen gagnent un séjour linguistique. Et il y a aussi un prix spécial pour le « meilleur camarade ». C'est mieux que la télé-réalité adulte, où les participants se détestent mutuellement !

Mahmoud, Lyon, France

La télé-réalité, ça n'est vraiment pas mon truc. En fait, je trouve que ce n'est pas réel du tout. C'est complètement artificiel. Les participants savent qu'ils passent à la télé et ils se comportent comme des acteurs. Quelquefois, ils ont même un script ! Par contre, ce que j'aime, ce sont les émissions caritatives comme *Les Enfoirés*. Ce sont des concerts annuels partout en France. Ils sont retransmis à la télé et ils permettent de recueillir des millions d'euros pour les Restos du Cœur. Tous les ans, plus de 100 millions de repas gratuits sont distribués par cette association, qui organise aussi d'autres actions contre la pauvreté.

Claire, Saint-Jean, Canada

Je suis d'accord, Mahmoud. Grâce à la télé, on peut vraiment aider. Au Québec, on a *Opération Enfant Soleil*. C'est un téléthon qui dure 24 heures. Les téléspectateurs envoient des dons et on recueille environ 20 millions de dollars par an pour les enfants malades.

1 Lisez

1 En vous basant sur les trois premiers messages du forum, répondez aux questions suivantes.

1 Où habitent les participants dans *Occupation Double* ?

2 Nommez une caractéristique de *L'Amour est dans le pré*.

3 Qu'est-ce que Hong Hanh apprécie dans *Les Chefs* ?

2 Les phrases suivantes sont-elles vraies ou fausses ? En vous appuyant sur les trois derniers messages du forum, justifiez votre réponse en utilisant des mots pris du texte.

Exemple : Retour au pensionnat est réservé aux adultes. FAUX. Justification : une vingtaine d'ados sont envoyés

1 Dans *Retour au pensionnat*, les participants ne s'amusent pas beaucoup.

2 *Les Enfoirés* organisent un concert tous les ans, dans une grande ville.

3 L'objectif des *Enfoirés*, c'est d'aider les familles qui ont peu d'argent.

4 Pour Claire, les émissions comme *Les Enfoirés* sont une bonne idée.

5 *Opération Enfant Soleil* est destinée à aider les familles pauvres.

Jeunes et moins jeunes participent au spectacle caritatif des Enfoirés: la chanteuse Alizée et le chanteur Maxime Le Forestier

2 Lisez

Lisez cette description d'une émission de télé-réalité. Choisissez l'adverbe de lieu qui convient le mieux.

L'émission commence [1] *ici* / ~~loin~~, à Paris. Ensuite, on envoie les participants [2] *ailleurs* / *là*. Ils vont [3] *loin* / *près*, en Polynésie. [4] *Là-bas* / *Quelque part*, ils s'installent sur une île déserte. Les organisateurs disent qu'il y a un trésor [5] *nulle part* / *quelque part* sur l'île. Pendant un mois, ils cherchent le trésor [6] *près* / *partout*.

Grammaire en contexte

La voix passive

À la voix active, le sujet fait l'action du verbe tandis qu'à la voix passive le sujet subit l'action.

*Chaque semaine, un candidat **est éliminé**. (voix passive)*

Attention : ne confondez pas la voix passive et le passé composé avec *être* :

*Les ados **sont envoyés** à la campagne [par les organisateurs]. (voix passive)*

*Les ados **sont rentrés** chez eux. (voix active, passé composé)*

 Cahier d'exercices 2/6, 2/7

3 Parlez

Est-ce que vous regardez des émissions de télé-réalité ? Comparez les émissions dans votre pays avec les quatre émissions dans le texte. Discutez en groupe.

Exemple

Élève A : Dans l'émission Occupation Double, les participants quittent la maison de Montréal, mais dans X, ils restent…

Élève B : Dans L'Amour est dans le pré, les participants sont moins superficiels que dans Y…

4 Écrivez

1 Écrivez votre contribution au Forum télé de la page 26. Décrivez une émission de télé-réalité que vous aimez, et une que vous n'aimez pas. Expliquez pourquoi.

2 Une chaîne de télévision francophone organise un concours : le gagnant a la possibilité de réaliser une interview avec une star de télé-réalité. Imaginez que vous avez gagné et que vous avez interviewé la star. Écrivez le script de cette interview. Voici des exemples de questions :

- Comment avez-vous entendu parler de l'émission ?

- Pourquoi avez-vous décidé d'être candidat(e) ?

- Que faut-il faire pour participer à ce genre d'émission ?

- Où a eu lieu l'émission ?

- Quand l'émission s'est-elle terminée ?

- Quel est votre meilleur souvenir de l'émission ? Et votre souvenir le moins bon ?

- Est-ce que vous regrettez votre expérience, ou est-ce que vous aimeriez recommencer ?

Grammaire en contexte

Les adverbes de lieu

Ils répondent à la question « *où ?* ». Ils modifient le sens d'un verbe, d'un nom ou d'une phrase.

*ils vont **ailleurs***

***là-bas**, ils doivent faire des épreuves*

*c'est **loin***

*les participants restent **ici***

*ils ne trouvent l'amour **nulle part***

***partout** en France*

Voici d'autres adverbes de lieu utiles :

là, près, quelque part

Les adverbes de lieu *loin* et *près* peuvent se mettre au comparatif (voir page 23).

*De Paris, le Canada, c'est loin, mais la Polynésie, c'est **plus loin**.*

Révisions

1 Parlez

Décrivez les deux photos.

- Où se passe la scène ?
- Que font les personnes ?
- Photo A : Trouvez-vous cette photo amusante ? Pourquoi ?
- Photo B : Proposez plusieurs légendes pour cette photo.

2 Lisez et écrivez

Sur un forum en ligne, six jeunes répondent à la question « Qu'est-ce que vous faites le soir, après les devoirs et le dîner ? » Écrivez une réponse à chacun des six jeunes.

Exemple : Salut Aïcha ! Moi aussi, je vais souvent sur Facebook, mais pas pour poster des photos. Moi, je préfère… parce que…

- **Aïcha :** Je vais sur Facebook. Je poste des photos et je bavarde avec mes copains / copines.
- **Léo :** Je lis le journal. Oui, la version papier ! Ma mère est abonnée au *Monde* et j'aime bien me tenir au courant.
- **Justine :** Moi aussi, je lis sur papier, mais des magazines. Je préfère les magazines qui parlent des stars à la télé.
- **Quentin :** Alors moi, je poste des photos à partir de mon téléphone, et je suis des microblogs, par exemple celui de Real Madrid.
- **Olivia :** Moi, je regarde la télé, tout simplement. C'est le dernier épisode de *La Maison des Secrets* ce soir. Qu'est-ce qui va arriver à José et Tamara ?
- **Pawel :** Pour me détendre, je surfe sur Internet. Je vais d'un site à l'autre, j'apprends plein de choses.

3 Parlez

Discutez avec un(e) partenaire. L'élève A prend le rôle de l'une des six personnes de l'activité 2 et explique ce qu'il / elle fait le soir. L'élève B répond et décrit ses activités.

4 Écrivez

Une chaîne de télévision francophone encourage les lycéens de plusieurs pays à soumettre leurs idées pour une nouvelle émission. Préparez une proposition pour une nouvelle émission caritative.

1 D'abord, en groupe, discutez de vos idées. (C'est au profit de quelle association caritative ? Quelles sont les caractéristiques de l'émission ? Quels sont les arguments en faveur de l'émission ?)

2 Individuellement, rédigez la lettre que vous allez envoyer au service relations publiques de la chaîne de télévision pour leur soumettre votre proposition. N'oubliez pas de mentionner les caractéristiques et les côtés positifs de cette émission et à qui elle profitera.

QUI SERA ANALPHABÈTE DANS LES ANNÉES À VENIR ?

57 MILLIONS
d'enfants non scolarisés

1 sur 2
vit en Afrique subsaharienne

1/2 n'ira jamais à l'école

1/2 a déjà **abandonné** ou **commencera l'école tardivement**

AU NIVEAU MONDIAL
250 MILLIONS d'enfants en âge de fréquenter l'école primaire, qu'ils soient scolarisés ou non, n'ont pas les compétences de base en lecture et en écriture.*

*source : Rapport mondial de suivi sur l'éducation pour tous, 2012

QUE LEUR RÉSERVE L'AVENIR ?

LA PAUVRETÉ

LES INÉGALITÉS

DES EMPLOIS PRÉCAIRES ET MAL RÉMUNÉRÉS

UN POTENTIEL PERSONNEL NON EXPLOITÉ ET UNE CAPACITÉ LIMITÉE À CONTRIBUER AU BIEN-ÊTRE DES FAMILLES ET DES COMMUNAUTÉS

Institut de statistique de l'UNESCO

Aspects couverts

* Un échange scolaire
* Le portable en cours
* Le meilleur système scolaire
* Le droit à l'éducation
* Les carrières et les débouchés
* Les projets d'avenir

Grammaire

* La comparaison
* Les verbes d'opinion suivis du subjonctif
* Le verbe *être* au subjonctif
* Exprimer une action future et un souhait pour l'avenir

1 Mise en route

Regardez l'infographie. De quoi s'agit-il ?

A   du travail des enfants

B   de la pauvreté en Afrique

C   de l'éducation des enfants

D   de la maltraitance dans le monde

2 Parlez

1   Qu'est-ce que les deux chiffres (57 millions et 250 millions) représentent ?

2   Où vivent la moitié des enfants qui ne savent ni lire ni écrire ?

3   Selon l'infographie, ne pas aller à l'école a des conséquences graves. Lesquelles ? Qu'en pensez-vous ?

3 Écrivez

À deux, faites une carte heuristique sur l'éducation. Utilisez le vocabulaire sur la vie scolaire que vous avez déjà appris dans *Panorama francophone 1* et cherchez d'autres mots dans le dictionnaire. Comparez avec la classe.

L'échange scolaire : une ouverture sur le monde

1 Lisez

Morgane est en terminale dans un lycée français. Elle fait un échange scolaire au Québec. Lisez la lettre qu'elle écrit à sa cousine Manu.

2 Lisez et parlez

En vous basant sur la lettre de Morgane, répondez aux questions suivantes.

1 Où est Morgane en ce moment ? Pour combien de temps ?

2 Où vit-elle ?

3 Nommez trois différences entre l'école de Morgane et celle d'Éloïse.

4 Quel système Morgane préfère-t-elle ? Pourquoi ?

3 Écrivez

Réécrivez les phrases suivantes en choisissant la bonne option pour qu'elles correspondent à ce que dit Morgane dans sa lettre.

Exemple : Morgane va passer **plus** / **autant** *de temps au Québec qu'Éloïse a passé en France.*

1 Les lycéens sont **plus** / **aussi** souvent en vacances que les cégépiens.

2 Au cégep, on a **autant** / **moins** d'heures de cours par jour qu'au lycée.

3 Il y a **plus** / **moins** d'élèves au lycée de Morgane qu'au cégep d'Éloïse.

4 Morgane trouve que les jeunes Français ne sont pas **autant** / **aussi** autonomes que les Québécois du même âge.

Grammaire en contexte

La comparaison

Adjectifs : *C'est **plus** / **moins** / **aussi** <u>long</u> que…*

Noms : *Ils ont **plus de** / **moins de** / **autant de** <u>cours</u> que…*

Adverbes : *On va **plus** / **moins** / **aussi** <u>vite</u> que…*

Verbes : *On <u>travaille</u> **plus que** / **moins que** / **autant que**…*

Attention aux irréguliers.

bien – **mieux** *que /* **moins bien** *que /* **aussi bien** *que*

*Ils sont **mieux** préparés que nous.*

 Cahier d'exercices 3/1

Montréal, le 2 février

Salut, Manu !

Je ne t'écris pas de Paris, mais de Montréal. Eh oui ! Cette année, comme tu le sais, je fais un échange avec une lycéenne québécoise, Éloïse. Elle est déjà venue en France pendant huit semaines, de la mi-septembre à la mi-novembre. Moi, je suis maintenant au Québec depuis la mi-janvier, pour huit semaines. J'habite chez Éloïse dans une grande maison en banlieue. Ça me change de notre petit appartement au centre de Paris !

Éloïse est en deuxième année dans un cégep (collège d'enseignement général et professionnel). Au cégep, on reste deux ans – et non trois comme au lycée – et on prépare le DEC, diplôme d'études collégiales, l'équivalent du bac en France (ici, le baccalauréat, c'est un diplôme universitaire !)

L'année scolaire n'est pas organisée de la même manière qu'en France et les Québécois n'ont pas autant de vacances que nous pendant l'année, mais ils ont moins d'heures de cours par jour et une « semaine de lecture » avant les examens. Moi, ce système me conviendrait bien. J'ai l'impression qu'ici, ils travaillent aussi dur qu'en France mais ils ne stressent pas autant que nous pour les examens !

En plus, au cégep d'Éloïse, l'ambiance n'est pas du tout la même que dans mon lycée : d'abord, c'est beaucoup plus petit et plus ancien. Il n'y a que 200 élèves alors que nous sommes plus de 2 000 dans notre immense lycée moderne ! Ils se connaissent presque tous ici, alors c'est vraiment sympa. En cours, ils sont une quinzaine alors qu'il nous arrive d'être entre 30 et 35.

Et puis l'approche n'est pas la même qu'au lycée : ici, les élèves sont beaucoup plus indépendants. Il y a un grand choix de matières et tu peux vraiment étudier ce qui te plaît. Aussi les jeunes sont plus autonomes qu'en France. Ils sont plus traités en adultes. Certains vivent déjà seuls et ont un emploi à mi-temps pour payer leurs études. Je trouve qu'ils sont mieux préparés que nous pour aller à l'université.

Et toi, tu vas bien ? Comment se passe ta première année à l'université de médecine? Donne-moi ton adresse Skype et on pourra s'appeler un jour !

Je t'embrasse
À bientôt

le cégep

Éloïse

4 Parlez

Comparez l'école dans votre pays avec l'école en France et au Québec. Quel système préférez-vous ? Pourquoi ? Discutez à deux. Êtes-vous d'accord ?

Le portable en classe : utile ou nuisible ?

L'utilisation du portable dans les classes au Mali

▶ Depuis que beaucoup de jeunes Maliens ont un téléphone portable, ils ne s'en séparent plus. Ils l'utilisent même en classe pendant les cours. Un professeur d'un lycée de Bamako explique : « Je me moque souvent gentiment des élèves en leur disant qu'ils survivront une heure de cours sans leur portable mais quand je leur demande de l'éteindre, ils m'ignorent et c'est grave : quand un téléphone sonne, c'est tout le cours qui est perturbé et donc leur éducation. »

▶ Cet enseignant ajoute : « Si on fait sortir un élève de la classe parce qu'il utilise son portable, la Direction ne l'exclut pas et lui demande même de retourner en cours sans lui confisquer le portable. On n'a aucun moyen de pression sur les élèves. C'est impossible de les empêcher d'utiliser leur téléphone en classe. Il faudrait les interdire au lycée. » Cependant, la majorité des parents n'est pas d'accord : ils trouvent pratique de pouvoir se mettre en contact avec leurs enfants sur leur portable à tout moment.

▶ L'utilisation du téléphone en classe est de plus en plus fréquente et selon les enseignants, elle met en danger les capacités de réflexion des élèves et explique en partie l'échec scolaire. S'il n'est pas possible de responsabiliser les élèves face au portable par manque de soutien de la direction et des parents, les enseignants demandent au ministre de l'Éducation nationale de mettre en place une loi pour interdire son utilisation en classe.

2 Lisez et écrivez

En vous basant sur le paragraphe 3 du texte, répondez aux questions suivantes :

1 D'après l'article, quel est l'effet de l'utilisation du portable pendant les cours sur les élèves ?

2 Pourquoi est-il difficile de responsabiliser les élèves devant l'utilisation du portable au lycée ?

3 Quelle solution demandent les enseignants au ministère de l'Éducation ?

3 Parlez

Discutez à deux ou en groupes puis comparez vos idées en classe.

- Qu'est-ce qui vous surprend dans ce texte sur les élèves au Mali ?

- L'utilisation du portable pendant les cours est-elle un problème dans votre école ?

- À votre avis, le portable peut-il être utile pour l'éducation ?

4 Écrivez

Êtes-vous pour ou contre l'interdiction du portable pendant les cours ? Expliquez pourquoi en 50–80 mots.

1 Lisez

En vous basant sur les paragraphes 1 et 2, choisissez trois phrases vraies dans la liste ci-dessous. Notez les lettres.

A   Les élèves maliens ne peuvent pas se passer de leur téléphone.

B   Selon les élèves, le portable en classe est un véritable problème.

C   Le professeur cité est d'accord pour que les élèves gardent leur portable en classe.

D   Les dirigeants de l'école sont d'accord pour exclure un élève s'il utilise un portable en classe.

E   Les parents ne sont pas pour l'interdiction des portables au lycée.

F   Les professeurs font un lien entre portables en classe et mauvais résultats scolaires.

G   Il existe déjà une loi qui interdit l'usage du portable en classe.

Portes ouvertes dans une école internationale

1 Lisez

Le texte est…

A un article de journal

B une page sur un réseau social

C une affiche publicitaire

D une invitation

2 Lisez et écrivez

Les affirmations suivantes font référence au texte à droite. Dites si chaque phrase est vraie ou fausse, puis justifiez votre réponse avec des mots du texte.

Exemple : On ne peut faire chinois et arabe qu'au lycée. FAUX. On peut faire chinois et arabe au collège seulement.

1 Il s'agit d'une école internationale située à Montréal, au Canada.

2 La cité scolaire n'est pas ouverte aux visiteurs l'après-midi.

3 Le CSI n'est pas à proximité de transports en commun.

4 Il est possible de faire des échanges avec des établissements à l'étranger.

3 Lisez et parlez

À deux. Élève A est parent d'élève et contacte le CSI pour des renseignements (questions 1–4).
Élève B est en stage à la réception du CSI et répond aux appels.

Exemple

Élève A : Le CSI prépare-t-il aux grandes écoles ?

Élève B : Oui, il y a une préparation Sciences Po.

1 Est-il possible de faire une section européenne en espagnol ?

2 Est-ce qu'on peut préparer le Bac International au CSI ?

3 Est-ce qu'il y a des activités parascolaires ?

4 Mon fils est très sportif. Y a-t-il des possibilités de faire du sport au CSI ?

C·S·I LYON CITE SCOLAIRE INTERNATIONALE

COLLÈGE ET LYCÉE INTERNATIONAL

Journée Portes Ouvertes

- Scolarité en sections internationales et dispositifs d'intégration :

  Anglais
  Américain
  Allemand
  Arabe (collège)
  Chinois (collège)
  Espagnol
  Italien
  Japonais
  Polonais
  Portugais

- Scolarité en sections européennes : anglais (lycée) ou allemand
- Scolarité en section générale (préparation au Bac général)
- Préparation de l'option internationale du DNB et du Bac (OIB)
- Dispositifs de soutien, de tutorat et d'accompagnement personnalisé
- Echanges Comenius, Préparation Sciences Po
- Activités culturelles, artistiques et associations sportives
- Vie scolaire, Maison des lycéens, foyer socio-éducatif
- Spectacles, travaux et réalisations d'élèves

Samedi 22 Mars
9h00 - 13h00

2 place de Montréal 69007 LYON - 04 78 69 60 06
Métro : Stade de Gerland - Bus : C22, S3, 60
ce.0693446w@ac-lyon.fr   http://www.csilyon.fr

Cité Scolaire Internationale
LYON

CSI : TOUT EST COMPRIS !

DNB	diplôme national du brevet (à la fin du collège)
OIB	option internationale du baccalauréat
soutien	aide pour les élèves en difficulté
tutorat	quand un professeur s'occupe d'un élève ou groupe d'élèves
Sciences Po	Institut d'études politiques (grande école)

4 Écrivez

Faites une affiche en français pour la journée portes ouvertes de votre lycée. Donnez le plus de renseignements possible.

ou :

Créez une page « Foire aux questions » en français (questions / réponses) pour la page web de votre lycée.

Choisir une école : quel est le meilleur système ?

Forum de discussion

Kwan

On dit souvent que le meilleur système scolaire au monde, c'est le système sud-coréen. J'en ai fait l'expérience et je ne suis pas sûr que ce soit le cas. Il y a 50 heures de cours par semaine : on a cours de 8h00 à 18h00 et après le dîner, on va dans des instituts privés où des professeurs nous préparent aux examens, parfois jusqu'à minuit ! On dort en moyenne cinq heures par nuit et on a une heure de libre par jour. Pensez-vous que ce soit une bonne chose? Pas moi ! Alors oui, les résultats scolaires sont excellents, mais je ne pense pas que l'apprentissage soit idéal : il est trop strict et uniquement basé sur la mémorisation. On apprend sans questionner et sans réflexion personnelle. Et en plus, tout le monde nous met une pression énorme. C'est l'horreur !

Léa

Je vais dans un lycée public, dans mon quartier, à Paris. Je suis persuadée que c'est le meilleur système scolaire parce que c'est gratuit, et donc il n'y a pas de ségrégation par l'argent. Ensuite, l'école publique est laïque, c'est-à-dire qu'on n'y enseigne pas la religion. Les signes religieux extérieurs sont d'ailleurs interdits au lycée et je ne pense pas que ce soit une mauvaise chose parce que ça encourage la tolérance et l'intégration de tous. Les inconvénients majeurs, c'est que le lycée est trop grand, l'emploi du temps est trop lourd et l'enseignement trop théorique. En plus, c'est plus ou moins le même programme pour tous. Je ne crois pas que ce soit l'idéal, car quand on a des difficultés ou des besoins spécifiques, il n'y a pas vraiment de soutien en dehors des cours.

Laurent

Je suis dans une école internationale à Genève, en Suisse. Je trouve que c'est le système scolaire idéal : on y apprend plusieurs langues parce qu'elle est internationale. L'école nous expose à d'autres cultures que l'on apprend à apprécier. Je suis sûr que c'est un avantage énorme pour l'université et après, dans le monde du travail. L'éducation est en général d'excellente qualité, mais pas uniquement théorique : elle met aussi l'accent sur l'autonomie et le développement personnel de chaque élève. Par contre, on vit un peu dans une bulle : on n'est pas toujours intégré dans la société locale. On reste souvent entre nous – même si les relations avec d'autres écoles sont encouragées, par exemple lors de rencontres sportives – et je ne pense pas que ce soit une bonne chose.

1 Lisez

Lisez les messages du forum. Associez chaque phrase (1–5) à une ou deux personnes du forum et justifiez votre choix en utilisant les mots des messages.

Exemple : 1 Kwan et Léa. Kwan dit « On a 50 heures... » et Léa dit « l'emploi du temps est trop lourd ».

Qui pense que dans son lycée... ?

1 les horaires sont trop chargés

2 on encourage la présence de toutes les sections de la société

3 l'enseignement n'est pas assez flexible

4 on permet à l'individu de se développer

5 on apprend à être ouvert et à respecter les autres

2 Écrivez et parlez

Préparez une liste de 10 questions sur les messages. Posez-les à la classe.

Exemple : Un lycéen coréen a combien d'heures de cours par semaine ?

3 Lisez et écrivez

Repérez et notez les phrases avec le verbe *être* au subjonctif dans les trois messages du forum.

 Cahier d'exercices 3/2, 3/3

4 Parlez

Discutez entre vous. Trouvez quelqu'un qui pense exactement comme vous sur les trois systèmes scolaires mentionnés. Utilisez des expressions avec un subjonctif.

Exemple

Élève A : Penses-tu que le système coréen soit idéal ?

Élève B : Oui, je pense qu'il faut travailler dur pour avoir des diplômes. Et toi ?

Élève A : Non, je ne suis pas d'accord. Je ne pense pas que ce soit une bonne chose...

5 Écrivez

Participez au forum de discussion sur le meilleur système scolaire. Écrivez au moins 50 mots sur les aspects positifs et négatifs de votre lycée. Utilisez des expressions suivies du verbe *être* au subjonctif.

L'éducation : un droit garanti pour tous ?

Ariel est bénévole dans une association internationale, *Aide et Action*, qui œuvre dans le domaine de l'éducation. *Panorama francophone* l'a interviewée.

L'Education change le monde

Qu'est-ce qui vous a motivée à devenir bénévole dans cette association ?

1 ▶ L'éducation est un droit fondamental et pourtant beaucoup de gens n'y ont pas accès. J'ai décidé de devenir bénévole pour *Aide et Action* parce que je veux faire quelque chose de réel. Tous les enfants, garçons et filles, de toutes les origines ethniques, culturelles, religieuses ou sociales, doivent avoir accès à l'éducation.

À quel projet avez-vous participé ?

2 ▶ J'ai participé au financement d'un programme au Bénin. J'ai passé beaucoup de coups de téléphone pour trouver des sponsors : on voulait offrir une formation à des jeunes qui avaient quitté l'école avant la fin du cycle primaire, sans aucune qualification. C'est le cas de près de la moitié des Béninois. Ce sont surtout les filles qui quittent l'école avant la fin du primaire, ce qui leur pose des problèmes pour trouver un emploi.

Comment explique-t-on le problème de l'éducation des filles ?

3 ▶ L'école est souvent loin de la maison, les études coûtent cher et beaucoup de familles ont besoin de faire travailler les enfants pour avoir de l'argent. L'éducation des filles n'est pas considérée comme une priorité pour beaucoup de parents. En plus, de façon générale, les écoles ne sont pas toujours bien équipées, elles manquent de professeurs et il n'y a pas assez d'argent pour les former.

Est-ce qu'il y a des solutions à ce problème ?

4 ▶ Oui, je viens de travailler sur un projet pour le Niger. J'ai aidé à empaqueter 150 tablettes équipées de logiciels éducatifs (dictionnaires, exercices de maths, etc.) qui ont été expédiées à des élèves de la région de Niamey où l'association a appris à 20 professeurs comment les utiliser. C'est un projet super pour la communauté en général parce que les tablettes peuvent être utilisées à la maison aussi, où la famille et les voisins peuvent en profiter.

Est-ce que les projets sont uniquement à l'étranger ?

5 ▶ Loin de là ! En France, un enfant sur cinq de moins de 15 ans n'a pas les compétences de base et environ 25% des jeunes de la même génération sortent du système scolaire sans le baccalauréat. C'est surtout le cas dans les banlieues des grandes villes où beaucoup d'élèves sont en situation d'échec parce que, s'il y a des écoles et des profs bien formés, l'environnement familial ou social n'est pas toujours idéal. Récemment, j'ai tenu un stand pendant un rallye contre l'exclusion sociale et la démotivation des élèves dans les banlieues.

Merci, Ariel, et bravo pour votre engagement !

6 ▶ Merci à vous ! Je suis heureuse de pouvoir faire connaître l'association, ses objectifs et ses initiatives. Plus de jeunes devraient s'engager et devenir bénévoles pour cette cause qui me tient à cœur !

1 Lisez et écrivez

En vous basant sur les deux premières réponses d'Ariel, remplissez les blancs dans le résumé suivant en utilisant des mots de l'encadré ci-dessous. Chaque mot ne peut être utilisé qu'une seule fois. Attention : il y a plus de mots que de blancs.

Exemple : concrètement

L'association Aide et Action agit [**Exemple**] pour rendre l'éducation __[1]__ à tous sans __[2]__. Ariel a contacté des gens pour __[3]__ une formation pour des jeunes Béninoises qui, parce qu'elles ont quitté l'école très tôt, n'ont pas les __[4]__ de base pour faire un __[5]__.

accessible • compétences
~~concrètement~~ • difficilement • éduquer
exception • intéressante • métier
origines • qualification • sponsoriser

2 Lisez

Les mots suivants se trouvent dans les paragraphes 3 et 4. Trouvez l'intrus : **A**, **B**, **C** ou **D** ?

Exemple : 1 C

1 Paragraphe 3
   A l'école
   B les études
   C *la priorité*
   D l'éducation

2 Paragraphe 3
   A les professeurs
   B les familles
   C les enfants
   D les parents

3 Paragraphe 4
   A les logiciels éducatifs
   B les élèves
   C les dictionnaires
   D les tablettes

3 Lisez

1 Que signifie « la famille et les voisins peuvent en profiter » dans le paragraphe 4 ? Choisissez **A**, **B**, **C** ou **D**.

   A On peut revendre la tablette pour avoir de l'argent.

   B Les élèves peuvent partager l'utilisation de la tablette avec leur communauté.

   C Les élèves peuvent garder la tablette à la fin de leurs études.

   D Les familles doivent payer pour utiliser la tablette à la maison.

2 Que signifie « beaucoup d'élèves sont en situation d'échec » dans le paragraphe 5 ? Choisissez **A**, **B**, **C** ou **D**.

   A ils ne sont pas motivés

   B ils se battent

   C ils ont de mauvais résultats

   D ils sont expulsés

4 Lisez et écrivez

En vous basant sur les paragraphes 4 et 5, répondez aux questions suivantes :

1 Qu'est-ce que l'association a envoyé dans des écoles du Niger ?

2 Combien d'élèves quittent le lycée sans le bac en France ?

3 Dans quels endroits les inégalités dans l'éducation sont-elles les plus évidentes ?

5 Écrivez et parlez

À deux, préparez des questions sur le texte. Posez-les à deux autres élèves et répondez à leurs questions.

Exemple : Pour quelles raisons les enfants béninois ne vont-ils pas toujours à l'école ?

6 Lisez

Relisez l'interview et répondez aux questions de grammaire ci-dessous. Comparez vos réponses à celles d'un(e) partenaire.

Paragraphe 1 :

1 À quoi se réfère « y » dans « n'y ont pas accès »?

Paragraphe 2 :

2 Trouvez un verbe : au passé composé, à l'imparfait, au plus-que-parfait.

Paragraphe 3 :

3 Trouvez un connecteur utile pour ajouter des exemples ou des explications.

Paragraphe 4 :

4 Trouvez l'expression pour dire qu'on a fait quelque chose très récemment.

5 Trouvez deux formes passives.

6 Trouvez un pronom complément d'objet direct et un pronom complément d'objet indirect.

7 Écrivez

Ariel veut encourager plus de jeunes à devenir bénévoles dans son association. Aidez-la à écrire une annonce dans le journal local. Mentionnez :

- les objectifs de l'association
- le genre de campagnes que l'association organise
- au moins deux choses qu'un bénévole peut faire
- un avantage pour le bénévole

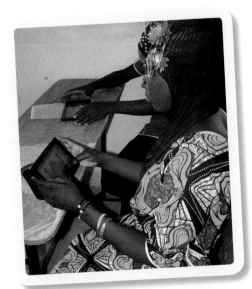

Quelle orientation suivre pour un avenir prometteur ?

Des lycéens des quatre coins du monde francophone parlent de leurs projets d'avenir.

Anya
Nice,
France

Je rêve depuis longtemps de devenir vétérinaire, comme mon père. Je l'ai observé dans son travail et j'ai aidé dans des centres animaliers. J'adore ! Alors l'année prochaine, après les examens, je m'inscrirai dans une classe préparatoire où je resterai deux ans. Après, je passerai le concours pour aller dans une école vétérinaire. Quand j'aurai mon diplôme, après cinq ans d'études, je pourrai être vétérinaire ! J'aimerais bien me spécialiser dans un domaine spécifique, pour avoir un travail encore plus intéressant, mais il faudrait encore deux à quatre ans d'études.

Claire
Bruxelles,
Belgique

Moi, je sais une chose : je passe mon bac en juin et j'arrête les études après. J'aimerais bien continuer mes études, mais c'est hors de question parce que je n'aurai pas assez d'argent pour les financer. En fait, j'ai besoin de gagner ma vie le plus vite possible pour aider mes parents financièrement. Je pense que je trouverai assez facilement un apprentissage dans une chocolaterie parce que j'ai déjà pas mal d'expérience : je travaille dans une fabrique de chocolat tous les étés depuis des années et j'aime bien ce milieu. En plus, je ne pense pas que de longues études soient nécessaires pour trouver un emploi. L'expérience professionnelle, c'est bien plus important.

Omar
Thiès,
Sénégal

Cette année va être importante pour mon avenir : si je réussis le bac, j'irai à l'université de droit à Dakar. J'espère réussir parce que mon ambition, c'est de devenir avocat en droit international. Par contre, si je rate le bac, mon père m'a dit que je devrai revenir travailler dans son garage où je l'aide pendant les vacances. Je ne veux pas m'occuper de moteurs de voitures toute ma vie, mais mes parents ne comprennent pas ça : ils disent que le droit, ce n'est pas pour des gens comme nous et que je dois aider mon père au garage. Alors, imaginez la pression cette année, je dois absolument être reçu à mon bac !

Ben
Montréal,
Canada

Moi, je n'ai aucune idée de ce que je veux faire après le DEC. Si j'aimais un peu plus étudier, j'irais sans doute à l'université, mais moi, les études, ça ne m'intéresse pas vraiment et je n'ai pas beaucoup d'argent pour les payer. Et puis, étudier quoi ? Je ne sais pas ! Peut-être le journalisme… Si c'était possible, je ferais une année de césure et je partirais après le DEC passer un an comme bénévole dans une organisation caritative, en Asie par exemple, mais mes parents ne sont pas d'accord. Ils me disent que faire des stages ou trouver un job, ce serait mieux pour mon CV. Moi, pour le moment, j'ai juste envie de voir le monde.

Une formation en alternance

Vous vous grattez la tête pour savoir quelle formation faire pour avoir le plus de chances de trouver un bon emploi ? Avez-vous pensé à la formation en alternance ?

L'ATE (alternance travail-études) est une formule d'études offerte par les universités canadiennes qui permet de faire des stages en entreprise tout en étudiant. Ces stages sont différents des stages que vous organisez vous-mêmes, qui durent seulement deux ou trois semaines et qui ne sont généralement pas payés.

En effet, pendant le 1er cycle universitaire, les étudiants en ATE font, selon les programmes d'études, entre deux et quatre stages d'une durée totale de deux à quatre mois à temps complet. Les stages sont généralement payés et faits dans la même entreprise : le stagiaire peut ainsi bien s'intégrer dans l'entreprise.

Les avantages de l'ATE

– découvrir le métier avec les professionnels et décider si c'est une carrière pour vous.
– établir des contacts avec des entreprises (elles engagent souvent les stagiaires à plein temps quand ils ont leur diplôme).
– avoir une expérience souvent très spécifique (utiliser certaines machines, participer à des projets originaux, etc.).
– recevoir un salaire pendant le stage.

Les inconvénients

– des frais de stage (mais avec possibilité d'aide financière) : transport, repas, logement, équipement exigé par l'entreprise.
– des stages pendant l'été : peu de temps pour les vacances et le repos (mais les stages sont souvent pendant les vacances).
– un choix limité d'entreprises dans certains programmes d'études (mais un stage reste garanti).

1 Lisez

Lisez les messages du forum puis associez chaque phrase (1–8) à une ou plusieurs personnes du forum.

Exemple : sait le métier qu'il/elle veut faire – Anya, Claire, Omar

1 a déjà une expérience dans le domaine qui l'intéresse

2 sait qu'il/elle ne va pas continuer ses études

3 ne veut pas faire le même métier que son père

4 va faire au moins sept ans d'études

5 n'a pas l'argent pour aller à l'université

6 ne sait pas ce qu'il/elle va faire après le lycée

7 connaît la pression parentale

8 risque de faire quelque chose qu'il/elle n'aime pas

2 Écrivez et lisez

Inventez d'autres phrases commes les phases **1–8** et échangez-les avec celles d'un(e) camarade. Vérifiez vos réponses ensemble.

Exemple : Il/Elle veut trouver une place comme apprenti. (Claire)

 Cahier d'exercices 3/4

3 Lisez et écrivez

En vous basant sur l'article *Une formation en alternance*, répondez aux questions.

1 Quelles sont les deux occupations qu'on peut avoir en ATE ?

2 Quelles sont les trois différences principales entre les stages en ATE et les stages ordinaires?

3 En quoi un stage en ATE peut-il aider à trouver un emploi plus tard ?

4 Quels sont les deux inconvénients majeurs des stages en ATE ?

4 Parlez

1 À votre avis, parmi les quatre jeunes du forum, qui bénéficierait le plus de l'ATE ?

2 À deux, et en vous basant sur les informations dans l'article sur l'ATE, imaginez le dialogue entre le jeune du forum concerné et le conseiller d'orientation de son école.

Exemple

Élève A : Est-ce que je pourrai faire une formation en ATE l'année prochaine ?

Élève B : Oui, avec le DEC, tu pourras aller à l'université et…

5 Écrivez et parlez

À deux, faites une carte heuristique sur les différentes orientations possibles pour vous après l'examen de fin d'année. Discutez des avantages et des inconvénients de chacune.

6 Écrivez

Écrivez un message sur le forum pour parler de vos projets d'avenir : mentionnez les études que vous avez l'intention de suivre, le métier que vous aimeriez faire et pourquoi (120–150 mots). Utilisez une variété d'expressions du futur et des mots de votre carte heuristique.

7 Imaginez

À deux, imaginez les réponses de Claire, Anya, Omar et Ben aux questions suivantes.

1 Qu'est-ce qui se passerait si tu ratais ton bac / ton examen?

2 Penses-tu qu'avec des diplômes, tu trouveras automatiquement un bon emploi ?

3 À ton avis, qu'est-ce qui est le plus important : ce qu'on apprend à l'école ou ce qu'on apprend en dehors de l'école ?

4 Aimerais-tu faire une formation en alternance ? Pourquoi ?

8 Parlez

Donnez vos réponses personnelles aux questions de l'activité 8 et discutez en classe.

Rappel grammaire

Comment parler d'une action future

un verbe au présent	*je pars dans 10 minutes*
un verbe au futur immédiat	*je vais partir demain*
un verbe au futur simple	*je partirai dans un an*
si + présent + futur (dans la proposition principale)	*si j'ai mon bac, je partirai*

Comment parler d'un souhait pour l'avenir

si + imparfait + conditionnel	*si je pouvais, je partirais*
un verbe au conditionnel	*il faudrait partir*
je voudrais / j'aimerais + infinitif	*j'aimerais bien partir un jour*
un verbe ou une expression + infinitif	
compter / espérer / vouloir + infinitif	*j'espère partir*
avoir l'intention / avoir envie / rêver + de + infinitif	*j'ai envie de partir*

Point info

« Passe ton bac d'abord ! »

Le bac est une véritable institution française, instaurée par Napoléon 1er en 1808.

La grande majorité des jeunes passent le bac et tout le pays stresse au mois de juin ! On discute même des sujets donnés dans l'épreuve de philosophie dans tous les médias !

Il y a trois mentions selon les notes : assez bien (entre 12 et 14 / 20), bien (entre 14 et 16 / 20) et très bien (16+ / 20).

L'éducation fatale

L'éducation fatale

1 ▶ On n'veut plus aller au lycée,
passer des jours à s'ennuyer,
des nuits entières à <u>bachoter</u>
sur des matières inadaptées.

2 ▶ Tous les parents sans exception
nous mettent constamment la pression.
Pour satisfaire leurs ambitions,
on doit oublier nos passions.

3 ▶ Et au lycée, c'est encore pire,
d'entendre le prof dire et redire
qu'il faut souffrir et obéir,
nous <u>abrutir</u> pour notre avenir.

4 ▶ « Devenir grand par le labeur »,
c'est le <u>mantra</u> du professeur.
Il dit qu'il faut <u>apprendre par cœur</u>,
que les bonnes notes mènent au bonheur.

5 ▶ Il dit que partout c'est bouché,
qu'il faut d'autant plus travailler.
Mais pourquoi donc se fatiguer,
l'école est-elle <u>la panacée</u> ?

6 ▶ Il nous fait croire qu'avec le bac
l'avenir, c'est une affaire dans l'sac,
surtout si on passe par la fac.
Et si on rate ? Et si <u>on craque</u> ?

7 ▶ Même diplômés, on sera <u>chômeurs</u>
ou bien payés cinq euros l'heure.
Si c'est votre idée du bonheur,
Nous, on préfère chercher ailleurs…
Alors adieu, m'sieur l'professeur !

1 Compréhension

Lisez le texte. Choisissez **A**, **B**, **C** ou **D**.

Le texte est…

A une publicité pour un lycée

B un slam (texte poétique)

C un article sur l'éducation

D une lettre à un professeur

2 Lisez

Trouvez dans le texte les mots ou expressions soulignés qui correspondent à ces définitions.

A une phrase très souvent répétée

B des personnes sans emploi

C travailler uniquement pour préparer un examen

D mémoriser parfaitement quelque chose

E rendre quelqu'un stupide, incapable de réfléchir et de réagir

F la solution à tous les problèmes

G on s'effondre sous la pression

3 Lisez

Relisez le slam. Faites correspondre chaque strophe à la phrase (**A–G**) qui la résume.

Exemple : 1 C

A Les études longues ne mènent pas forcément à un travail bien payé.

B Bien travailler au lycée permet de réussir dans la vie et d'être heureux.

C Les lycéens ne trouvent pas ce qu'ils font en classe intéressant ou utile.

D Contrairement aux profs, les lycéens ne pensent pas que les études soient la seule solution pour trouver un emploi.

E Les parents imposent leurs propres rêves à leurs enfants.

F On accorde beaucoup d'importance aux examens et aux diplômes et c'est très stressant pour les lycéens.

G Selon les profs, les lycéens doivent travailler sans questionner ce qu'ils font.

4 Écrivez et parlez

Que pensez-vous des affirmations de l'activité 3 ? Écrivez votre opinion sur chacune. Comparez avec le reste de la classe.

5 Parlez

À deux, discutez et répondez aux questions. Comparez avec les opinions de la classe.

- Comment expliquez-vous le titre du slam ?

- À votre avis, quel est le message des lycéens dans la dernière strophe ?

6 Écrivez et parlez

À vous de slamer ! Inventez une nouvelle strophe en gardant le même rythme et en utilisant des rimes. Lisez le slam et votre strophe à la classe.

L'éducation : clé de l'avenir

Albert Camus (1913–1960), grand écrivain et philosophe français, auteur connu dans le monde entier pour ses livres comme *L'Étranger* et *La Peste*, reçoit le prix Nobel de littérature en 1957. Il écrit alors cette lettre à son premier instituteur, Monsieur Germain.

19 novembre 1957

Cher Monsieur Germain,

J'ai laissé s'éteindre un peu le bruit qui m'a entouré tous ces jours-ci avant de venir vous parler un peu de tout mon cœur. On vient de me faire un bien trop grand honneur, que je n'ai ni recherché ni sollicité. Mais quand j'ai appris la nouvelle, ma première pensée, après ma mère, a été pour vous. Sans vous, sans cette main affectueuse que vous avez tendue au petit enfant pauvre que j'étais, sans votre enseignement, et votre exemple, rien de tout cela ne serait arrivé. Je ne me fais pas un monde de cette sorte d'honneur mais celui-là est du moins une occasion pour vous dire ce que vous avez été, et êtes toujours pour moi, et pour vous assurer que vos efforts, votre travail et le cœur généreux que vous y mettiez sont toujours vivants chez un de vos petits écoliers qui, malgré l'âge, n'a pas cessé d'être votre reconnaissant élève.

Je vous embrasse, de toutes mes forces.

Albert Camus

1 Lisez

1 En vous appuyant sur la lettre d'Albert Camus, dites si les phrases suivantes sont vraies ou fausses. Justifiez votre réponse en utilisant des mots du texte.

Exemple : Camus a écrit sa lettre à M. Germain le lendemain du prix Nobel. FAUX. Justification : J'ai laissé s'éteindre un peu le bruit qui m'a entouré tous ces jours-ci avant de venir vous parler.

1 Camus ne pense pas avoir mérité le prix Nobel.

2 Camus voulait absolument recevoir le Prix Nobel.

3 M. Germain est la deuxième personne à qui Camus a pensé en apprenant qu'il avait reçu le prix Nobel.

4 La famille de Camus n'était pas riche.

5 Camus dit qu'il n'aurait pas fait ce qu'il a fait sans M. Germain.

6 Camus remercie M. Germain.

2 Relisez la lettre. Quelles sont les qualités de M. Germain mentionnées par Camus dans sa lettre?

2 Recherchez et écrivez

1 Utilisez un dictionnaire et continuez la liste d'adjectifs pour décrire l'attitude de Camus.

Exemple : humble, reconnaissant,…

2 Imaginez la réaction de M. Germain en recevant la lettre de Camus. Cherchez et notez des mots pour la décrire.

Exemple : il a dû être touché, ému,…

3 Imaginez

À deux. Imaginez : Albert Camus téléphone à M. Germain. Inventez la conversation. Notez-la et jouez-la pour la classe.

Exemple

Élève A : Allô, Monsieur Germain ?

Élève B : Oui, c'est moi.

Élève A : Albert Camus à l'appareil. Bonjour !

Élève B : Oh mon dieu ! Albert ! Bonjour !…

4 Écrivez

Un professeur vous a beaucoup influencé(e). Écrivez-lui une lettre : expliquez votre parcours scolaire, vos projets et dites pourquoi il/elle a compté pour vous.

Exemple :

[ville], le [date]

Chère Madame Thomson

Je ne sais pas si vous vous souvenez de moi. Je m'appelle Alice et j'étais dans votre classe d'anglais de 20XX à 20XX. Je suis maintenant… et j'ai l'intention de… Je voulais vous écrire pour vous dire que…

5 Parlez

Discutez en classe.

- À votre avis, quelles sont les qualités d'un bon prof ?

- Aimeriez-vous devenir prof ? Pourquoi ?

- Comment voyez-vous le rôle du professeur changer à l'avenir ?

Révisions

L'école avant et maintenant

1 Parlez

1 Décrivez cette photo du célèbre photographe français, Robert Doisneau (1912–1994). À votre avis, où et quand se passe la scène? Décrivez l'attitude des enfants.

2 Comparez cette scène avec une scène actuelle dans votre école. Utilisez les expressions de l'encadré *Vocabulaire*. Cherchez d'autres expressions pour comparer et contraster.

Robert Doisneau/Gamma Rapho

Vocabulaire

Pour comparer des scènes

= Sur cette photo, on voit **le/la/ les** même(s)…

Cette photo montre **aussi / également** que…

≠ Sur cette photo, il y a…, **tandis que** maintenant / ici,…

Ici, on imagine que…. **Par contre**, maintenant / ici,…

---

2 Parlez

Imaginez une bulle pour chaque élève. Imaginez aussi une bulle pour leur instituteur.

3 Recherchez

Trouvez d'autres photos de Robert Doisneau sur Internet. Choisissez-en une et présentez-la oralement à la classe.

4 Parlez

Regardez ce dessin humoristique. Quels thèmes aborde-t-il ? Comparez l'attitude des parents, du prof et de l'élève si c'était dans votre pays.

5 Imaginez

Ajoutez un troisième dessin pour 2080. Décrivez-le par écrit pour l'illustrateur. Comment seront les parents ? Le professeur ? L'élève ? Écrivez le contenu de la (des) bulle(s).

Exemple : Il n'y aura plus de professeur. Les parents parleront à un ordinateur…

Le Travail écrit

Chapitre 4

A

B

C

Aspects couverts

Le Travail écrit :

* Comprendre ce qu'il faut faire
* Choisir son sujet
* Se documenter
* Exploiter les sources
* Développer le contenu
* Bien écrire
* Le Travail écrit dans l'examen oral

Grammaire

Exercices sur :

* Les connecteurs logiques
* La comparaison
* *Si* + imparfait + conditionnel
* Le subjonctif

1 Mise en route

1 Regardez les photos. Quels sujets du programme de français représentent-elles ?

Exemple : La photo A représente le sujet des aliments puisque ce sont des crêpes et aussi le sujet des fêtes traditionnelles parce qu'en France, on mange des crêpes à la Chandeleur.

2 Quels sujets vous intéressent le plus ? Pourquoi ? Discutez à deux.

Exemple : Moi, le sujet qui m'intéresse le plus, c'est le sport parce que j'adore le football. Et toi ?

PLAN
* Description
* Comparaison
* Réflexion

Comment bien réussir au Travail écrit

Le Travail écrit est noté sur 20 et représente une assez grande partie de la note finale. Il est donc important de savoir ce qu'il faut faire.

1 Lisez

Répondez aux questions suivantes sur le Travail écrit.

1 Peut-on choisir le sujet qu'on veut ?

2 Où peut-on trouver des sources ?

3 Combien de sources doit-on avoir et en quelle langue ?

4 Quand et en quelle langue doit-on rédiger le Travail écrit ?

5 Combien de mots doit-on écrire ?

6 Que peut-on utiliser pour nous aider à faire le Travail écrit ?

7 Combien de parties le Travail écrit doit-il avoir ?

8 Que faut-il faire dans la description ?

9 Combien d'éléments la comparaison doit-elle avoir ?

10 Que doit-on faire pour la réflexion personnelle ?

11 Doit-on attacher beaucoup d'importance à la langue ?

12 Est-ce que les exigences de forme du Travail écrit comptent dans la note finale ?

2 Parlez

Discutez en groupe et comparez vos réponses. Vérifiez en classe avec le professeur.

Quel sujet choisir ?

1 Lisez et parlez

Lisez les conseils pratiques et la liste des titres (1-6). À deux, discutez chaque sujet et choisissez entre les deux options le titre qui convient le mieux. Expliquez votre choix à la classe.

Exemple : 1A est un bon titre parce qu'il se rapporte à la culture francophone. Par contre, 1B…

Conseils pratiques pour bien choisir le titre

Un bon titre doit :

✔ mentionner le pays francophone choisi

✔ porter sur un aspect culturel bien défini du sujet qui vous intéresse et sur lequel vous pourrez trouver plusieurs sources de référence

✔ permettre une comparaison avec votre pays

✔ être clairement formulé.

2 Écrivez et parlez

1 Notez le sujet qui vous intéresse le plus pour votre Travail écrit. Réfléchissez aux raisons de votre choix et choisissez-en le titre. Présentez-le à la classe.

Exemple : Je m'intéresse aux transports qui ne polluent pas dans les villes. Comme titre de Travail écrit, j'ai choisi : « Les transports en commun sont-ils aussi écologiques à Paris que dans ma ville ? »

2 Discutez en groupe : le sujet et le titre choisis par chaque élève sont-ils appropriés ?

Exemple

Élève A : J'ai choisi les transports et mon titre, c'est : « Les transports en commun sont-ils aussi écologiques à Paris que dans ma ville ? »

Élève B : Je pense que c'est un bon titre, parce que c'est clair et précis.

Élève C : Oui, et il permet de faire des comparaisons…

Choisissez un sujet culturel (pas la météo ou la géographie, par exemple).

Comparez des situations, attitudes ou systèmes très différents, c'est plus facile!

Basez-vous sur des faits précis (chiffres, statistiques, etc.).

Évitez les listes (aliments, sports, etc.)

Soyez original(e) !

1 **Éducation**

A « Les vêtements pour le lycée en France et dans mon pays »

B « L'uniforme scolaire en Grande-Bretagne et dans mon pays »

2 **Habitudes quotidiennes**

A « Qui fait les tâches ménagères ? Une comparaison entre mon pays et le Bénin »

B « Le racisme en France et dans mon pays »

3 **Santé physique**

A « L'importance du sport »

B « Le système de santé en France est-il le même que celui de mon pays ? »

4 **Aliments et boissons**

A « Le végétarisme a succès de la France »

B « Comparaison entre les repas au Sénégal et ceux dans mon pays »

5 **Achats**

A « Aller au marché au Maroc et dans mon pays »

B « Comparaison de deux articles de magazines sur l'argent de poche »

6 **Divertissement**

A « Comment fête-t-on Noël au Québec et dans mon pays ? »

B « Pâques sur la Côte D'Azur »

Comment bien se documenter ?

1 Parlez et écrivez

En groupe, discutez et notez les sources idéales pour trouver des informations sur les trois premiers sujets (1–3) ci-dessus.

Exemple : On peut chercher des informations dans le livre Panorama Francophone, dans des journaux comme Le Monde, des magazines comme GéoAdo, etc.

2 Parlez et écrivez

À deux.

1 Trouvez des mots-clés pour faire des recherches sur Internet concernant l'un des trois derniers sujets ci-dessus (4–6).

Exemple : 4 B repas au Sénégal, cuisine sénégalaise, comment se tenir à table,…

2 Trouvez deux sources en français avec des informations intéressantes sur ce sujet. Vérifiez la fiabilité de la source (voir l'encadré). Puis, présentez vos sources en classe et expliquez votre choix.

Exemple : Nous avons choisi un article sur ce site concernant les traditions sénégalaises parce qu'il est officiel, etc.

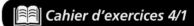 **Cahier d'exercices 4/1**

Conseils pratiques pour bien utiliser Internet

✔ Utiliser un moteur de recherche en français, par exemple google.fr.

✔ Choisir des mots-clés significatifs, des synonymes, et utiliser la fonction « recherche avancée » pour des résultats plus pertinents.

✔ Utiliser des sites fiables : il faut pouvoir répondre aux questions : « Qui écrit ? Est-ce un organisme officiel ? L'info est-elle récente, objective, référencée ? »

✔ Vérifier la validité des informations : sont-elles sur au moins deux autres sites ?

✔ Choisir des sources ni trop longues ni trop difficiles, qui contiennent des informations utiles pour votre Travail écrit.

Exploiter les sources

QUI SUIS-JE ?   SOCIETE   POLITIQUE   CONTRIBUTIONS   3 QUESTIONS À...   MES PRODUCTIONS

La nourriture (Savoir manger)

Vous adorez le plat national « Thièp » (riz au poisson) et vous êtes invité à manger chez un ami. C'est bien et cela démontre que vous vous intégrez. Au Sénégal, on mange généralement autour d'un bol. Manger autour d'un bol est un acte de partage régi par beaucoup de règles. Le bol est souvent placé sur une natte à même le sol. La première règle est d'attendre que l'hôte donne le départ. Manger la nourriture disposée devant vous dans le plat, c'est respecter le territoire de chacun. Il est donc impoli de se servir directement des légumes ou du poisson qui sont placés au milieu du bol. Prenez une cuillère de riz pour commencer, et ensuite servez-vous de la nourriture au milieu.

Toutefois, pas d'inquiétude, dans la plupart des cas, si vous êtes étranger, la maîtresse de maison vous servira elle-même le poisson et les autres condiments.

Dans certains cas et contrairement à la coutume occidentale, s'empresser de faire des compliments sur le repas pourra être mal interprété. Cela pourrait en effet donner l'impression que vous ne vous attendiez pas à ce qu'il soit bon. Au Sénégal, pour éviter tout malentendu, il est donc plus courtois d'attendre la fin du repas pour donner votre avis.

Ensuite, pendant que vous mangez, la coutume veut que vous ne regardiez pas les autres convives dans les yeux. À la fin du repas, faites en sorte de ramener au milieu du bol les grains de riz restés devant vous. Enfin, si vous avez appris qu'il faut attendre que la personne la plus âgée se lève de table avant vous, ici ce n'est pas le cas. Levez-vous lorsque vous avez terminé de manger, pour éviter de regarder les personnes qui sont toujours en train de manger. « Nekhna Berina » : c'est le mot de la fin pour dire qu'on a bien mangé.

Pour me contacter :
remymarlet@yahoo.fr

Twitter :
@amonremy

Facebook :
Amon Rémy Marlet

1 Lisez et parlez

À deux, survolez cet extrait d'un site web et discutez pour répondre aux questions.

1   Est-il pertinent au titre du Travail écrit : « Comparaison entre les repas au Sénégal et ceux dans mon pays » ?

2   Les informations données sont-elles fiables (voir page 43 et page 21) ? Pourquoi (pas) ?

2 Lisez et parlez

1   À deux, faites une première lecture du texte. Identifiez les passages intéressants pour le sujet du Travail écrit. Expliquez brièvement l'idée principale de chaque paragraphe. Discutez en classe.

Exemple : Le paragraphe 1 a beaucoup d'informations essentielles. Par exemple, le nom du plat national, le thièp...

2   Faites une seconde lecture plus approfondie du texte. Pour chaque paragraphe, trouvez : les idées principales, du vocabulaire utile pour le Travail écrit et une citation possible. Discutez en classe.

 Cahier d'exercices 4/2

3 Recherchez

Trouvez en ligne deux ou trois sources en français avec des informations intéressantes sur le sujet « Comparaison entre les repas au Sénégal et ceux dans mon pays ». Pour cela, trouvez d'abord des mots-clés (voir page 43).

Faites le même travail de lecture approfondie (voir l'encadré) avec les textes que vous avez trouvés.

Conseils pratiques pour bien exploiter une source

✔ Survoler le texte pour établir sa pertinence (titres, mots en gras, encadrés,…).

✔ Éliminer les textes trop longs ou trop difficiles.

✔ Faire une lecture approfondie pour identifier et noter :

   – les idées principales

   – le vocabulaire utile pour le Travail écrit

   – une ou plusieurs citations

   – les références de la source pour la bibliographie

4 Lisez et écrivez

Pour chaque source, prenez des notes pour répondre aux questions.

1 Qu'est-ce que vous avez appris en lisant ce texte ?

2 Parmi ces informations, lesquelles sont les plus pertinentes pour le Travail écrit ?

3 L'auteur exprime-t-il/elle une opinion ? Laquelle ?

4 Comment ses opinions sont-elles illustrées ?

5 Quels sont les passages que vous pourriez citer dans votre Travail écrit ?

6 Quels mots / expressions du texte pourriez-vous réutiliser en les adaptant ?

📖 *Cahier d'exercices 4/3*

Comment citer une source et la référencer

1 Lisez, parlez et écrivez

Lisez l'encadré, puis ces extraits de Travail écrit.
Lequel des trois cite correctement le texte, page 44 ?
Discutez en classe. Puis, corrigez les deux autres.

A

Selon l'auteur Amon Rémy Marlet : « Au Sénégal, on mange généralement autour d'un bol [...] souvent placé sur une natte à même le sol. »[1]

[1] La nourriture (Savoir manger) ; https ://dakaroiseries.wordpress.com/2013/11/04/senegal-sintegrer-en-5-points/

B

L'auteur de l'article précise, dans certains cas et contrairement à la coutume occidentale, s'empresser de faire des compliments sur le repas pourra être mal interprété.[2]

[2] La nourriture (Savoir manger) ; https ://dakaroiseries.wordpress.com/2013/11/04/senegal-sintegrer-en-5-points/

C

On ne se comporte pas à table de la même façon en France et au Sénégal. L'auteur dit : « la coutume veut que vous ne regardiez pas les autres convives dans les yeux. »

Conseils pratiques pour faire une citation courte

✔ Utiliser le style direct avec deux points (:) et guillemets (« »).

  Selon / D'après l'auteur X : « … »

  X écrit / affirme / explique / précise / prétend : « … »

  Comme on peut lire dans l'article de X : « … »

✔ Ne changer ni les mots ni l'ordre des mots.

✔ Utiliser le signe […] pour signaler une coupure en milieu de citation.

✔ Vérifier que la phrase qui contient la citation est correcte et a du sens.

Attention au plagiat ! Ne copiez jamais une phrase d'un texte-source sans mettre de guillemets ni la référencer dans la bibliographie.

Développer le contenu

Aidez Léa à rédiger son Travail écrit : « La fête de Pâques en France et aux Antilles ».

SECTION A : La description

1 Lisez et parlez

Léa a écrit trois descriptions. Le sujet est-il bien introduit ? Y a-t-il trois informations ? Décidez à laquelle vous donneriez 2 points et expliquez pourquoi.

2 Écrivez

À votre tour d'écrire une description (environ 50 mots) sur le sujet : « Le système scolaire en France et dans mon pays ».

> **Conseils pratiques : faire un plan**
>
> **Section A : La description**
> Pour avoir 2 points, il faut donner au moins trois informations factuelles pertinentes sur le pays francophone choisi.
> Attention ! Pas de généralités, de banalités ni d'opinions personnelles !
>
> **Section B : La comparaison**
> Pour avoir 3 points, il faut donner au moins deux éléments de comparaison (différences et/ou similarités) entre les deux pays.
> Attention ! Bien structurer les paragraphes avec des mots de liaison appropriés et des mots de comparaison.
>
> **Section C : La réflexion**
> Il faut répondre à trois questions précises (pas d'ordre imposé) : ce qui vous a surpris dans l'étude du sujet choisi, les raisons des différences et/ou des similarités entre les deux pays choisis, et ce qu'une personne du pays francophone choisi trouverait de différent dans votre pays. Attention ! Il ne faut pas répéter les éléments des sections A et B. Pour avoir le maximum de 3 points par question, il faut développer les réponses et montrer qu'on comprend bien les différences culturelles.

Planifiez le contenu. Ne dites pas tout dans la description, il faut garder des idées pour les autres sections !

A

Pâques est une fête du calendrier chrétien. C'est une des principales fêtes chrétiennes puisque c'est la résurrection de Jésus et on la célèbre tous les ans. Comme beaucoup d'autres fêtes religieuses, Pâques est l'occasion de faire une fête en famille autour d'un bon repas.

B

Les Français célèbrent la fête chrétienne de Pâques plus ou moins religieusement. Pour certains, aller aux différentes messes qui ont lieu du Jeudi Saint au Lundi de Pâques est important. Le jour de Pâques, beaucoup préfèrent faire une chasse aux œufs, qui rappellent la légende des cloches qui reviennent de Rome avec des œufs en chocolat. Beaucoup de familles se retrouvent pour manger un repas traditionnel.

C

Pâques est une fête chrétienne très importante en France et en Martinique, surtout pour les personnes qui sont chrétiennes. Personnellement, j'aime bien Pâques parce que c'est une occasion de manger beaucoup de chocolat et moi, j'adore ça ! Et puis, c'est les vacances et en général, on part deux semaines en famille.

SECTION B : La comparaison

1 Lisez

Lisez la comparaison de Léa et trouvez :

- une similarité entre la France et la Martinique
- trois différences
- les mots de liaison pour comparer : ce qui est similaire ; ce qui est différent.

Tout comme en France, les Chrétiens de Martinique célèbrent la fête de Pâques et beaucoup vont à la messe le Vendredi Saint qui, contrairement à la France, est un jour férié en Martinique.

Tandis qu'en France, on ne sort pas beaucoup, en Martinique, les familles se réunissent sur les plages et au bord des rivières pour faire un pique-nique. En France, il n'y pas d'activités vraiment typiques pour la fête de Pâques. Par contre, en Martinique, c'est l'occasion de jouer au football ou à des jeux de société sur la plage, de se baigner et d'aller aux zouks, les bals populaires, et même de camper sur les plages pendant le week-end.

2 Écrivez

À votre tour d'écrire une comparaison (environ 100 mots) sur le sujet : « Le système scolaire en France et dans mon pays ».

Mentionnez :

- une ou plusieurs similarités s'il y en a
- une ou plusieurs différences.

Faites des paragraphes avec des connecteurs logiques (voir page 49).

Ne répétez pas les informations mentionnées dans la description. Trouvez d'autres idées !

SECTION C : La réflexion

1 Lisez et parlez

Léa a commencé à répondre à la première question de la réflexion : « Qu'est-ce qui vous a surpris dans l'étude du sujet choisi ? » À votre avis, quel est le meilleur début de réponse et pourquoi ?

A Moi, ça m'a super étonnée de voir les Martiniquais manger sur la plage à Pâques. J'aimerais bien fêter Pâques comme ça !

B On peut noter qu'à Pâques, les Martiniquais préparent un plat appelé le matoutou, à base de riz et de crabe.

C Ce que j'ai trouvé le plus étonnant, c'est qu'en Martinique, les familles se retrouvent sur la plage pour célébrer Pâques et qu'on ne mange pas le traditionnel agneau pascal, comme en France métropolitaine, mais du matoutou. C'est un plat fait avec du riz et des crabes de terre qui ont été attrapés dans des « Zaptraps » ou pièges à crabes déposés dans des endroits humides par des chasseurs de crabes, et engraissés pour être mangés à Pâques.

2 Écrivez

Répondez à la question « Qu'est-ce qui vous a surpris dans l'étude du sujet choisi ? » pour le sujet : « Le système scolaire en France et dans mon pays ».

Utilisez un registre adapté : formel ou semi-formel dans la description et la comparaison ; la première personne du singulier ou une forme impersonnelle pour la réflexion.

3 Lisez et écrivez

Lisez la réponse de Léa à la deuxième question : « Selon vous, qu'est-ce qui explique ces différences et/ou similarités entre les deux pays ? »

1 Quelles différences Léa mentionne-t-elle ?

2 Comment les explique-t-elle ?

3 Repérez deux expressions pour donner son avis et trois expressions pour expliquer.

> Selon moi, les différences dans la façon de célébrer la fête de Pâques sont dues au climat. En effet, en Martinique on célèbre la fête à l'extérieur parce qu'il y fait beau et chaud puisque c'est une île tropicale dans la mer des Caraïbes, alors qu'en France, située dans l'hémisphère nord, c'est le début du printemps et généralement il ne fait pas très chaud. À mon avis, on mange du matoutou plutôt que de l'agneau parce qu'il y a beaucoup de crabes sur l'île et qu'on les chasse au printemps. Comme le dit l'auteur du blog *Carnet de Ti' Piment* : « Le premier jour du Carême [...] la chasse aux crabes est ouverte ! Et c'est tout un savoir qui se transmet de génération en génération [...] [1] ».

[1] http://carnetdetipiment.wordpress.com/2014/04/18/paques-martinique-crabe/

4 Écrivez

À vous de répondre à cette question pour le sujet : « Le système scolaire en France et dans mon pays ».

C'est sans doute ici le meilleur endroit pour faire une citation (elle ne compte pas dans le nombre total de mots). N'oubliez pas de la référencer et de citer la source dans la bibliographie !

Écrivez les questions dans votre Travail écrit, c'est plus clair (elles ne comptent pas dans le nombre total de mots).

5 Lisez et parlez

Léa répond à la dernière question : « Qu'est-ce qu'une personne provenant de la culture associée au pays francophone que vous avez étudié pourrait trouver de différent concernant le sujet choisi dans votre culture ? »

À votre avis, quelle est sa meilleure réponse et pourquoi ?

A Si un Martiniquais venait en France à Pâques, il serait sans doute surpris de voir que pour beaucoup de gens, Pâques est synonyme de départ en vacances plutôt que de grande fête de famille comme en Martinique. En effet, comme Pâques coïncide souvent avec les vacances de Printemps, beaucoup de Français partent en congé avec leurs enfants et ne célèbrent pas Pâques en famille comme on le fait traditionnellement en Martinique.

B Je trouve qu'en France, Pâques est devenue une fête commerciale et je ne suis pas d'accord parce qu'à mon avis, on oublie un peu la signification religieuse, ce qui n'est pas le cas en Martinique.

C Si un Français allait en Martinique pour Pâques, il trouverait différent de manger un repas de crabes et d'aller à la plage plutôt que de manger de l'agneau et de chercher des œufs en chocolat.

6 Écrivez

Répondez à votre tour à cette question pour le sujet : « Le système scolaire en France et dans mon pays ».

Montrez que vous comprenez bien les différences culturelles.

Évitez de répéter les idées qui figurent dans vos réponses aux deux autres questions de la section C.

Attention, le correcteur arrête de corriger après 350 mots !

Bien écrire

Harry est américain. Son sujet pour le Travail écrit, c'est : « Les repas en France et aux États-Unis ». Aidez-le à améliorer son Travail écrit en corrigeant ses fautes de langue. D'abord, lisez l'aide-mémoire.

1 Lisez

Aidez Harry à choisir la bonne option pour faire des phrases correctes dans sa description.

Exemple   Français

> Description :
>
> La majorité des français / Français mangent en famille, a / à des heures régulières : le petit déjeuner vers 7h30 et le dîner vers 19h30. En général, ils essaient / évitent de manger trop vite leur repas parce que c'est / ces un moment important pour discuté / discuter : le dîner dure environ 1h30. Avant, le midi, la majorité des gens mangent / mangeaient un repas complet à la cantine ou au restaurant avec un / une entrée, un plat principal / principal plat et un dessert. Mais cela change : en cinq ans, les ventes de sandwichs ont augmenté / augmentées de 40%.

2 Lisez et écrivez

Lisez sa comparaison et trouvez 16 erreurs. Ensuite, recopiez en corrigeant les fautes.

Exemple : 1 à France > en France

> Comparaison :
>
> On mange de façon différente à France et au États-Unis. Les Français mangent à des régulières heures, trois ou quatre fois par jour, pourtant les Américains mange cinq ou six fois. Un Français plus souvent mange à la maison qu'à l'extérior. Salon une étude du CRÉDOC : « 30,1% des repas sont pris hors domicile [aux États-Unis] contre seulement 16,0% en France. »[1] On passe plus de temps a préparé repas en France qu'aux États-Unis ou on consomme plus de fast-food. Beaucoup de jeunes aux USA mangent que ça. On boit autant d'alcool en France qu'aux États-Unis. Par contre, pour les sodas et autres boissons sucrées gazeux, les Américains en consommant presque cinq fois plus car ils adorent les.
>
> [1] http://www.credoc.fr/pdf/Rech/C283.pdf

Aide-mémoire de langue

✔ Les mots sont-ils dans le bon ordre dans la phrase ? (verbes, adjectifs, adverbes, pronoms,…)

✔ Manque-t-il des mots ? (déterminants, ne… pas,…)

✔ Avez-vous utilisé les bons mots ? (attention aux mots similaires en français : magasin / magazine, ces / c'est, ou aux faux-amis dans votre langue)

✔ Avez-vous bien orthographié les mots ? (attention aux accents : a / à, du / dû, sale / salé, ou / où,…)

✔ Avez-vous fait les accords (adjectifs, etc.)? (masc. / fém., sing ./ plur.)

✔ Avez-vous utilisé la bonne forme du verbe ? (infinitif, participe passé,…)

✔ Avez-vous utilisé les verbes au temps approprié ? (*si* + imparfait + conditionnel,…)

✔ Avez-vous utilisé correctement les connecteurs logiques ? (pour comparer, pour contraster, pour expliquer,…)

3 Lisez et parlez

En groupe, trouvez d'autres points à ajouter à l'aide-mémoire.

Exemple : les majuscules (les Français, la cuisine française)

4 Écrivez

À vous de répondre aux trois questions de la réflexion pour ce sujet :

« Les repas en France et dans notre pays » Attention à la langue !

Exemple : Ce que je trouve surprenant, c'est que les Français dînent beaucoup plus tard que nous, entre 19h30 et 21h00…

> *Relisez toujours votre Travail écrit avant de terminer ! Utilisez l'aide-mémoire pour vérifier.*

Bien articuler ses idées

1 Lisez

Regardez le diagramme. Dans le dictionnaire ou le glossaire, cherchez les mots nouveaux.

2 Lisez et écrivez

Recopiez le diagramme et ajoutez les expressions ci-dessous.

Exemple : établir un fait – C'est un fait que

> au contraire ● C'est un fait que
> d'abord ● de même (que)
> de / en plus ● donc ● ensuite
> Imaginons que + subjonctif
> Je suis surpris(e) par + nom /
> que + subjonctif
> ou bien ● pour finir
> prenons le cas de ● puisque
> selon moi

 Cahier d'exercices 4/4

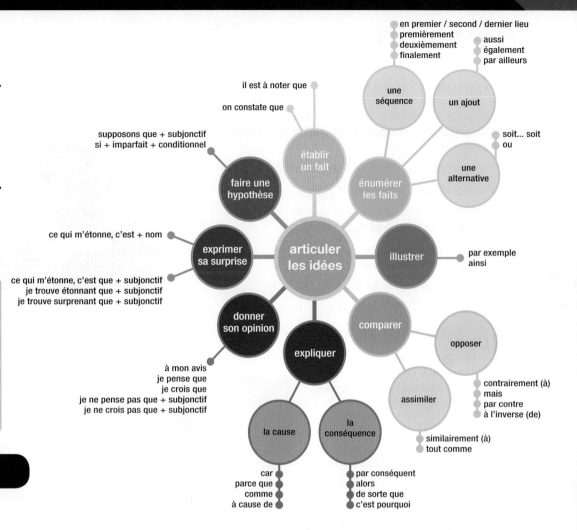

en premier / second / dernier lieu
premièrement
deuxièmement   aussi
finalement   également
                  par ailleurs

il est à noter que
on constate que

une séquence   un ajout

supposons que + subjonctif
si + imparfait + conditionnel

soit... soit
ou

une alternative

établir un fait

faire une hypothèse

énumérer les faits

ce qui m'étonne, c'est + nom

exprimer sa surprise

articuler les idées

illustrer

par exemple
ainsi

ce qui m'étonne, c'est que + subjonctif
je trouve étonnant que + subjonctif
je trouve surprenant que + subjonctif

donner son opinion

comparer

opposer

expliquer

assimiler

contrairement (à)
mais
par contre
à l'inverse (de)

à mon avis
je pense que
je crois que
je ne pense pas que + subjonctif
je ne crois pas que + subjonctif

la cause

la conséquence

similairement (à)
tout comme

car
parce que
comme
à cause de

par conséquent
alors
de sorte que
c'est pourquoi

Points de grammaire utiles

1 Lisez et écrivez

Réécrivez ces phrases en utilisant le point de grammaire mentionné.

Exemple :

1 *Les Français mangent* <u>moins</u> *souvent* <u>que</u> *les Américains*

5 <u>Si</u> *un Français* <u>venait</u> *dans mon pays, il* <u>trouverait</u> *la tenue scolaire très différente.*

9 *Ça me surprend beaucoup que les Français* <u>soient</u> *très longtemps à table le midi.*

> **Points de grammaire utiles**
>
> La comparaison (voir page 30)
>
> Si + imparfait + conditionnel
> (voir page 92)
>
> Le subjonctif pour exprimer une surprise
> (voir page 33)

La comparaison

1 Les Français mangent trois ou quatre fois par jour. Les Américains mangent cinq ou six fois par jour.

2 La consommation d'alcool des Français et des Américains est équivalente.

3 30% d'Américains mangent en dehors de chez eux. Seulement 16% des Français le font.

4 Avant, les Français ne mangeaient pas beaucoup de sandwiches à midi. Maintenant, ils en mangent presque deux fois plus.

Si + imparfait + conditionnel

5 Pour un Français qui vient dans mon pays, la tenue scolaire semble probablement très différente.

6 Un jeune Français qui visite mon pays trouvera sans doute la nourriture plus épicée.

7 Pour un Français en voyage aux États-Unis, les repas doivent sembler très différents qu'en France.

8 Un Américain qui vient vivre en France doit penser que les Français passent beaucoup de temps à table.

Le subjonctif

9 Les Français sont très longtemps à table le midi. Ça me surprend beaucoup.

10 Les grenouilles ne sont pas très souvent au menu en France. Cela m'étonne.

11 En France, nous sommes de plus en plus consommateurs de sandwichs. Je trouve ça surprenant.

12 La nourriture préférée des jeunes Américains est le fast-food. Je trouve ça étonnant.

 Cahier d'exercices 4/5

Révisions

Le Travail écrit dans l'examen oral

Au début de la troisième partie de l'oral, l'examinateur vous posera au moins deux questions sur le Travail écrit. Exemples de questions :

A Sur quel sujet porte votre Travail écrit ?

B Pourquoi avez-vous choisi ce sujet ?

C Qu'est-ce vous avez trouvé le plus difficile à faire dans ce travail de recherche ?

D Avez-vous aimé faire ce travail de recherche ? Pourquoi ? Pourquoi pas ?

E Qu'avez-vous appris au cours de la production de votre Travail écrit ?

---

1 Lisez

Voici les réponses de Léa aux questions de l'examinateur ci-dessus, mais pas dans le même ordre.

1 Complétez-les avec les mots et expressions de l'encadré.

2 Reliez les réponses de Léa aux questions de l'examinateur.

Exemple : A 2

1 J'ai choisi de travailler sur ce sujet parce que __[1]__ aux traditions des différents pays francophones et surtout aux fêtes qui sont célébrées de façon traditionnelle en famille parce que __[2]__ passionnant.

2 Mon Travail écrit porte sur la façon de célébrer Pâques en France et en Martinique. __[3]__ est similaire ou différent ou particulièrement étonnant, comme le repas de cette fête par exemple.

3 En faisant le Travail écrit, j'ai appris beaucoup de choses sur les traditions de Pâques en Martinique. Une des choses __[4]__ par exemple, c'est qu'en Martinique, on ne mange pas de chocolat à Pâques. Moi, si je ne mangeais pas de chocolat, ça me manquerait beaucoup !

4 Le plus difficile à faire, c'était probablement de __[5]__ dans les sources que j'ai trouvées et de les organiser dans la description, la comparaison et la réflexion pour respecter le nombre total de mots.

5 __[6]__ faire le Travail écrit parce que j'ai travaillé sur un sujet qui m'intéressait vraiment et j'ai aimé faire des recherches en ligne. Par contre, __[7]__ compter les mots parce que j'ai trouvé ça très agaçant !

> Il montre ce qui • J'ai adoré • je m'intéresse énormément
> je n'ai pas aimé • je trouve ça • qui m'a le plus étonnée
> sélectionner les informations pertinentes

---

2 Lisez et parlez

À deux, faites l'interview de Léa, en utilisant ses réponses aux questions **A–E**. Attention à la prononciation !

Exemple

Élève A (Examinateur) : Alors, Léa, sur quel sujet porte votre Travail écrit ?

Élève B (Léa) : Mon Travail écrit porte sur..., etc.

---

3 Écrivez et parlez

1 Préparez les réponses de Harry aux questions **A–E**.

2 À deux : l'élève A est examinateur et l'élève B est Harry (page 48). L'élève B répond aux questions (**A–E**). Puis, changez de rôle.

Exemple

Élève A : Alors, Harry, sur quel sujet porte votre Travail écrit ?

Élève B : Mon Travail écrit porte sur…

> *Pour avoir le maximum de points :*
>
> *Pensez à des questions qu'on pourrait vous poser à l'oral pendant que vous travaillez sur votre Travail écrit.*
>
> *Préparez à l'avance vos réponses aux questions possibles et entraînez-vous à l'oral.*
>
> *Le jour de l'examen, écoutez bien les questions.*
>
> *Donnez des réponses claires, cohérentes et bien développées.*

Euh…
Bein… Alors…
C'est-à-dire…
Euh…

Révisions

littérature
(et poésie)

arts visuels
(peinture, dessin)

bande dessinée

arts de la scène
(théâtre, danse,
mime et cirque)

architecture

cinéma

sculpture

radio, télévision et
photographie

musique

Aspects couverts

* Les différentes formes artistiques
* La lecture, le cinéma
* Le théâtre, la musique
* Les fêtes folkloriques
* Les beaux-arts

Grammaire

* Les adjectifs indéfinis
* Les pronoms personnels COD et COI (rappel)
* Les pronoms personnels *y* et *en* (rappel)
* La position des pronoms

1 Mise en route

1   Reliez les photos aux noms des arts illustrés sur les photos.

2   Savez-vous ce qu'on appelle le 7ème art ? Que choisiriez-vous comme 10ème art ?

2 Écrivez

Numérotez les arts selon vos préférences. Donnez un exemple que vous aimez ou connaissez pour chacun de ces arts.

Exemple : Numéro 7, c'est le cinéma. J'aime particulièrement les comédies romantiques. Mon film préféré, c'est...

3 Parlez

Regardez la photo à droite. Ce sont les colonnes de Buren, au Palais Royal, à Paris. Que pensez-vous de la fusion de l'art classique et de l'art moderne ? Discutez.

La lecture, un loisir toujours à la mode ?

Romain Gary (Émile Ajar)
La vie devant soi

folio

Un livre a changé ma vie...

Dans *La Vie devant soi*, Romain Gary raconte l'histoire très émouvante de Momo, un petit musulman de 10 ans, qui, abandonné par sa mère tout petit, vit dans un quartier pauvre de Paris. Il habite avec Madame Rosa, une ancienne prostituée juive, rescapée du camp de concentration d'Auschwitz.

Momo s'attache au personnage très touchant qu'est Madame Rosa et l'amour est réciproque. Il la considère comme sa mère et va rester à ses côtés jusqu'à la fin. Malgré les difficultés, il ne l'abandonnera pas. Écrit à la première personne, dans un style très vivant, ce roman sur l'enfance et la vieillesse, l'amour et l'identité, est beau, généreux et optimiste.

Ce livre a changé ma vie. J'avais 17 ans quand j'ai lu ce roman, je ne savais pas quoi faire de ma vie. Ce livre m'a inspiré – je suis devenu éducateur spécialisé pour enfants en difficulté – et restera à jamais gravé dans ma mémoire.

Julien, 25 ans

Les jeunes lisent-ils beaucoup en France ?

Nombre de livres lus chaque année par les jeunes de 16 à 24 ans

Combien de livres environ ?	Filles	Garçons	Ensemble
aucun livre	27%	54%	41%
moins de 6 livres	36%	23%	30%
entre 6 et 12 livres	22%	12%	17%
entre 12 et 24 (de 1 à 2 livres par mois)	9%	6%	7%
plus de 24 (plus de 2 livres par mois)	5%	4%	5%

source : http://www.insee.fr/fr/themes/tableau.asp?reg_id=0&id=397

La lecture de romans : un loisir démodé au 21ème siècle ?

Zahir
Démodé ? Pas du tout ! Moi, je lis beaucoup de livres papier et de livres numériques depuis que j'ai une liseuse électronique. J'aime tous les livres mais surtout la science-fiction et les romans fantastiques. J'essaie de lire quelques pages chaque soir après le lycée. Ça me détend. Mes parents m'ont toujours lu des histoires le soir et je crois que ça m'a donné l'amour de la lecture pour toujours !

Syrine
Franchement, la lecture, moi je trouve ça démodé. Quand j'ai du temps libre, je n'ai pas envie de lire de livres, ça ressemble trop à ce que je fais au lycée. Je lis plusieurs magazines, surtout sur les célébrités parce que ça me détend – je lis tous les articles sur l'acteur Dhafer El Abidine, que j'adore ! Certaines copines disent qu'elles s'évadent en lisant des romans, mais pour moi, ça ne marche pas.

Mohamed
Moi aussi, je trouve ça carrément démodé ! C'était bien quand il n'y avait ni la télé, ni Internet, ni les jeux vidéo. Maintenant, les choses ont changé et les loisirs aussi évoluent, c'est normal. Quelques jeunes aiment encore lire, surtout des BD ou des mangas. Moi, j'en lis un peu mais pas souvent. Par contre, je n'ai aucun copain qui lit des romans.

Meïs
La lecture, ce n'est pas démodé ! Moi, j'aime lire de temps en temps ou pendant les vacances, mais je ne lis pas n'importe quels livres : j'aime les livres faciles à lire, comme la série *Le trône de fer* qu'on s'échange avec mon copain Malik, qui aime les mêmes livres que moi. D'autres copains préfèrent les romans policiers, les romans historiques, ou encore la science-fiction. Différentes personnes ont différents goûts. En tout cas, je crois que beaucoup de jeunes lisent encore régulièrement.

1 Lisez et parlez

Répondez aux questions sur le livre mentionné par Julien.

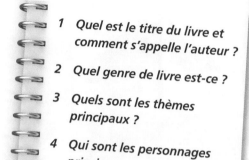

1 Quel est le titre du livre et comment s'appelle l'auteur ?

2 Quel genre de livre est-ce ?

3 Quels sont les thèmes principaux ?

4 Qui sont les personnages principaux ?

5 Où se passe l'histoire et que raconte-t-elle ?

6 Dans quel style est-il écrit ?

7 Quelle est l'opinion du lecteur ?

2 Recherchez et écrivez

1 Regardez l'encadré *Vocabulaire* (page 53). À deux, cherchez dans le dictionnaire d'autres mots et expressions utiles pour parler d'un livre que vous avez aimé. Comparez avec la classe.

Exemple : un livre bouleversant, une histoire originale, des aventures palpitantes,…

2 Complétez la liste en utilisant un vocabulaire négatif pour parler d'un livre que vous n'avez pas aimé.

Exemple : histoire sans intérêt, style ennuyeux, personnages pas réalistes,…

3 Parlez et écrivez

1 Quel est le livre qui vous a le plus marqué(e) ? Répondez aux questions 1–7 ci-dessus.

2 Écrivez une critique courte de ce livre pour le site *Un livre a changé ma vie* avec le vocabulaire sur lequel vous avez travaillé.

Exemple : Un des livres qui m'a le plus marqué(e), c'est Les Misérables, de Victor Hugo. C'est un roman historique, social et philosophique…

Vocabulaire

La critique d'un livre :

le genre (un roman, une nouvelle,…)

le thème du livre (une histoire vraie / de science-fiction / d'amour,…)

le(s) personnage(s) principal(-aux) / secondaire(s)

l'action ; les lieux ; le style de l'auteur

Pour présenter :

Dans ce livre intitulé XX, l'auteur raconte… / il s'agit de…

Pour expliquer :

Cette histoire raconte la vie / l'enfance / les aventures de…

Ce qui est surprenant / passionnant / troublant, c'est….

L'auteur sait captiver le lecteur en écrivant dans un style…

L'auteur maintient le suspense grâce à / par / en….

Pour donner son opinion :

Un livre émouvant / passionnant,…

Un livre qui restera gravé dans les mémoires / à lire absolument / à découvrir,…

4 Lisez

Les phrases suivantes portent sur les statistiques à la page 52. Sont-elles vraies ou fausses ? Corrigez les phrases fausses.

Exemple: En grande majorité, les jeunes de 16 à 24 ans lisent des livres.

FAUX. 41% des jeunes de 16 à 24 ans ne lisent aucun livre.

1 Seulement 5% des jeunes lisent un livre tous les quinze jours.

2 Le pourcentage des garçons qui lisent régulièrement est inférieur à celui des filles.

3 Le total des garçons qui ne lisent pas du tout est supérieur à celui des garçons qui lisent.

4 Parmi les jeunes qui ne lisent rien, un peu plus de la moitié sont des filles.

5 Un peu plus d'un tiers des filles ne lisent rien.

5 Compréhension

Lisez les quatre messages sur la lecture au 21ème siècle. Répondez aux questions et justifiez vos réponses.

Exemple : À votre avis, des quatre jeunes, qui aime le plus lire ? Zahir. Justification : « je lis beaucoup, ça m'a donné l'amour de la lecture »

1 Des quatre jeunes, qui lit le moins ?

2 Qui lit autre chose que des romans ?

3 Qui lit un peu tous les jours ?

4 Qui lit surtout en dehors des périodes scolaires ?

5 Qui a pris l'habitude de lire quand il/ elle était petite ?

6 Qui pense que la lecture a été remplacée par d'autres loisirs plus modernes ?

Grammaire en contexte

Les adjectifs indéfinis

On utilise les adjectifs indéfinis pour parler :

• de nombre et de quantité :

0% = aucun(e)

X% = quelques, plusieurs, certain(e)s, différent(e)s

100% = tout / toute / tous / toutes, chaque, n'importe quel(s) / quelle(s)

• d'identité et de différence :

même : Toi et moi lisons le même livre : Les Misérables, de Victor Hugo.

autre : Moi, je lis un autre livre de Victor Hugo, Notre-Dame de Paris.

Point info

La bande dessinée est depuis longtemps très populaire dans la littérature francophone, surtout française et belge. Tous les ans, la BD a son festival, à Angoulême, dans le centre de la France.

Grâce au numérique, la BD africaine commence aussi à avoir un succès international, comme par exemple *Aya de Yopougon*, de l'Ivoirienne Marguerite Abouet.

6 Lisez

1 Relisez les messages et trouvez les différents adjectifs indéfinis (voir l'encadré *Grammaire en contexte*).

2 Recopiez et complétez chaque phrase sur la lecture avec un adjectif de l'encadré qui convient.

Exemple : En général, je lis __plusieurs__ livres en même temps.

1 Je n'aime ____ bande dessinée.

2 J'achète un magazine sportif ____ semaine.

3 ____ jeunes aiment toujours lire les classiques de la littérature.

4 Dans mon club de lecture, nous lisons les ____ livres et nous en discutons.

5 On a le droit de lire ____ livre, mais il faut lire !

📖 *Cahier d'exercices 5/1*

7 Parlez et écrivez

1 Faites un sondage en classe : préparez des questions pour savoir qui lit, quand, quoi, comment, à quelle fréquence, etc.

2 Écrivez un message sur le forum en résumant les informations sur votre classe.

Le cinéma : entre fiction et réalité

1 Recherchez et parlez

À deux, préparez une liste de mots utiles pour parler de films et de cinéma.

Exemple : réalisateur/trice, documentaire, effets spéciaux, acteur/trice

2 Lisez et parlez

Lisez les trois critiques du film *La Cour de Babel*. À votre avis, qui donne une étoile, deux étoiles ou trois étoiles au film ? Discutez en classe et justifiez votre opinion.

3 Lisez et écrivez

1 Indiquez à qui ou à quoi se rapportent les pronoms personnels COD soulignés. Basez vos réponses sur la première critique (Samson).

   Exemple : La Cour de Babel le prouve

   « *le* » se rapporte à : *ça marche*

   1 et *les* a filmés pendant un an

   2 Elle *la* présente comme une personne

   3 Je *l'*ai aussi trouvé assez émouvant

2 Trouvez les pronoms personnels COD dans la deuxième critique (Chloé). Expliquez à quoi ils se rapportent.

3 Réécrivez la troisième critique (Gérald) en remplaçant les mots soulignés par des pronoms COD.

   Exemple : J'avais trouvé ce film intéressant

   Je l'avais trouvé intéressant

📖 *Cahier d'exercices 5/2, 5/3*

4 Écrivez

Vous faites partie du club de français de votre lycée qui, chaque mois, publie un bulletin en français. Écrivez une critique (environ 150 mots) d'un film francophone que vous avez vu récemment.

5 Imaginez

Vous faites partie du comité de programmation d'un ciné-club. En groupe, sélectionnez deux films pour un festival qui doit présenter les films de votre pays à un public francophone pendant un festival Ciné-jeunes. Chaque groupe présente et explique son choix de film au comité (la classe). Quels films sont retenus ?

LES FILMS DU POISSON ET SAMPEK PRODUCTIONS PRÉSENTENT

après **Depuis qu'Otar est parti...** *et* **L'Arbre**

LA COUR DE BABEL

un film de **Julie Bertuccelli**

SAMSON :

24 élèves et 24 langues différentes dans une seule classe... et ça marche !

Le film *La Cour de Babel* le prouve. Sa réalisatrice, Julie Bertuccelli, a suivi des jeunes venus des quatre coins du monde et les a filmés pendant un an dans leur classe d'adaptation. Julie Bertuccelli s'intéresse aussi à leur professeur, Brigitte Cervoni. Elle la présente comme une personne formidable qui fait un travail merveilleux dans des conditions parfois difficiles.

Ce film est un documentaire très intéressant sur l'accueil des élèves non-francophones en classe d'adaptation. Je l'ai aussi trouvé assez émouvant, car certains jeunes ont vécu des choses difficiles avant d'arriver en France.

CHLOÉ :

Un bon documentaire mais décevant au cinéma

La situation des élèves non-francophones en classe n'est pas un sujet que je connais particulièrement et c'est vrai que je l'ai découvert dans ce documentaire de Julie Bertucelli. Les élèves sont attachants et on les suit pendant une année scolaire. C'est toujours intéressant d'apprendre quelque chose, mais je ne pense pas qu'une salle de cinéma soit le meilleur endroit pour ce genre de film. Je suis allée le voir au cinéma et je ne l'ai pas regardé avec autant de plaisir que d'autres films. Quand je vais au cinéma, j'ai envie de voir une belle histoire romantique ou drôle, ou alors du « grand spectacle » avec des effets spéciaux. Ce film n'est ni l'un ni l'autre.

GÉRALD :

Un message de tolérance en 24 langues...

La Cour de Babel de Julie Bertucelli rappelle cet autre film sur l'école, *Entre les murs*. J'avais trouvé ce film intéressant, mais c'était un faux documentaire, une fiction mise en scène avec de vrais élèves. *La Cour de Babel* est un vrai documentaire : ici, tout est vrai et c'est ce qui est passionnant. Et contrairement à *Entre les murs*, Julie Bertucelli ne parle pas uniquement de ce qui ne va pas. Elle n'ignore pas les problèmes et les difficultés : elle montre ces problèmes et difficultés mais elle montre surtout ce qui va bien, les succès, l'insertion réussie de ces jeunes, l'acceptation de leurs différences. Que deviennent ces jeunes après le film? On ne sait pas exactement ce qu'ils deviennent mais cela reste un film fascinant, positif et optimiste. Je recommande chaudement à tous, petits et grands, d'aller voir ce film !

Rappel grammaire

Le pronom personnel complément d'objet direct (COD)

(Livre 1 page 147)

Il répond à la question « quoi ? » ou « qui » ? Il remplace le nom complément d'objet direct du **verbe** pour éviter une répétition.

*Je ne **trouve** pas ce film super. Et toi ? Tu le **trouves** super ?*

	singulier	pluriel
masculin	le / l'	les
féminin	la / l'	les

Quand le pronom remplace une phrase ou un groupe de mots, on utilise toujours *le*:

Quand le film est-il sorti ? La critique ne le dit pas.

La grande tradition française du cinéma

1 Compréhension

Lisez l'article et répondez aux questions suivantes avec des mots du texte.

1 Pourquoi les spectateurs ont-ils été effrayés par le film des frères Lumière ?

2 Qu'est-ce que Méliès a fait avec l'invention des frères Lumière ?

3 Comment le cinéma des années 30 a-t-il changé et pourquoi ?

4 Quels sont les deux facteurs qui ont assuré le succès du cinéma français pendant la Deuxième Guerre mondiale ?

5 Comment peut-on définir la Nouvelle Vague ?

6 Comment Audrey Tautou est-elle devenue une star internationale ?

2 Lisez et écrivez

Lisez l'encadré *Rappel grammaire*. Trouvez les pronoms personnels COI dans l'article. Expliquez à quoi ils se rapportent.

Exemple : leur ont demandé de payer (ligne 3) leur = les personnes du public

Rappel grammaire

Le pronom personnel complément d'objet indirect (COI)   *(Livre 1 page 159)*

Il remplace le nom complément d'objet indirect du **verbe** pour éviter une répétition.

Que doit-on aux frères Lumières ?

→ *On leur doit la première représentation publique.*

	singulier	pluriel
masculin	lui	leur
féminin	lui	leur

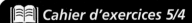 *Cahier d'exercices 5/4*

Petit historique du cinéma français

En 1895, deux industriels français, les frères Lumière, ont réuni des personnes du public et leur ont demandé de payer un franc pour s'asseoir devant un écran. Elles ont alors pu voir
5 un des premiers films du « cinématographe », *L'Entrée du train en gare de la Ciotat*, et comme elles n'avaient encore jamais vu d'images bouger, le train leur a fait très peur !

Georges Méliès, homme de spectacle, était dans la
10 salle et a été impressionné par cette nouvelle invention. On lui doit, un peu plus tard, en 1898, le premier film de science-fiction *Voyage dans la lune*, avec les premiers trucages et effets spéciaux basés sur des techniques du théâtre.

15 Avec les sociétés de production créées par les Français Charles Pathé et Louis Gaumont, le cinéma est vite devenu une véritable industrie. Alice Guy, la secrétaire de Gaumont, avait beaucoup d'idées. Gaumont lui a donné les
20 moyens de filmer une comédie, *La Fée aux choux* (1896), qui a fait d'elle la première femme cinéaste de l'Histoire.

Le début du 20ème siècle a connu l'âge d'or du cinéma comique : la majorité des films montrés
25 aux États-Unis étaient français. C'est d'ailleurs un Français qui est devenu la première « star » du cinéma muet, Gabriel Leuvielle, mieux connu sous le nom de Max Linder. Charlie Chaplin s'est beaucoup inspiré de lui.

30 Dans les années 20 et 30, des réalisateurs comme Renoir, Guitry, Pagnol, Carné avaient envie de faire un cinéma différent. L'arrivée du cinéma parlant, en 1927, leur a permis d'approfondir la psychologie des personnages, grâce aux
35 dialogues. Pendant la Seconde Guerre mondiale, les Français avaient besoin de distractions et comme les forces d'occupation allemandes interdisaient les films anglais et américains, le cinéma français a continué de prospérer.

40 Dans les années 50, de jeunes réalisateurs ont commencé à vouloir faire des films plus novateurs, plus réalistes, en cassant avec la tradition des studios et des grandes stars et en utilisant des techniques nouvelles. C'était la
45 Nouvelle Vague, avec des réalisateurs comme François Truffaut, Jean-Luc Godard et Éric Rohmer.

Chaque décennie a apporté un nouveau style : pendant les années 80, on a vu beaucoup
50 d'adaptations littéraires, comme les films de Claude Berri *Manon des Sources* et *Jean de Florette* (1986), tirés des romans de Marcel Pagnol. Pendant les années 90, des cinéastes français ont essayé de rivaliser avec les gros
55 succès américains, par exemple Luc Besson avec le scénario de son film de science-fiction *Le cinquième élément* (1997). Depuis 2000, le cinéma a connu de grands succès mondiaux, comme *Le Fabuleux Destin d'Amélie Poulain*
60 (2001), film français le plus vu aux États-Unis depuis la naissance du cinéma et qui a lancé la carrière internationale de la jeune actrice Audrey Tautou.

La vitalité du cinéma français et francophone est
65 évidente par le grand nombre de festivals et de manifestations qui ont lieu en France et dans le monde francophone.

3 Écrivez

Quel sera l'avenir du cinéma francophone? Répondez aux questions.

1 Comment seront les films dans 50 ans ? Pensez-vous qu'ils seront plus interactifs ? Comment ?

2 Comment les salles de cinéma seront-elles équipées ?

Vocabulaire

Pour parler du futur

Je pense / crois qu'il y aura...

Je suis certain(e) / sûr(e) que ce sera...

J'imagine que nous pourrons...

Je suppose que les films seront...

Point info

Les événements autour du cinéma sont très nombreux en France. Les Césars, l'équivalent des Oscars, récompensent les meilleures productions françaises.

Le Festival de Cannes, avec sa Palme d'Or, est le plus médiatisé au monde. Il y a aussi le festival du film américain de Deauville, du film fantastique de Gérardmer, et des centaines d'autres.

Le théâtre, ma passion

FORUM JEUNES : Rencontre avec Camille Rutherford

A Comment arrivez-vous à retenir le texte d'une pièce ?

B Quels sont vos projets d'avenir ?

C D'où êtes-vous et où vivez-vous ?

D De quoi êtes-vous le plus fière ?

E Qu'est-ce qui vous a donné le goût du théâtre ?

F Qu'est-ce que vous préférez faire : du théâtre ou du cinéma ?

G Est-ce que vous voyagez beaucoup ? Où allez-vous ?

H Quelle formation avez-vous suivi pour devenir actrice ?

I Que pensez-vous du théâtre en France actuellement ?

J Qu'est-ce qui vous plaît le plus dans le métier de comédienne ?

K Que faites-vous juste avant d'entrer en scène ?

L Qu'est-ce que vous n'aimez pas dans le métier d'actrice ?

M Quels conseils donneriez-vous à des jeunes qui voudraient devenir comédiens ?

1 Je suis née à Paris – d'une mère française et d'un père britannique – mais je n'y ai pas toujours vécu. J'ai aussi habité à Clermont-Ferrand, dans le centre de la France. Je suis revenue vivre à Paris après mon bac, pour faire mes études.

2 Le théâtre, c'est mon instituteur qui me l'a fait découvrir quand j'avais huit ans. Il organisait des spectacles de fin d'année. Je m'en souviens encore, j'avais tellement le trac ! J'adorais la scène, je m'y sentais bien.

3 J'ai d'abord fait des cours dans des petites écoles de théâtre, au Conservatoire de Clermont-Ferrand, et j'ai obtenu une place au Conservatoire National Supérieur de Paris. J'en suis sortie diplômée à 20 ans. Et puis j'ai beaucoup appris en faisant mes propres spectacles (j'en ai monté plusieurs au collège et au lycée), et bien sûr en observant le jeu des acteurs.

4 J'aime jouer au théâtre pour les sensations que ça procure. Jouer « en direct » sur scène, c'est passionnant ! Au cinéma, ce que j'aime le plus, c'est observer tout le monde sur le plateau, quand on tourne une séquence. Ce sont deux expériences différentes, je les aime autant l'une que l'autre.

5 Certains acteurs ont des rituels avant un spectacle ; moi, je n'en ai pas vraiment. En fait, ce que j'adore, c'est ne rien dire et observer les acteurs se concentrer, les techniciens vérifier les décors et l'éclairage. C'est une ambiance unique.

6 Je m'amuse avec le texte, je le chante, je le répète sur différents tons. J'en apprends un peu chaque jour. Le soir, avant de me coucher, je relis le texte et je rectifie mes erreurs. Le matin, au réveil, je me le récite à nouveau. Après ça, je le connais sur le bout des doigts !

7 Au théâtre, quand une pièce a du succès, on part la jouer dans toute la France. Pour le cinéma, j'ai récemment voyagé en Suisse pour un festival du film...

En Pologne et à Los Angeles aussi : j'y suis allée pour faire la promotion d'un film dans lequel je tenais le rôle principal.

8 Ce que j'aime le plus, je crois, ce sont les rencontres qu'on peut y faire. Certaines durent juste le temps d'une création, d'autres durent plus longtemps : je me suis fait de très bons amis en travaillant.

9 Pour l'instant je ne suis fière de rien ! Par contre, si j'arrive à réaliser mes propres films, j'en serai très fière ! J'attends des réponses de financement pour un court-métrage que j'ai écrit... Je croise les doigts !

10 Les castings, les échecs, dépendre des autres. C'est pour ça que je voudrais monter mes propres projets. Je n'aime pas les hypocrites non plus, et dans ce métier, il y en a beaucoup... Alors, il faut essayer de rester simple et de garder son sens de l'humour.

11 Dans quelques mois, je vais jouer dans le film d'un ami réalisateur très talentueux. On va le tourner en Argentine. Et je vais aussi jouer un extra-terrestre dans un spectacle pour enfants à Paris !

12 Observez les gens, intéressez-vous à tout, allez au théâtre, au cinéma, au musée, lisez, écrivez. Bref, soyez curieux. N'ayez pas peur des auditions pour les écoles de théâtre. Préparez-vous bien et prenez-y du plaisir, même si c'est très dur : choisissez une scène qui vous passionne, vous la jouerez mieux.

13 Le passé nous a légué un art théâtral immense. On joue encore les grands classiques du théâtre, comme Racine, Molière, Marivaux. Les jeunes compagnies innovent toujours mais cela devient de plus en plus dur car il y a de moins en moins de budget pour la culture. C'est aussi très difficile pour les intermittents* du spectacle.

* professionnels qui ne travaillent pas à plein temps

1 Compréhension

Lisez les questions des fans et reliez-les aux réponses de Camille.

Exemple : A 6

2 Lisez

Reliez la première partie de chaque phrase (1–8) avec la fin de phrase appropriée parmi les propositions **A–H**.

Exemple : 1 B

1 Camille n'a pas toujours habité…

2 Elle a découvert le théâtre à huit ans et se souvient encore…

3 Elle a un diplôme…

4 Quand elle était encore au lycée, elle a organisé…

5 Elle n'a pas de préférence entre…

6 Elle est allée promouvoir un film dans lequel elle a joué…

7 Elle sera fière d'elle-même quand elle pourra réaliser…

8 Elle conseille de bien se préparer pour…

    A du Conservatoire National Supérieur de Paris.

    B à Paris.

    C ses propres films.

    D ses propres spectacles.

    E des spectacles que son instituteur organisait.

    F les auditions pour les écoles de théâtre.

    G le théâtre et le cinéma.

    H en Pologne, en Italie et à Los Angeles.

3 Écrivez et parlez

Préparez un quiz sur Camille. Posez les questions à la classe.

Exemple : De quelle nationalité est son père ?

Grammaire en contexte

La position des pronoms personnels

je		me/m'					verbe /	pas
tu	ne	te/t'	le/	lui	y	en		
il/elle/on		se/s'	la/l'	leur			auxiliaire	
nous		nous	les					
vous		vous						
ils/elles		se/s'						

4 Lisez et écrivez

Recopiez les phrases suivantes et complétez-les avec les mots dans le bon ordre.

Exemple : Cette question, – vais – je – la – poser – lui.
Cette question, je vais la lui poser.

1 La réponse, – me – elle – donnera – la.

2 La journaliste ? – lui – a – Elle – en – déjà – parlé.

3 Des spectateurs au festival, – verra – y – on – en – beaucoup.

4 Les acteurs, – on – retrouve – y – les – ce – soir.

5 Recherchez et écrivez

Vous écrivez un article sur une vedette de théâtre ou de cinéma francophone célèbre pour le bulletin en français de votre lycée. Faites des recherches sur son parcours et écrivez sa biographie en 150–200 mots. Gagnez un point pour chaque pronom bien utilisé ! (Voir l'encadré *Grammaire en contexte*.)

Rappel grammaire

Les pronoms personnels *y* et *en*

(Livre 1, pages 144, 169)

Y remplace :

- un COI (une chose, une idée) introduit par *à*

Il faut prendre plaisir <u>aux auditions</u>. Il faut y prendre plaisir.

- une expression de lieu introduite par une préposition

Comment se sent-elle <u>sur scène</u> ? Elle s'y sent bien.

En remplace :

- un COD introduit par *du / de la / de l' / des*

*Camille a-t-elle <u>des rituels</u> ? Non, elle n'**en** a pas.*

- un COD introduit par *un / une* ou une quantité (*trois, plusieurs,* etc.).

*Elle a fait un film ? Oui, elle **en** a fait <u>un</u> / Non, elle n'**en** a pas fait.*

- un COI (une chose, un lieu, une idée) introduit par **de**

*Elle se souvient <u>des spectacles</u> ? Oui, elle s'**en** souvient.*

📖 *Cahier d'exercices 5/5, 5/6*

Et si on modernisait les grands classiques ?

1 Mise en route

En équipes de deux ou trois, notez le plus de mots possibles en relation avec la musique. Vous avez trois minutes. Qui a la liste la plus longue ?

20.45

La grande battle

Présentation : Virginie Guilhaume, Jean-François Zygel. En direct. 2h10.

L'orchestre Lamoureux, dirigé par Fayçal Karoui, interprète des extraits de plusieurs œuvres classiques : « La flûte enchantée » de Mozart, « Clavier bien tempéré » de Bach, « Le bourgeois gentilhomme » de Lully, « Le songe d'une nuit d'été « de Mendelssohn, « La Moldau » de Smetana.

Les musiciens cèdent la place à des candidats qui revisitent ces airs connus de tous. Chaque morceau est réinterprété par deux amateurs ou équipes différents et les téléspectateurs sont invités à les départager. Ceux-ci peuvent également commenter et donner leur avis via les réseaux sociaux.

Parmi les participants : un groupe de neuf artistes joue un air d'opéra sur des objets insolites (outils et machines, casseroles, pieds de lampe et de chaise, etc) ; un groupe féminin de hard-rock joue un air de Mozart ; un groupe de flamenco gypsy joue La Moldau,…

2 Compréhension

Lisez le document et choisissez la réponse la plus appropriée parmi les options suivantes.

Ce texte est…

A une publicité dans un magazine.

B un commentaire de spectateur sur une émission de télé.

C un message sur un réseau social.

D un extrait de magazine télé.

La compagnie Zic Zazou gagne la Grande Battle en jouant sur... des outils !

3 Lisez

1 En vous basant sur le document, répondez aux questions suivantes.

   1 Quel est le titre de l'émission ?

   2 Sur quelle chaîne passe-t-elle et à quelle heure ?

   3 C'est quel type d'émission ?

   4 Qui va animer l'émission ?

2 Choisissez **A**, **B**, **C** ou **D**.

   1 C'est quel type d'émission ?

     A une émission sur le rap

     B un jeu télévisé sur la musique classique

     C un concours musical entre des musiciens amateurs

     D un concours musical entre des orchestres internationaux

   2 Que se passe-t-il lors de l'émission ?

     A Des spectateurs jouent des airs classiques sur scène.

B Un orchestre joue une version moderne et originale de morceaux classiques.

C Deux amateurs jouent une version moderne et originale d'un même air classique.

D Des musiciens se font connaître sur les réseaux sociaux.

3 Que font les téléspectateurs?

A Ils font des commentaires sur les morceaux joués par l'orchestre sur les réseaux sociaux.

B Ils votent pour les candidats qu'ils préfèrent.

C Ils suivent les deux présentateurs sur les réseaux sociaux.

D Ils votent pour l'orchestre classique qu'ils préfèrent.

4 Parlez

Imaginez que vous travaillez pour une chaîne de télé jeunesse francophone. Certains collègues (la moitié de la classe) veulent programmer une version de la Grande Battle, d'autres (l'autre moitié de la classe) ne sont pas d'accord. Discutez pour arriver à une décision.

Exemple

Élève A : C'est une bonne émission parce que les jeunes découvrent les grands airs de musique classique.

Élève B : Personnellement, je pense qu'il faut présenter les morceaux comme le compositeur les voulait.

La culture, quelle importance ?

Le Burkina Faso organise des événements culturels très importants sur le continent africain comme le Salon international de l'artisanat de Ouagadougou (SIAO), la plus grande exposition d'artisanat du continent africain, et le Festival Panafricain du Cinéma et de la télévision de Ouagadougou (FESPACO). Que pensent ces trois jeunes Burkinabés de la culture dans leur pays ?

Abibata

Au Burkina Faso, la culture est très vivante parce qu'elle fait partie de la vie quotidienne, comme l'artisanat par exemple : les paniers, les tissus, les poteries, les sacs sont des objets créés
5 artistiquement selon des traditions transmises de génération en génération, mais ce ne sont pas uniquement des objets d'art, on s'en sert aussi dans la vie courante. La musique et la danse rythment la vie des gens mais elles sont plus
10 qu'un divertissement, elles sont un moyen d'exprimer des sentiments et des émotions, par exemple pendant les grands événements de la vie comme les mariages ou les funérailles et les rites d'initiation. C'est essentiel de conserver tout cela
15 et on doit subventionner les artistes si nécessaire.

Amadou

La culture burkinabée est orale à l'origine, transmise de génération en génération par les griots, ces conteurs qui vont de village en village. On leur doit beaucoup de respect ; on dit : « Un monde sans
5 griots, c'est comme une bibliothèque sans livres ». Il est donc vital pour les jeunes de connaître et de respecter cette culture traditionnelle. C'est ce qui les identifie et les unit. Mais on doit aussi se tourner vers la modernité. Bien sûr, il faut s'intéresser aux
10 autres cultures et traditions mais aussi promouvoir les valeurs burkinabées, en investissant dans des événements comme le SIAO ou le FESPACO. À mon avis, pour résister au danger de la mondialisation, la jeunesse doit à la fois respecter les valeurs
15 traditionnelles du Burkina Faso et faire évoluer sa culture, la rendre plus moderne et plus pertinente pour la société d'aujourd'hui.

Patrice

Tout d'abord, on ne peut pas vraiment parler d'« une » culture burkinabée, puisque la population ici est constituée de plus de 60 groupes ethniques qui ont des valeurs, des arts et
5 des traditions différentes. Et puis, si les activités culturelles sont assez importantes, je ne les considère pas essentielles à la vie de tous les jours. Je pense que l'argent, quand il y en a, ne devrait pas financer la culture. Personnellement,
10 je préférerais voir plus d'argent utilisé en zones rurales, pour y développer des écoles et des hôpitaux. C'est plus utile pour la majorité des gens que des festivals de films ou autres manifestations culturelles qui font le plaisir de quelques-uns.

1 Lisez et parlez

Lisez l'avis des trois jeunes. Répondez aux questions.

Exemple : Qui pense que la culture fait partie de la vie de tous les jours des Burkinabés ? Abibata. Justification : « elle fait partie de la vie quotidienne, on s'en sert aussi dans la vie courante »

Qui pense que / qu' ...

1 il faut aider les artistes et artisans financièrement ?

2 la culture burkinabée ne doit pas disparaître ?

3 il y a plusieurs cultures dans le pays ?

4 il faut encourager les grandes manifestations culturelles ?

5 la culture vient après la solidarité, la santé et l'éducation ?

6 il est important que la culture s'adapte aux nouvelles générations ?

📖 *Cahier d'exercices 5/7*

2 Parlez

- Avec quel jeune êtes-vous le plus d'accord ? Expliquez votre point de vue.

- Que pensez-vous du rôle de la culture dans un pays ?

- À votre avis, doit-on respecter les traditions culturelles ou essayer de les faire évoluer ?

3 Écrivez

Décrivez la culture de votre pays et comparez-la à celle du Burkina Faso. Quelles sont les raisons des différences entre les deux cultures ? Qu'est-ce qui vous surprend dans la culture du Burkina Faso ? Qu'est-ce qu'un jeune du Burkina Faso trouverait de différent dans votre culture ?

Exemple : Dans mon pays, la culture est essentiellement basée sur les rites religieux, et comme au Burkina Faso, elle est traditionnellement transmise oralement...

Les fêtes folkloriques : un lien entre le passé, le présent et l'avenir

◀ ▶ C 🌐 www.artsetculturedefrance.fr

Culture

Entre traditions et modernité

Le fest-noz

A L'Unesco a inscrit le fest-noz (« fête de nuit » en breton) au patrimoine immatériel de l'humanité. En Bretagne, dans l'ouest de la France, un fest-noz est une grande fête, basée sur les danses traditionnelles, avec chants et musiques instrumentales, pendant laquelle on alterne les danses en couple et les danses collectives. Le fest-noz mélange de façon très conviviale toutes les générations et tous les milieux sociaux.

B En Bretagne, jusqu'aux années 1930, toutes les occasions étaient bonnes pour rassembler les familles d'un village et des environs pour une fête (un baptême, un mariage, la fin des récoltes, une fête religieuse, etc.), soit de jour *fest-deiz* ou de nuit, *fest-noz*. En général, elle se passait dans la cour d'une ferme, avec quelques chanteurs et musiciens amateurs.

C Le passage d'une société rurale et paysanne à une société moderne et industrielle après la guerre de 39–45 a menacé ces manifestations et on a commencé à oublier le répertoire de danses, de chants et de musiques.

D À partir des années 50, les jeunes générations ont voulu sauver ce patrimoine culturel et faire revivre cette tradition chaleureuse en la modernisant : le fest-noz n'est plus simplement une petite fête dans une cour de ferme mais un grand rassemblement, en extérieur ou en salle, avec des groupes de musiciens parfois très célèbres.

E Inscrire le fest-noz au patrimoine immatériel de l'humanité signifie qu'on reconnaît l'importance de la culture et des valeurs bretonnes, comme l'envie de faire la fête ensemble et le désir de préserver et moderniser les traditions.

F Cette inscription est aussi un atout pour les artistes bretons qui sont de plus en plus sollicités ainsi que pour l'industrie du tourisme puisque l'on compte désormais près de 1 000 fest-noz chaque année, qui attirent beaucoup de visiteurs.

1 Compréhension

Lisez la page web. Décidez dans quel paragraphe on trouve les réponses à ces questions.

Exemple : Quelle est la signification de l'inscription au patrimoine de l'Unesco ? Paragraphe E

1 Comment a-t-on fait renaître le fest-noz ?

2 Qu'est-ce qu'un fest-noz ?

3 Pourquoi le fest-noz a-t-il presque disparu après la Deuxième Guerre mondiale ?

4 Quelles sont les origines du fest-noz ?

5 Quels sont les avantages de l'inscription à l'Unesco pour la Bretagne ?

2 Lisez

Trouvez les mots du texte dans la colonne de droite qui correspondent aux définitions dans la colonne de gauche. Un exemple vous est donné. Attention : il y a plus de mots proposés que nécessaire.

Exemple : ce qui appartient à la culture d'une communauté   **A**

1 à caractère amical ☐

2 le voisinage ☐

3 de la campagne ☐

4 pas professionnels ☐

5 une collection d'œuvres musicales ou théâtrales ☐

6 un avantage ☐

A *le patrimoine*
B immatériel
C conviviale
D des générations
E les environs
F amateurs
G rurale
H un répertoire
I un rassemblement
J un atout
K sollicités

3 Écrivez et parlez

1 Inventez des questions sur le fest-noz (basées sur le texte et les questions 1–5 ci-dessus).

2 À deux : l'élève A est journaliste et pose ses questions à l'élève B qui est un musicien breton.

Exemple

Élève A : Le fest-noz est originaire de quelle région ?

Élève B : De Bretagne, dans l'ouest de la France.

4 Écrivez

Choisissez une manifestation culturelle de votre pays que vous aimeriez voir inscrite au patrimoine de l'Unesco. Écrivez une présentation que vous allez faire à la classe pour faire découvrir cette fête. Expliquez la raison de votre choix et essayez de convaincre la classe que votre choix est le meilleur.

5 **Compréhension**

1 Ce texte est...

   A   un rapport

   B   une critique

   C   une histoire

   D   un extrait de blog

2 Dans ce texte, Nateo parle essentiellement...

   A   de ses loisirs préférés

   B   d'une manifestation culturelle locale

   C   de l'histoire tahitienne

   D   des techniques de danse traditionnelle

6 **Lisez et parlez**

Relisez le texte et trouvez des informations (le nombre d'informations est entre parenthèses) sur :

- Nateo (10)
- Tahiti (5)
- Heiva (10+)

Ensuite, comparez avec la classe.

Exemple : Nateo s'appelle Nateo Temaru (1). Il a 18 ans (2). Il habite...

7 **Parlez**

Discutez en classe.

- Qu'est-ce qui vous surprend dans cette fête folklorique ?
- Existe-t-il quelque chose de similaire dans votre pays ?
- Qu'est-ce qui a influencé l'art et la culture à Tahiti ?
- Comment la tradition culturelle tahitienne a-t-elle évolué ?
- À votre avis, pourquoi de plus en plus de jeunes comme Nateo s'intéressent au folklore de leur île ?

8 **Écrivez**

Écrivez une lettre à Nateo pour présenter une fête folklorique de votre pays, en expliquant les similarités et les différences avec le *Heiva i Tahiti*.

Nateo à Tahiti

le 1er août

Il faut que je vous raconte : je viens de participer à mon premier *Heiva i Tahiti* et c'était absolument génial !

Pour ceux qui ne le savent pas, c'est le festival folklorique le plus connu de Polynésie. Il célèbre la culture et les traditions tahitiennes : les arts, comme les chants, la musique et la danse traditionnelle, les sports traditionnels aussi, comme les courses de pirogues, et l'artisanat avec des expositions sur la place To'ata de Papeete, la capitale.

En septembre dernier, j'ai intégré un groupe de danse amateur. On s'est entraînés toute l'année pour le concours du *Heiva* : on a présenté, selon les règles, quatre types de danses et trois types de costumes : végétal, traditionnel et en tissu. On a fini les costumes végétaux la veille du spectacle parce qu'ils devaient être frais ! Notre spectacle, qui durait une heure, racontait l'arrivée d'une princesse sur l'île de Tahiti. C'était magnifique et les costumes étaient fabuleux. D'ailleurs, on a gagné le premier prix du meilleur auteur et du meilleur costume végétal. Je n'ai pas gagné le prix du meilleur danseur mais ça viendra !

Le *heiva* (qui veut dire divertissement) a une longue histoire. Au 18ème siècle, le roi Pomare avait interdit toute fête, mais quand les îles polynésiennes comme Tahiti sont devenues colonie française en 1880, le gouvernement a autorisé les danses traditionnelles pour célébrer la fête nationale, le 14 juillet : la fête s'appelait alors le *Tiurai* (de l'anglais *July* qui veut dire juillet) et avait lieu en face de la maison du gouverneur à Papeete. En 1985, Tahiti est devenu un territoire autonome et en réaction contre la domination culturelle française, le *Tuirai* a changé de nom : il a repris son nom traditionnel et est devenu *Heiva i Tahiti*. Il n'est plus donné en l'honneur du gouverneur mais a lieu, tous les juillets, sur la grande place publique de Papeete et il attire des milliers de spectateurs, Polynésiens et touristes étrangers.

De plus en plus de jeunes, comme moi, s'intéressent à leur héritage tahitien, qui est riche et unique. Ils en sont fiers et ils veulent contribuer à le faire vivre et à le faire connaître en participant à des événements comme *Heiva i Tahiti*. Alors, rendez-vous l'année prochaine !

Point info

La Polynésie française est une COM (collectivité d'outre-mer) française, à 15 000 km de la France. Il y a entre 11 et 12 heures de décalage horaire avec la France. Tahiti est la plus grande et la plus peuplée des 118 îles. On y parle français (langue officielle) et tahitien (*reo maohi*). La Polynésie française vit essentiellement du tourisme, basé sur un patrimoine naturel et culturel exceptionnels. Le célèbre peintre Paul Gauguin s'est installé en Polynésie en 1891 où il est mort en 1903.

Révisions

L'art, c'est quoi ?

1 Parlez

Décrivez la peinture de Renoir, « Le Déjeuner des canotiers ». Répondez aux questions *Où ? Quand ? Qui ?* et *Quoi ?* et utilisez les expressions de l'encadré *Vocabulaire*.

Vocabulaire

Où ?

L'action de cette photo se situe...

Je devine que l'action se passe à (*endroit*) parce que...

Quand ?

Je crois que c'est en (*saison*) car...

C'est sans doute (le week-end), comme...

Qui ?

Au premier plan, on voit...

À l'arrière-plan, il y a...

Au fond de la photo, on voit...

Les gens ont l'air + *adjectif*

Ils portent (*vêtements*) ...

Quoi ?

Les gens viennent de + *infinitif*

Ils sont en train de + *infinitif*

Ils vont sans doute + *infinitif*

2 Recherchez et écrivez

1   Faites des recherches sur une manifestation culturelle francophone célèbre.

2   En vous aidant du vocabulaire appris dans cette unité, préparez une brochure pour promouvoir cet événement. Chaque section de la brochure doit couvrir un aspect différent.

Faites des phrases courtes, utilisez l'impératif ou le présent à la deuxième personne du pluriel. Soyez informatif et organisez les informations selon l'ordre d'importance.

3 Imaginez

Comment serait la vie si l'art n'existait pas ? À deux, écrivez un texte pour répondre à la question : un texte en prose, un poème, un rap, un slam,…

Exemple

Une vie sans art, c'est comme

une imagination sans langage,

un peuple sans passé,

un homme sans humanité…

Si l'art n'existait pas, la vie serait bien triste.

Il y aurait des sons, mais pas de musique,

Il y aurait des mots, mais pas de romans,…

Aspects couverts

* Les professions, les métiers

* Les carrières, les débouchés

* Les conditions de travail

* Les stages

* Les qualifications, les diplômes

* Le chômage

Grammaire

* Les temps des verbes (rappel)

* Les connecteurs logiques pour exprimer la conséquence

* Les expressions avec *avoir* (rappel)

1 Mise en route

Regardez le dessin ci-dessus. Choisissez la légende qui convient le mieux. Justifiez votre réponse.

A   La pause-café

B   Le stress au travail

C   Les femmes à la retraite

D   La vie d'un chômeur

2 Parlez

Discutez avec un(e) camarade.

1   Où est cette femme ?

2   Que fait-elle ?

3   Qu'est-ce qu'on voit autour d'elle ?

4   À votre avis, quel est son métier ?

3 Recherchez

Écrivez une liste : « Les métiers de **A** à **Z** ». Utilisez un dictionnaire pour vous aider.

Exemple : avocat/avocate, boulanger/ boulangère,… zoologiste

CURRICULUM VITAE

Richard V
185, avenue des Inconnus
35000 RENNES
Tél. 06 00 00 00 00
monemail@courriel.fr

Expériences professionnelles

2009 – 2013   Technicien de r
du centre ave
avec la gesti

—t de

Avoir un petit boulot ou un job d'été, est-ce une bonne idée ?

1 Mise en route

Lisez rapidement les petites annonces. De quoi s'agit-il ?

A d'objets à vendre

B de demandes d'emploi

C d'offres d'emploi

D d'appartements de vacances à louer

2 Compréhension

Parmi les affirmations **A** à **E**, choisissez les deux qui sont correctes selon le texte des annonces. Justifiez vos réponses.

A Les agents de nettoyage travaillent le week-end.

B Les guides touristiques vont travailler pendant trois mois.

C Les serveurs doivent parler une langue étrangère.

D Les animateurs travailleront le matin seulement.

E Si on veut être serveur, il faut avoir de l'expérience.

3 Écrivez et parlez

Inventez des phrases « vrai / faux » sur les petites annonces pour un(e) camarade.

Exemple : Si on a 16 ans, on est trop jeune pour être animateur. (VRAI)

 Cahier d'exercices 6/1

LES JOBS D'ÉTÉ 🔍

SERVEURS / SERVEUSES (3 postes)
On cherche des serveurs / serveuses pour un camping animé dans le sud-ouest de la France.

Période : juillet / août
Missions : servir au bar, au restaurant et en terrasse
Profil : sérieux, motivé, bonne présentation, expérience exigée
Horaires : à confirmer
Rémunération : 1 400€ par mois + nourri-logé
Postuler : dmartin@wanadoo.fr

ANIMATEURS, ANIMATRICES ENFANTS
L'association *Vacances pour enfants* recrute des animateurs / animatrices pour animer des activités dans nos clubs de plage en Corse. Âge minimum 17 ans.

Période : 16 juillet–28 août
Missions : accueillir les enfants et leurs parents, inviter les enfants à participer aux différentes animations, les amuser
Profil : expérience avec les enfants, excellente présentation, sens des responsabilités
Horaires : 9h–18h, lundi–vendredi
Rémunération : 9,50€ / l'heure + panier repas
Postuler : ave222@yahoo.fr

NETTOYAGE BUREAUX
La Société Toupropre recherche deux agents de nettoyage (H / F).

Période : 31 juillet–23 août
Missions : nettoyer les bureaux, vider les corbeilles, sortir les poubelles, nettoyer les sols et les sanitaires
Profil : bonne présentation, sens du service, ponctualité
Horaires : du lundi au vendredi, de 5h30 à 8h30
Rémunération : à confirmer
Postuler : r.h@proprete-belge.com

GUIDES TOURISTIQUES
H / F, juillet, août, septembre (plusieurs postes)
Opérateur de visites touristiques en bus recherche des guides qui parlent français et anglais.

Période : juillet à septembre
Missions : nos guides devront escorter des groupes de visiteurs dans le bus et mener les visites de Paris
Profil : bonne connaissance de la ville de Paris, personne dynamique et sociable
Horaires : 13h–18h, 5 jours par semaine
Rémunération : SMIC
Postuler : Envoyez CV + lettre de motivation

Forum-Ados

Ali, 16 ans, *Tunisie*	Est-ce que vous faites un petit boulot ? Quels sont les avantages et les inconvénients ? Moi, j'ai envie de trouver un petit boulot pour gagner un peu d'argent.
Marion, 18 ans, *Québec*	Bonne idée ! Moi, je travaille tous les samedis dans un restaurant. Je suis serveuse et je sers les clients en salle et en terrasse. Les heures sont longues et le travail est assez fatigant. Heureusement, la plupart des clients sont sympa. Le salaire n'est pas très élevé, mais j'ai les pourboires en plus. Avant, je faisais du baby-sitting. C'était bien payé, mais c'était trop ennuyeux !
Nico, 17 ans, *Suisse*	Cette année, comme beaucoup de jeunes ici en Suisse, j'ai fait la récolte du tabac. J'ai travaillé dans les champs où j'ai cueilli les feuilles de tabac et je les ai posées dans des cartons. C'était un travail ultra physique et fatigant. En plus, c'était mal payé, les heures étaient longues et c'était aussi répétitif qu'un boulot d'usine ! Et pourtant, j'ai bien aimé travailler en plein air avec mes copains. L'année prochaine, mes copains et moi, nous irons en France pour récolter du maïs. On dit que ça, c'est plutôt bien payé.
Chloé, 18 ans, *France*	J'avais commencé un boulot dans un supermarché, mais je n'arrivais plus à étudier. Alors, j'ai arrêté. Je vais travailler pendant l'été prochain avant d'aller à l'université. Je vais faire un stage dans un office de tourisme. J'aurai probablement les tâches les plus ennuyeuses à faire, mais ça me préparera au monde du travail. Plus tard, j'aimerais travailler comme interprète.

4 Lisez

1 Lisez rapidement Forum-Ados (page 64). Qui est-ce sur la photo : Marion ou Chloé ?

2 Répondez aux questions. Basez vos réponses sur les messages du forum.

   1 Qui cherche un emploi ?

   2 Qui laisse des pourboires ?

   3 Quels sont les deux travaux agricoles mentionnés ?

   4 Pour quelle raison Chloé a-t-elle quitté son poste au supermarché ?

3 Notez les avantages et les inconvénients mentionnés pour les emplois suivants : serveur/serveuse, récolteur/récolteuse de tabac, stagiaire dans un office de tourisme.

5 Écrivez

Écrivez une réponse à Ali pour le forum. Décrivez un petit boulot que vous faites, que vous avez fait ou que vous allez / aimeriez faire. Attention aux temps des verbes !

 Cahier d'exercices 6/2

Rappel grammaire

Les temps des verbes

Attention à bien choisir le temps du verbe !

Le présent	Une action qu'on fait au moment même où on parle Une action qu'on fait régulièrement	**Il parle** au téléphone en ce moment. **Nous recherchons** des serveurs. **Je travaille** tous les samedis.
Le passé composé	Une action qui s'est achevée dans le passé	L'année dernière, **elle a fait** un stage. Hier, **ils ont travaillé** jusqu'à midi.
L'imparfait	Une description au passé Une action régulière dans le passé Une action interrompue dans le passé	**C'était** bien payé. Avant, **je faisais** du baby-sitting. **Nous travaillions** quand il est arrivé.
Le plus-que-parfait	Une action qui s'est passée <u>avant</u> une autre action dans le passé	**J'avais commencé** un boulot, mais je n'arrivais plus à étudier.
Le futur proche	Une action qu'on va faire dans le futur	**Je vais faire** un stage.
Le futur simple	Une action qu'on fera dans le futur	**Nous irons** en France.
Le conditionnel	Un souhait, une hypothèse ou une action soumise à une condition	**J'aimerais** travailler comme interprète. S'il avait un petit boulot, **il serait** content.

6 Lisez

Lisez l'article sur les avantages et les inconvénients d'avoir un petit boulot.

1 Est-ce que Lucas et Léa sont en faveur du travail tout au long de l'année ? Justifiez votre réponse avec des mots tirés de l'article.

2 Reliez chacun des mots de l'encadré ci-dessous à son équivalent (en bleu et en caractères gras) dans l'article.

Exemple : 50% – la moitié

> 50% ● boulots ● fatigué ● heureux
> indépendance ● obligatoire ● obtient ● participer

7 Écrivez

Écrivez huit questions pour tester la compréhension de l'article et échangez-les avec un(e) camarade.

Exemple : Selon l'article, combien d'étudiants travaillent et étudient en parallèle ?

8 Parlez

Discutez en classe :

- Il ne faut pas faire de petit boulot si on veut étudier sérieusement.

- Les étudiants prennent le travail des chômeurs. Laissons le travail aux gens qui en ont besoin.

Est-il possible de concilier les études et un petit boulot ?

Beaucoup de lycéens – et **la moitié** des étudiants – font un petit boulot en même temps que leurs études. Dans certaines situations et certaines cultures, il est même **exigé** qu'un adolescent travaille pour **contribuer** aux frais de sa famille. Mais il n'est pas toujours facile de concilier les études et un petit boulot.

Lucas livrait des pizzas le soir, de 18h jusqu'à minuit. Il explique : « Quand j'ai trouvé un petit boulot, j'étais très **content** parce que je voulais avoir mon **autonomie**. Mais j'ai vite remarqué que je n'avais plus assez de temps pour mes devoirs. Au lycée, mes notes ont baissé. J'étais tout le temps **épuisé**. Certains jours, je n'arrivais même pas à me lever pour aller en cours le matin, à cause de la fatigue. »

Un petit boulot peut enrichir la vie d'un adolescent : en plus de l'argent, on gagne une expérience du monde du travail, on **acquiert** de nouvelles compétences et on devient donc plus indépendant. Toutefois, il est impossible de travailler 24 heures sur 24. Il est important que les jeunes se réservent des pauses dans la semaine pour continuer à avoir une vie sociale, et pour se reposer et rester en bonne santé.

Léa pense qu'elle a trouvé une bonne solution. Elle affirme : « Je n'ai pas le temps de faire un petit boulot tout au long de l'année. Alors, pour gagner un peu d'argent, je consacre mes vacances scolaires aux **jobs**. Par exemple, cet été, je vais travailler comme vendeuse dans un centre commercial. »

Un stage en entreprise, ça se prépare.

1

Lycéens, préparez votre stage en entreprise

1 Cherchez une entreprise

Tous les moyens sont bons ! Parlez-en autour de vous. Contactez le Centre d'Information et d'Orientation, la Chambre de Commerce et d'Industrie, etc. Faites des recherches sur Internet. Consultez la presse locale (petites annonces) et l'annuaire téléphonique (pages jaunes).

2 Contactez l'entreprise

Avant toute communication avec l'entreprise, rassemblez tous les renseignements nécessaires (dates du stage, conditions et objectifs du stage, etc.), un stylo et du papier pour noter les informations. Au téléphone, n'oubliez pas de parler clairement et assez lentement. Rédigez une lettre de candidature.

3 Avant un entretien

Réunissez à l'avance les détails essentiels : adresse de l'entreprise et détails des transports que vous allez prendre, date, heure et lieu précis du rendez-vous, nom et fonction de la personne que vous allez rencontrer et le service où elle travaille. Apportez des documents concernant le stage, un bloc-notes et un stylo. Une bonne présentation fait bonne impression : vêtements adaptés, pas trop de parfum, etc.

4 Pendant un entretien*

[1] dix minutes en avance et [2] votre portable. [3] ni votre baladeur, ni chewing-gums, bonbons, etc. [4] pas nerveusement avec un objet, par exemple, votre stylo, [5] attentif et [6] des questions sur votre stage et sur l'entreprise en général.

* Attention ! Dans ce dernier paragraphe, il y a des verbes qui manquent (voir l'activité 3).

Jade a fait un stage de télévendeuse.

2

Cher journal

dimanche **6** janvier

J'avais l'impression que je n'allais jamais trouver un stage. Comme je n'ai jamais travaillé, je n'ai ni expérience, ni qualifications. Enfin, j'ai eu de la chance. Après un petit test d'aptitude la semaine dernière, on m'a offert un stage de télévendeuse dans une grande entreprise de télévision par câble. Je commence demain.

Cher journal

jeudi **10** janvier

C'est le troisième jour de mon stage de télévendeuse et j'ai déjà mal à la gorge ! Hier, je me suis levée à 6h45, car je dois être au bureau à 8h30. Je suis arrivée à 8h20, j'ai bu un petit café et à 8h30, j'étais assise à mon poste, prête à commencer.

Je travaille dans une grande salle sans cloisons. Nous sommes une trentaine de vendeurs dans la même salle. Nous sommes chargés de vendre par téléphone des produits et des services de l'entreprise. J'ai une longue liste de numéros de téléphone à appeler pour trouver des clients.

Pour ce métier, il faut beaucoup de patience parce que souvent personne ne répond à mes appels. Et si on répond, d'habitude, on me raccroche au nez dès que je commence à lire ce que l'entreprise me demande de dire aux clients (eh oui, j'ai besoin de lire ce qui est sur ma petite carte. On ne peut pas dire n'importe quoi !). Quand finalement je trouve quelqu'un qui a le temps de m'écouter, c'est quasiment certain qu'il n'aura pas envie d'acheter ce que je lui propose. On a droit à une pause de cinq minutes toutes les heures. Je peux te dire que j'en ai toujours besoin !

Cher journal

samedi **12** janvier

Mon stage est terminé... ouf ! Le stage a-t-il modifié l'idée initiale que j'avais sur le métier de télévendeur ? Oui ! Je ne savais pas que c'était un métier si difficile. J'ai trouvé les journées très longues. En plus, j'ai dû faire face à l'agressivité et l'intimidation de certains clients. Il faut avoir une bonne résistance au stress ! Heureusement que je ne faisais qu'un stage d'une semaine. Si j'ai appris une chose, c'est que je ne ferai pas ce métier plus tard !

3

BRASSARD Jade
89 rue Blaise Pascal
94400 Vitry-sur-Seine

Madame ABAD Samira
Société XYZ
125 rue de Madrid
75008 Paris
Vitry, le 16 janvier 20XX

Objet : Lettre de remerciement de stage

Madame

Je voudrais vous remercier de m'avoir accueillie dans votre entreprise. Durant ces cinq jours de stage, j'ai eu la possibilité d'acquérir de nouvelles connaissances et compétences. Cette expérience sur le terrain me sera précieuse pour l'avenir.

Avec toute ma reconnaissance, je vous prie d'agréer, Madame, l'expression de mes salutations distinguées.

Jade Brossard

1 Mise en route

Lisez rapidement les documents à la page 66. Choisissez parmi la liste ci-dessous le titre qui convient le mieux à chaque document.

A Petites annonces pour des stages en entreprise

B Extrait d'un guide pour les jeunes qui cherchent un stage

C Lettre de motivation

D Journal intime d'une stagiaire

E Lettre de remerciement

2 Lisez

Les mots de la colonne de gauche sont repris du guide (document 1), paragraphes 1 et 2. Trouvez le mot dans la colonne de droite dont la signification est la plus proche. Notez la lettre de la bonne réponse. Attention : il y a plus de mots proposés que nécessaire. Un exemple vous est donné.

Exemple :
entreprise `C`

1 renseignements ☐
2 clairement ☐
3 rédigez ☐

A écrivez
B lisez
C *société*
D distinctement
E rapidement
F documents
G informations

3 Écrivez

Recopiez le paragraphe 4 du guide (document 1), en remplaçant les chiffres avec les mots de l'encadré ci-dessous.

Exemple [1] <u>Arrivez</u> dix minutes en avance

> arrivez ● fermez ● montrez-vous
> n'apportez ● ne jouez pas ● posez

4 Parlez

Êtes-vous d'accord avec les conseils 1–4 du guide, page 66 ? Discutez en classe. Pouvez-vous ajouter d'autres conseils ?

5 Écrivez

Écrivez des conseils pour la section du guide intitulée *Le premier jour de votre stage*.

Exemple : Le premier jour, arrivez cinq minutes en avance…

6 Lisez

Lisez le document 2, page 66.

1 Après le stage, Jade a-t-elle une opinion positive ou négative du travail d'une télévendeuse ? Justifiez votre réponse en utilisant des phrases du texte.

2 En vous appuyant sur le journal de Jade, dites si les phrases suivantes sont vraies ou fausses. Justifiez votre réponse en utilisant des mots pris du texte.

Exemple : Jade avait déjà fait un stage. FAUX. Justification : « Comme je n'avais jamais travaillé… »

1 Jade a fait son stage dans une usine.

2 Elle ne travaillait pas le matin.

3 Elle devait partager le bureau avec d'autres employés.

4 L'entreprise dit aux employés ce qu'ils doivent dire aux clients.

5 Selon Jade, les clients étaient toujours sympathiques.

6 Plus tard, Jade a l'intention de devenir télévendeuse.

3 Repérez les locutions avec *avoir* (voir l'encadré *Rappel grammaire*) dans le journal de Jade.

7 Parlez

Avec un(e) camarade, imaginez une interview avec Jade sur son stage.

Exemple

Élève A : C'était votre premier stage en entreprise ?

Élève B : Oui, je n'avais jamais travaillé avant.

Rappel grammaire

Les expressions *(Livre 1,*
avec *avoir* *pages 137 et 156)*

avoir…

besoin de

droit à

le droit de

envie de

l'impression de

mal à (la gorge, etc.)

l'occasion de

la possibilité de

le temps de

de la chance / de la patience, etc.

 Cahier d'exercices 6/3

8 Imaginez

Vous faites un stage en entreprise. Le soir, vous écrivez dans votre journal ce que vous avez fait et tout ce qui s'est passé. Écrivez une page de votre journal.

Exemple : Aujourd'hui, j'ai accompagné le rédacteur en chef à ses réunions avec les journalistes. D'abord,…

9 Lisez

Lisez le document 3, page 66. Répondez aux questions.

1 Où habite l'auteur de la lettre ?

2 Où se trouve l'entreprise où Jade a fait son stage ?

3 Quel mot introduit le but de sa lettre ?

4 Combien de temps le stage a-t-il duré ?

5 Quand l'expérience que Jade a acquise lui sera-t-elle utile ?

Posez votre candidature

Vous avez trouvé un poste qui a l'air intéressant ? N'hésitez pas : il faut poser votre candidature. Envoyez votre CV (curriculum vitae) et une lettre de motivation.

1 Lisez

Complétez les phrases suivantes en utilisant les informations dans le CV de Babacar.

Exemple : Son père est camerounais, mais Babacar est de <u>nationalité française</u>.

1 Babacar n'est pas marié, il est…

2 Son anniversaire, c'est…

3 Au lycée, il a obtenu un…

4 Comme langues étrangères, il parle…

5 Pendant son stage, il a…

6 Il aime lire, surtout…

7 Il aime écouter…

8 Pendant son temps libre, il aime aussi jouer…

2 Parlez

1 Jouez à « Ni oui, ni non » avec un(e) camarade. L'élève A pose une question basée sur le CV, et l'élève B répond sans dire oui ou non.

Exemple

Élève A : Babacar a créé un site web sur la science-fiction.

Élève B : Le site qu'il a développé n'est pas sur la science-fiction, c'est pour la protection des animaux.

2 Lequel des emplois suivants serait le plus intéressant pour Babacar ? Discutez en classe.

Exemple : À mon avis, il aimerait travailler à la banque, parce qu'il a déjà travaillé dans un bureau…

• assistant administratif dans une banque

• programmeur

• moniteur dans un centre sportif

• technicien de laboratoire dans un hôpital

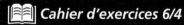 *Cahier d'exercices 6/4*

Babacar DIOP
15, place Saint Charles
13001 Marseille

Tél : 06 12 34 56 78

E-mail : BKDiop@wanadoo.fr

Né le 20 juillet 19XX (19 ans)

Nationalité française

Célibataire

Formation
20XX Baccalauréat Sciences et Technologies de la Gestion, Lycée Perier, Marseille

Langues et informatique
Anglais : niveau moyen

Espagnol : notions

Maîtrise Word, Excel, Powerpoint, Access

Stages et projets

1 Entre juin et décembre 20XX : Stage à la Société Beaufort
 – répondre au courrier et au téléphone
 – classer des documents
 – aider au développement d'une application pour la facturation

2 Entre janvier et mars 20XX : Développement d'un site web pour l'Association Animaux en danger

Loisirs

Musique	rap, r'n'b
Lecture	science-fiction
Sport	basket (membre de l'équipe de la MJ de mon quartier depuis deux ans), pêche
Autre	astronomie

Point info

Selon l'Office franco-québécois pour la jeunesse, il y a certaines différences entre les CV en France et au Québec. On écrit le CV québécois en français, mais basé sur le modèle américain plutôt qu'européen. On peut écrire les détails sur une ou deux pages. Le CV québécois ne doit pas inclure certains détails personnels – âge, sexe, état civil, nationalité, religion – afin d'éviter des discriminations. Pour la même raison, les Québécois ne joignent pas de photo à leur CV, comme il est d'usage en France.

Antoine PEETERS
152 avenue Paule
1150 – Bruxelles

Agence Interbelge
2 avenue des Mille Mètres
1150 – Bruxelles
À l'attention de Monsieur Hugues DALSTEIN
Bruxelles, le 1er juin 20XX

Monsieur

Suite à notre conversation téléphonique du 29 mai, je voudrais confirmer que je serai bientôt titulaire du CESS* et serais libre cet été pour faire un stage chez vous. Comme l'été est pour votre entreprise une période très active, je suis à votre disposition pour vous aider avec vos tâches administratives.

J'ai 18 ans et je suis belge. Je parle français (langue maternelle), néerlandais (niveau moyen) et anglais (connaissances de base). J'ai une bonne maîtrise de Microsoft Office (Word, Excel, Outlook, Powerpoint), et je pourrais ainsi faire n'importe quelle tâche administrative. Je suis sérieux et bien organisé. Pendant mon temps libre, je pratique le football et la natation.

J'ai eu divers petits jobs (caissier au Supermarché BX, brancardier à l'hôpital Saint-Pierre, serveur au Café de l'Europe), alors j'ai déjà une expérience du monde du travail. Je comprends donc l'importance d'une bonne présentation, de la ponctualité et de l'enthousiasme.

L'année dernière, j'ai fait un stage d'un mois dans un centre social où j'ai aidé les personnes âgées. Suite à ce stage, j'ai décidé de faire le métier d'assistant de service social et c'est pourquoi je vous propose ma candidature.

Si vous avez besoin de renseignements supplémentaires, n'hésitez pas à me contacter.

Je vous prie de croire, Monsieur, à l'expression de mes salutations distinguées.

Antoine Peeters

* Certificat d'Enseignement Secondaire Supérieur, qualification qu'on obtient à la fin des études secondaires en Belgique

3 Lisez

1 Lisez la lettre. Antoine cherche

A un emploi permanent

B un stage

C un petit boulot pour le samedi

D une référence

📖 *Cahier d'exercices 6/5, 6/6*

2 Les expressions de la colonne de gauche sont tirées de la lettre d'Antoine. Trouvez, pour chaque expression, le mot dans la colonne de droite dont la signification est la plus proche.

Exemple : suite à [**B**]

1 à votre disposition ☐

2 ainsi ☐

3 tâche ☐

4 divers ☐

5 dernière ☐

A différents

B *après*

C finale

D donc

E passée

F aussi

G prêt

H disposé

I devoir

J travail

K nombreux

Grammaire en contexte

Les connecteurs logiques pour exprimer la conséquence

Il y a plusieurs façons d'exprimer la conséquence. Variez votre vocabulaire quand vous parlez.

ainsi   alors   c'est pourquoi

donc   par conséquent

4 Lisez et parlez

Avec un(e) camarade, inventez un entretien entre Antoine et Monsieur Dalstein (voir la lettre à gauche). L'interviewer peut poser les questions suivantes. Utilisez différents connecteurs dans les réponses.

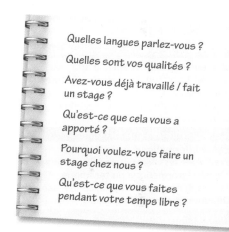

Quelles langues parlez-vous ?

Quelles sont vos qualités ?

Avez-vous déjà travaillé / fait un stage ?

Qu'est-ce que cela vous a apporté ?

Pourquoi voulez-vous faire un stage chez nous ?

Qu'est-ce que vous faites pendant votre temps libre ?

5 Parlez

Changez de rôle avec votre camarade. Imaginez un entretien avec Babacar pour le même stage (voir le CV à la page 68).

6 Écrivez

Choisissez l'une des petites annonces page 64. Écrivez une lettre pour poser votre candidature.

*Antoine a de la chance.
L'agence lui offre un stage.*

Savez-vous ce que vous voulez faire après le lycée ?

1 Mise en route

Regardez la photo. À votre avis, quels métiers Mariléa considère-t-elle ?

2 Lisez

Lisez les fiches métiers. Expliquez pourquoi la communication est importante pour chacun de ces métiers.

Exemple : Un commissaire de police doit communiquer avec son équipe.

MÉTIER: Commissaire de police

Secteur: Défense, sécurité
Travail: Dirige un service de police nationale
Qualités: Calme, organisé, capable de mener une équipe

MÉTIER: Concepteur/Conceptrice de jeux vidéo

Secteur: Création, métiers d'art
Travail: Construit la logique et l'interactivité de jeux vidéo
Qualités: Artiste, bonne imagination, connaissance de la programmation

MÉTIER: Technicien support clients

Secteur: Informatique, web, télécoms
Travail: Aide les clients quand ils ont un problème informatique ou technique
Qualités: Bon communicateur, connaissances techniques, patient, débrouillard

MÉTIER: Interprète

Secteur: Langues
Travail: Traduit oralement un discours d'une langue à une autre, par exemple pour une organisation internationale comme l'ONU
Qualités: Connaître au moins trois langues, savoir bien écouter et bien communiquer.

MÉTIER: Avocat (pénaliste)

Secteur: Droit
Travail: Défend les gens accusés de crimes et délits
Qualités: Excellente connaissance des lois, bonne mémoire, sait parler pour convaincre

Vocabulaire

ingénieur (en construction)

médecin

professeur (de langues)

vétérinaire

avocat / avocate

cher**cheur** / cher**cheuse**

programm**eur** / programm**euse**

techni**cien** / techni**cienne**

traduc**teur** / traduc**trice**

3 Compréhension

Lisez la conversation entre quatre jeunes. Parmi les affirmations **A–E**, choisissez les deux qui sont correctes selon le texte.

A   Zoé aime beaucoup les sciences et veut travailler dans un laboratoire.

B   Karim cherche un métier artistique.

C   Max ne veut pas être professeur de langues.

D   Il faut faire de longues études avant de devenir avocat.

E   C'est Lola qui veut travailler dans un autre pays.

Zoé	Qu'est-ce que vous allez faire comme métier ? Moi, je n'ai aucune idée. Je suis forte en sciences, alors j'ai choisi le bac option scientifique, mais…
Lola	Médecin ? Vétérinaire ? Chercheuse ?
Zoé	Chercheuse, oui, c'est un métier passionnant… cependant, j'ai vraiment envie de travailler avec les autres, mais pas dans un laboratoire.
Max	Moi, je suis fort en langues et je vais peut-être devenir traducteur, mais là aussi, c'est un métier un peu solitaire.
Karim	Professeur de langues, alors ?
Max	Ah, ça non! Je n'ai pas assez de patience. Et toi, Lola ? Qu'est-ce que tu as l'intention de faire plus tard ?
Lola	Hmm, j'aimerais un métier où je peux aider ou conseiller les autres. Au lycée, ma matière préférée, c'est le français. Vous savez, le métier d'avocat m'attire, mais les études sont longues, sept ans après le bac !
Karim	Moi, je voudrais un métier dans l'informatique… programmeur, par exemple. Mais surtout, j'aimerais travailler à l'étranger.

4 Lisez

Relisez les fiches métiers et la conversation (page 70). Reliez chaque jeune avec un métier. Justifiez vos réponses.

Exemple : Lola – avocat, parce que le métier d'avocat l'attire

5 Écrivez

Un ami français vous demande quel métier vous voulez faire plus tard. Il vous envoie les fiches métiers, page 70. Aimeriez-vous faire les métiers sur ces fiches ? Écrivez un e-mail pour lui expliquer pourquoi (pas).

Exemple

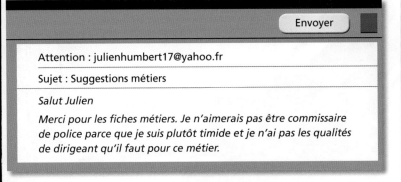

Envoyer

Attention : julienhumbert17@yahoo.fr

Sujet : Suggestions métiers

Salut Julien

Merci pour les fiches métiers. Je n'aimerais pas être commissaire de police parce que je suis plutôt timide et je n'ai pas les qualités de dirigeant qu'il faut pour ce métier.

6 Parlez

Discutez avec un(e) camarade ou en classe.

1   Dans le choix d'un métier, qu'est-ce qui est, selon vous, le plus important ?

- le salaire
- les collègues
- la sécurité de l'emploi
- un travail passionnant
- un métier utile pour la société
- les heures de travail
- les conditions de travail

2   Quel métier voulez-vous faire plus tard ? Quels sont les talents et les qualités qui vous équipent pour faire ce genre de travail ?

3   Aimeriez-vous travailler dans un pays francophone ? Pourquoi (pas) ?

Trois règles d'or pour trouver votre emploi idéal

1 Réfléchissez sur votre personnalité et vos centres d'intérêt. Quels sont vos points forts et vos compétences ? Êtes-vous créatif/créative, logique ou bien organisé(e) ? En quelles matières êtes-vous fort(e) au lycée ? Ne considérez pas uniquement vos résultats scolaires, mais toute votre personnalité.

2 Informez-vous bien à l'avance sur les différents métiers ou secteurs professionnels. Si vous avez un objectif précis, vous serez plus motivé et vous aurez donc plus de chance de réussir dans la carrière que vous choisissez. N'hésitez pas à demander des conseils. Au lycée, les conseillers d'orientation sont là pour vous aider. Ils vous indiqueront les matières et les notes nécessaires pour le métier qui vous attire. Et si vous ne savez pas quel métier choisir, ils peuvent vous aider à analyser votre potentiel. Ils ont aussi des renseignements qui vous seront utiles sur la formation qui vous intéresse. Parlez aux gens autour de vous. Posez-leur des questions sur leur métier. Qu'est-ce qui leur plaît dans leur travail ? Comme ça, vous pourrez découvrir la vraie vie professionnelle et

Le choix du bon métier n'est pas toujours facile !

vous n'aurez pas de mauvaises surprises.

3 Faites des stages. Un stage est une première expérience professionnelle. Des stages bien choisis, indiqués sur votre CV, peuvent faire bonne impression et vous aider à obtenir votre premier emploi. À 15–16 ans, un stage vous donne une idée de la vie active en général et, par conséquent, le type d'entreprise où l'on fait son stage n'a pas trop d'importance. Par contre, après le lycée, organisez plutôt un stage dans le secteur qui vous intéresse.

7 Lisez

Lisez l'article. Reliez chaque paragraphe du texte à la phrase ci-dessous qui le résume le mieux.

A   Ouvrez les yeux et les oreilles.

B   Apprenez à vous connaître.

C   Gagnez de l'expérience sur le terrain.

8 Compréhension

En vous basant sur l'article, répondez aux questions suivantes.

1   Qu'est-ce qui est aussi important que les résultats scolaires quand on choisit un métier ?

2   Au lycée, qui est la personne qui renseigne les élèves sur les métiers et les formations ?

3   Comment peut-on savoir ce qui se passe réellement dans la vie active ?

4   Qu'est-ce qu'on peut mentionner sur son CV ?

5   Pour quelle raison est-il important de bien choisir son stage après le lycée ?

9 Écrivez

Un magazine pour jeunes fait une enquête sur les adultes de demain. Il demande à ses lecteurs d'expliquer ce qu'ils aimeraient faire plus tard. Écrivez au magazine une lettre de 120 mots environ. Décrivez le métier idéal pour vous et expliquez pourquoi vous l'avez choisi. (Rappelez-vous des discussions de l'activité 6.)

Y a-t-il du travail pour tous ?

Le handicap est-il un obstacle au travail ?

Au 21ème siècle, est-il possible que certains employeurs évitent de recruter les personnes handicapées ?

Pour Wilfried, 30 ans, la recherche d'un emploi n'a pas été facile. Il affirme : « J'ai perdu partiellement la vue à la suite d'une maladie quand j'avais dix-huit ans. La première difficulté était d'accepter moi-même mon handicap. J'ai suivi une formation pour apprendre le braille et une autre en informatique. J'étais plein d'enthousiasme au début, mais après un an de chômage, j'ai commencé à déprimer. J'étais sûr qu'on ne voulait pas m'offrir de poste à cause de mon handicap. On ne le dit pas, mais on pense qu'une personne handicapée n'a pas toutes ses facultés intellectuelles ou qu'elle est tout le temps malade. »

Finalement, Wilfried a trouvé un poste dans une bibliothèque universitaire. Il explique : « Je travaille dans un bureau adapté à mon handicap. J'ai une synthèse vocale, un scanner et un agrandisseur. Mon chef de service est très content des progrès que j'ai faits. Je connais bien mon travail alors j'ai déjà eu deux promotions. »

Nathalie, 23 ans, travaille comme secrétaire médicale dans un hôpital. Son handicap – elle est en fauteuil roulant – n'a pas posé de problème pendant qu'elle cherchait un emploi. Elle raconte : « Au lycée, j'avais des professeurs super qui ont tout fait pour mon intégration. Par conséquent, je suis maintenant très sûre de moi. J'ai la chance de travailler dans la fonction publique où tout le monde est égal face aux concours. Le premier obstacle pour une personne en fauteuil roulant est souvent l'accessibilité aux bâtiments, mais ici les bâtiments sont tous accessibles. »

1 Compréhension

Lisez rapidement l'article. Qui a eu l'expérience la plus positive, Wilfried ou Nathalie ? Pourquoi ?

2 Lisez

Relisez l'article. Est-ce que les phrases suivantes sont vraies ou fausses ? Justifiez votre réponse.

Exemple : Wilfried est né partiellement aveugle. FAUX. Il a perdu la vue quand il avait 18 ans.

1 Wilfried a mis six mois à trouver un emploi.

2 Il pense que les employeurs ont des préjugés contre les personnes handicapées.

3 Il n'a pas besoin d'équipement spécialisé.

4 Il a déjà été promu.

5 Nathalie a eu du mal à trouver son premier emploi.

6 Elle manque de confiance.

7 Elle peut se déplacer en fauteuil roulant dans l'hôpital où elle travaille.

3 Parlez

À deux, imaginez un entretien dans lequel Wilfried ou Nathalie essaie de convaincre un futur employeur que son handicap n'est pas un problème.

Exemple

Élève A : Ici, il faut lire un grand nombre de documents.

Élève B : Ce ne sera pas un problème. J'utilise un agrandisseur quand je lis…

Point info

En France, le nombre de demandeurs d'emploi qui ont un handicap est d'environ 300 000. Cela représente un taux de chômage de 22% contre 10% pour l'ensemble des 15–64 ans.

4 Mise en route

À deux, lisez l'interview à voix haute.

Interview avec Halim, jeune chômeur algérien

Interviewer Halim, vous êtes chômeur ?

Halim Oui, je cherche du travail ici à Alger depuis treize mois.

Interviewer Est-ce que le chômage est un problème en Algérie ?

Halim Oui, comme dans beaucoup de pays où le chômage fait des ravages avec les effets de la crise financière mondiale.

Interviewer On dit que le taux de chômage global est en baisse ici ?

Halim C'est vrai. C'est encourageant si on compare aux autres pays arabes, africains ou même européens. Par contre, personnellement, j'ai les mêmes difficultés que j'avais il y a un an !

Interviewer Est-ce que vos copains sont aussi au chômage ?

Halim Certains, oui. Il y a peut-être trop de jeunes qui sont tous à la chasse des mêmes postes. 70% des Algériens ont moins de 30 ans. Et c'est encore pire pour les filles : le chômage touche deux fois plus de femmes que d'hommes en ce moment en Algérie.

Interviewer Êtes-vous prêt à faire n'importe quel travail ?

Halim Non ! J'ai fait des études, j'ai un diplôme universitaire, alors je veux trouver un emploi digne de mon éducation.

Interviewer Avez-vous pensé à partir à l'étranger pour trouver du travail ?

Halim Je n'ai pas vraiment envie de quitter mon pays natal. Beaucoup d'Algériens sont partis en France pour trouver un emploi, mais personnellement, j'aurais peur de faire face au racisme là-bas. Et puis, l'Algérie est un pays cinq fois plus grand que la France. C'est un pays très riche en pétrole et en gaz. Il devrait y avoir des emplois pour nous ici.

Interviewer C'est comment, la vie d'un chômeur ?

Halim Je passe mes journées à chercher du travail. Je n'ai pas d'argent pour sortir et je passe donc la plupart de mon temps à la maison à lire. J'ai l'impression que le monde continue à tourner sans moi. C'est ennuyeux et c'est pourquoi il y a des gens dans ma situation qui sombrent dans le désespoir et qui se suicident. Personnellement, je dois faire de gros efforts pour rester positif.

Interviewer Qu'est-ce qui est le plus dur pendant votre recherche d'emploi ?

Halim Je me sens exclu et inutile. On ne donne jamais suite à mes candidatures. Je n'ai pas eu un seul entretien.

5 Lisez

1 En vous basant sur les faits de l'interview, reliez les débuts et les fins de phrases.

Exemple : 1 C

| C |

1 Halim pense que le chômage est dû…

2 Il y a beaucoup de jeunes en Algérie qui…

3 Halim ne veut pas prendre n'importe quel poste parce qu'…

4 Selon Halim, l'Algérie devrait offrir plus de possibilités de travail parce que…

5 Parce qu'il est au chômage, Halim…

6 Certains chômeurs sont si désespérés qu'ils…

A sont au chômage.

B passe la plupart de son temps à la maison à lire.

C *aux effets de la crise financière mondiale.*

D se suicident.

E c'est un pays très riche en pétrole et en gaz.

F il veut un poste digne de son éducation.

2 Relisez l'interview et notez toutes les informations sur l'Algérie et son peuple.

6 Écrivez et parlez

Inventez d'autres questions à poser à Halim. Lisez vos questions à un(e) camarade qui joue le rôle d'Halim et imagine ses réponses.

Exemple : Quels métiers vous attirent ?

7 Parlez

Discutez en classe.

- Pourquoi les jeunes sont-ils particulièrement touchés par le chômage ?

- « Si tout le monde ne travaillait que 25 heures par semaine, on serait plus heureux et il n'y aurait plus de chômage. » Qu'en pensez-vous ?

8 Recherchez et écrivez

Un site web international cherche des articles sur le travail et le chômage dans différents pays. Faites des recherches, puis écrivez un article sur la situation dans votre pays.

Révisions

La vie active

1 Écrivez

Regardez les photos. Parmi les mots et les expressions de l'encadré, notez ceux qui vous seront utiles pour en faire une description.

> une baguette • un boulanger • une boulangerie • un bureau
> un cahier • classer des documents • un crayon • des élèves
> la fabrication d'automobiles • indiquer du doigt • une maîtresse
> un ouvrier • un professeur • répondre au téléphone
> régler une roue • sortir du four • un tableau • une usine

2 Parlez

Décrivez les photos. Utilisez les phrases de l'activité 1 si vous voulez.

Exemple : Sur la première photo, on voit… Il/Elle est en train de… Il/Elle porte… Il/Elle a l'air… Je crois qu'il/elle va…

3 Écrivez

Est-ce que les métiers représentés sur les photos vous attirent ? Écrivez un tweet (140 caractères maximum) sur chacun pour expliquer pourquoi (ou pas).

Exemple : Je déteste les tâches répétitives et par conséquent, je n'aimerais pas travailler dans une usine, même si j'adore les voitures.

4 Parlez

1   Regardez le graphique en barres. Quels changements remarquez-vous au cours de ces 40 années ? Discutez en classe.

   Exemple : Le pourcentage d'employés qui travaillent dans l'agriculture continue à baisser. Le secteur qui est de loin le plus grand employeur, c'est…

2   Quel métier, pour vous, représente le mieux le monde moderne ?

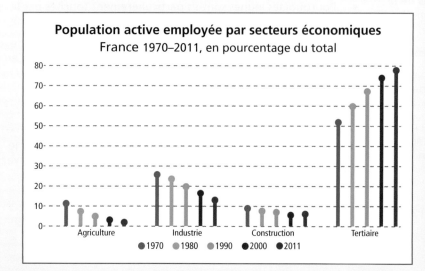

Population active employée par secteurs économiques
France 1970–2011, en pourcentage du total

● 1970 ● 1980 ● 1990 ● 2000 ● 2011

Agriculture — Industrie — Construction — Tertiaire

Manger, bouger : vos choix

Chapitre 7

Aspects couverts

* Le sport
* Les loisirs
* La nutrition, les choix alimentaires
* Le sommeil et la santé

Points grammaticaux

* *Vouloir, pouvoir, devoir*
* *Depuis* (rappel)
* Le gérondif
* Les connecteurs logiques (rappel)

1 Mise en route

1 Discutez avec un(e) partenaire. À votre avis, qu'est-ce qui est le plus important pour mener une vie équilibrée et être en forme ? Classez ces termes par ordre de préférence et donnez vos raisons.

Exemple : Pour moi, la détente, c'est le plus important, parce que…

* le sport
* l'alimentation
* la détente
* l'effort
* le sommeil
* les loisirs

2 Qu'est-ce que les photos **A–E** représentent ? Écrivez une phrase pour chaque photo. La classe vote pour la meilleure description.

Exemple : La photo A, c'est une femme qui mange des fruits au petit déjeuner.

3 Quelle photo évoque le plus une vie saine et équilibrée, et pourquoi ?

Exemple : La photo A, à mon avis, parce que les fruits font partie d'une alimentation équilibrée.

À quoi sert le sport ?

Emma, Paris

La passion du tennis

Jour J-7 : dans une semaine, je joue mon premier match en tournoi 15–18 ans. Je suis prête – enfin, je crois ! Je m'entraîne dur depuis janvier. Les compétitions, j'adore ça. Charlotte (c'est ma prof de tennis) dit que je suis très motivée ! J'aime repousser mes limites, c'est vrai. Je veux améliorer mon classement, c'est ce qui compte le plus pour moi. Pour ça, je dois gagner beaucoup de matchs cette année. Je dois aussi éviter de faire des fautes.

Par contre, je dois rester en forme, donc je vais à la salle de musculation et à la piscine deux fois par semaine. Et puis Charlotte m'a prévenue : compétition et alimentation, ça va ensemble. Alors les croissants au petit déjeuner, c'est fini ☹ Le matin de la compétition, je mangerai du jambon, du fromage et du pain complet. Je pourrai quand même emporter une banane pour la pause.

Rosalie, Montréal

Sportive, mais en spectatrice

Je suis très contente : j'ai des billets et je pourrai voir le match de hockey *Canadiens* contre *Maple Leafs* dimanche prochain. Je suis supporteur des *Canadiens* depuis que je suis toute petite et je les ai vus des dizaines de fois ! Je devrais être physiquement plus active, je sais, mais ce n'est pas mon truc. Ce que j'aime, c'est regarder le hockey à la télé, assister aux matchs quand je peux, suivre les exploits de mon équipe sur Facebook… et parler des *Canadiens* dans mon blog !

Et puis, ce que j'aime bien aussi, c'est le *Rock'n'Roll Marathon Series*, le plus grand circuit de course à pied au monde. Ce n'est pas moi qui cours dans le marathon, c'est ma sœur… J'ai promis 20 dollars à Jeanne si elle termine. Elle voudrait collecter de l'argent pour faire un don à *Terre des Hommes*, qui aide les enfants du monde entier. Depuis sa création, le *Rock'n'Roll Marathon Series* a collecté des millions de dollars pour des associations caritatives. Bonne initiative, non?

Ibrahim, Bamako

Le foot avant tout

Depuis lundi, je suis joueur professionnel au club de foot de Bamako-Ouest. J'attends ce moment depuis 10 ans ! Quand j'étais petit, le soir après l'école, je devais travailler. Je ramassais des boîtes de conserves et des canettes de soda vides dans les rues et je les portais au marché aux métaux pour gagner un peu d'argent. Ma seule distraction, c'était le foot. Je courais vite, j'étais meilleur que tous mes copains. J'ai commencé à jouer pour L'Espoir, un petit club de mon quartier. J'ai beaucoup travaillé, parce que je voulais vraiment réussir. Un jour, un journaliste m'a vu à l'entraînement. Maintenant, j'ai un contrat au centre de formation du club de Bamako-Ouest et je reçois un salaire. Je devrai m'entraîner tous les jours et pour mon prochain message, vous devrez attendre samedi !

1 Compréhension

Pourquoi Emma, Rosalie et Ibrahim font-ils du sport ou s'y intéressent-ils ? Faites correspondre les raisons et les prénoms.

Exemple : 1 Rosalie

1   pour aider les associations caritatives

2   pour gagner sa vie

3   pour repousser ses limites et pour gagner des compétitions

4   pour rester en forme

5   pour se distraire

2 Lisez

1 Parmi les affirmations **A–E**, choisissez les trois qui sont correctes selon le blog d'Emma. La première affirmation vous est donnée ; trouvez les deux autres.

Exemple : A

A Emma a moins de 18 ans.

B Emma déteste les compétitions.

C Le plus important pour Emma, c'est sa place au classement.

D Pour garder la forme, Emma fait d'autres sports que le tennis.

E Emma n'aime pas les croissants.

2 Les mots de la colonne de gauche sont tirés du blog de Rosalie. Trouvez, pour chaque mot ou expression de la colonne de gauche, le mot ou l'expression dans la colonne de droite dont la signification est la plus proche.

Exemple : contente   [I]

1 supporteur	[ ]
2 ce n'est pas mon truc	[ ]
3 assister	[ ]
4 marathon	[ ]
5 termine	[ ]
6 faire un don	[ ]
7 association caritative	[ ]

A aider
B course à pied
C donner une somme d'argent
D entreprise commerciale
E envoyer un message
F être spectateur
G fan
H finit
I *heureuse*
J je n'aime pas beaucoup
K je trouve ça difficile
L organisation qui aide les personnes
M réussit
N voyage
O travaille
P directeur

3 Dites si les phrases suivantes sont vraies ou fausses, en vous appuyant sur le blog d'Ibrahim. Justifiez votre réponse en utilisant des mots tirés du texte.

Exemple : Ibrahim ne pratique pas son sport en amateur. VRAI. Justification : je suis joueur professionnel

1 Cela fait 10 ans qu'Ibrahim voulait devenir professionnel.

2 Quand il était petit, il ramassait des sacs en plastique.

3 Quand il ne travaillait pas, il jouait au ballon.

4 Au début, il jouait pour un club près de chez lui.

5 L'entraîneur d'un grand club l'a remarqué.

6 Il voudrait avoir un contrat de formation dans un club.

Grammaire en contexte

Pouvoir, vouloir, devoir   (Livre 1, pages 114, 125, 127)

	pouvoir	vouloir	devoir
présent	je peux	je veux	je dois
imparfait	je pouvais	je voulais	je devais
passé composé	j'ai pu	j'ai voulu	j'ai dû
futur	je pourrai	je voudrai	je devrai
conditionnel	je pourrais	je voudrais	je devrais

Je pourrai voir le match de hockey.

Je veux améliorer mon classement.

Le soir après l'école, je devais travailler.

3 Écrivez

Écrivez six phrases avec *pouvoir, vouloir* et *devoir* sur le sport et vous. Employez chaque verbe deux fois. Variez les temps employés.

*Exemple : Samedi, **je voudrais** aller au match de foot, mais **je ne peux pas**, parce que…*

> 📖 *Cahier d'exercices 7/1*

4 Parlez

Vous êtes quelle sorte de sportif / sportive ? Comme Emma et Ibrahim ? Ou plutôt comme Rosalie ? Discutez avec un(e) partenaire. Justifiez votre réponse.

Exemple : Je suis plutôt comme Rosalie. Le week-end, je ne veux pas me lever tôt. Je ne pourrais jamais faire de compétition !

5 Écrivez

Sur votre blog, écrivez un message d'environ 50 mots pour expliquer la place qu'occupe le sport dans votre vie.

La Maison des Jeunes, des activités pour tous

| Maison des Jeunes | calendrier | ateliers |

Maison des Jeunes de Neuville

La Maison des Jeunes de Neuville est un espace de loisirs qui accueille les jeunes de la commune âgés de 11 à 18 ans.

En période scolaire, nous organisons des activités le mercredi après-midi, le vendredi soir et le samedi toute la journée.

Pendant les vacances, la MJ est ouverte six jours par semaine, du lundi au samedi, de 9 heures à 18 heures.

De plus, deux fois par an, en été et en hiver, la MJ organise des séjours de cinq jours, soit dans un camping, soit dans une auberge de jeunesse.

Pour profiter des activités et des séjours proposés par la Maison des Jeunes, il faut d'abord devenir membre et il est nécessaire de remplir une fiche d'inscription. L'adhésion coûte 15 euros ; par contre, toutes les activités et tous les séjours sont gratuits pour les membres.

Important : Pour vous inscrire, retirez d'abord la fiche d'inscription à la mairie. Remplissez-la, puis déposez-la à la mairie. Attention : ne la déposez pas à la Maison des Jeunes.

Pour tous renseignements supplémentaires, ne téléphonez pas, mais envoyez-nous un mail à info@mj-neuville.org

| Maison des Jeunes | calendrier | ateliers |

JUILLET

lundi 7 au vendredi 11	séjour d'été à La Chapelle-Blanche, au pied des Alpes	au programme cette année : accrobranche, piscine, patinoire, skate, VTT...	jeudi 17	matin	projet clip vidéo
				après-midi	tournoi de handball
samedi 12	sortie journée	ski nautique au lac de Mervaux	vendredi 18	sortie journée	accrobranche et baignade à Treffort
lundi 14	matin	projet clip vidéo	samedi 19	matin	projet clip vidéo
	après-midi	tournoi de football		après-midi	mini-golf à Saint-Pons
mardi 15	sortie journée	rafting à la Grande Cascade	lundi 21	sortie journée	canoë-kayak dans la vallée de l'Esne
mercredi 16	après-midi	projet clip vidéo, barbecue	mardi 22	sortie journée	géocaching dans la forêt de Faye

| Maison des Jeunes | calendrier | ateliers |

L'atelier graff

Cette année, une douzaine de jeunes ont participé à l'atelier graff, avec Rémi, un artiste graffeur. Les jeunes ont d'abord appris à utiliser les bombes de peinture. Ils ont découvert comment peindre une grande surface ou un petit détail. Ensuite, Rémi a dessiné le contour de la fresque et ce sont les jeunes qui ont peint l'intérieur de la fresque. Quand on fait des graffs, il faut se protéger, et les jeunes ont appris l'importance du masque et des gants. Rémi leur a expliqué la différence entre les « graffs » (véritable art) et les simples « tags » qui abîment l'environnement.

Les jeunes ont été vraiment contents d'apprendre cette nouvelle technique de peinture. Ils sont aussi ravis d'exprimer leur créativité et de laisser leur trace sur le mur de la Maison des Jeunes.

1 Écrivez

1 Lisez les trois pages du site web de la Maison des Jeunes de Neuville. Faites la liste de toutes les activités proposées aux jeunes.

Exemple : séjour en camping,…

2 Les phrases ci-dessous décrivent des activités sur votre liste. Trouvez à quelle activité chaque phrase correspond.

Exemple : circuler entre les arbres avec des cordes – l'accrobranche

1 nager et s'amuser dans une rivière ou un lac

2 trouver (et laisser) des objets sous des rochers, derrière des arbres…

3 frapper une petite balle avec un club

4 faire de la planche à roulettes

5 descendre une rivière sur un bateau plat et très simple

6 glisser sur l'eau tiré par un bateau à moteur

7 faire du vélo en montagne

3 À quelle(s) catégorie(s) appartiennent les activités sur votre liste ? Il y a plusieurs réponses possibles.

Exemple : l'accrobranche – activité à risque

1 activités d'équipe

2 activités aquatiques

3 activités de détente

4 activités à risque

5 activités créatives

6 activités de découverte

4 Pour chaque catégorie, cherchez le nom d'autres activités de loisirs.

Exemple

activités d'équipe : le volleyball,…

Le géocaching, forme moderne de chasse au trésor

2 Lisez

1 En vous appuyant sur la première page du site web de la Maison des Jeunes, faites correspondre la première partie de la phrase dans la colonne de gauche avec la fin de phrase appropriée parmi les propositions dans la colonne de droite.

Exemple : Avec la MJ, les jeunes peuvent faire… [H]

1 En dehors des vacances, il y a des activités… [ ]

2 Pour devenir membre de la MJ, il faut payer… [ ]

3 Quand on a rempli sa fiche d'inscription, on la porte à… [ ]

A la mairie.

B quinze euros.

C des séjours tous les mois.

D le mercredi, le vendredi et le samedi.

E la Maison des Jeunes.

F pour chaque activité.

G deux fois par semaine.

H *des activités et des séjours.*

2 Relisez la deuxième page du site web. Choisissez la réponse la plus appropriée parmi les options suivantes.

1 Pendant le séjour d'été à La Chapelle-Blanche, on propose…

A des jeux de ballon

B des activités dans les arbres

C des activités artistiques

D des activités en bateau

2 Pendant les sorties journée, on fait…

A uniquement des activités nautiques

B des jeux d'équipe

C des activités de plein air

D de la création artistique

3 Lisez et écrivez

Relisez la troisième page du site web et répondez aux questions suivantes.

1 Qu'est-ce que les jeunes ont appris à faire à l'atelier graff?

2 Qui a peint l'intérieur de la fresque ?

3 Quelles mesures de sécurité faut-il prendre quand on fait des graffs ?

4 Pourquoi les graffs sont-ils mieux que les tags ?

5 Qu'est-ce que les jeunes ont aimé dans cette activité ?

📖 *Cahier d'exercices 7/2*

4 Parlez

Discutez avec un(e) partenaire. Parmi les activités proposées par la Maison des Jeunes de Neuville, lesquelles aimeriez-vous faire ? Pourquoi ?

5 Écrivez

Cet été, vous rendez visite à un(e) ami(e) français(e) à Neuville. Envoyez-lui un e-mail pour expliquer que vous voulez continuer vos activités CAS pendant l'été. Dites-lui laquelle des activités proposées par la MJ vous aimeriez faire. Donnez vos raisons.

L'idéal… et la réalité

www.votresante.fr

Allô docteur !

Le sujet du jour :

Vous mangez bien ?

Et les gens autour de vous ?

Kévin

Tout le monde sait qu'il faut manger au moins cinq portions de fruits et de légumes par jour, mais c'est difficile, quelquefois. Depuis l'âge de 11 ans, je mange à la cafétéria du lycée. On sert des salades, c'est vrai, mais elles ne sont pas très appétissantes. Alors en général, je choisis la viande et les frites, parce que c'est ce qui me fait envie. C'est aussi ce que font tous mes copains !

Le soir à la maison, c'est pareil. Mon père est parti et depuis deux ans, j'habite seul avec ma mère. Comme elle travaille tous les soirs, je me prépare mon dîner, et c'est souvent une pizza ou des pâtes, parce que c'est facile et rapide. Le week-end, ma mère fait la cuisine et là, je mange des légumes. Mais c'est seulement deux jours par semaine.

Moussa

Les féculents à chaque repas, c'est bien, mais à l'âge de 12 ans, j'ai appris que j'étais allergique au gluten. En gros, cela veut dire que je ne peux pas manger de produits à base de blé et autres céréales, parce que je les digère très mal. Ça complique la vie ! On trouve maintenant du pain et des pâtes sans gluten, mais il y a beaucoup de produits transformés (soupe, poisson pané…) qui contiennent de petites quantités de gluten.

Depuis quatre ans, mes parents me préparent donc tous mes repas à la maison. Nous avons même deux grille-pain dans la cuisine : un pour le pain ordinaire et l'autre réservé à mon pain sans gluten, pour éviter la contamination. Évidemment, je ne mange jamais à la cantine ni au restaurant.

Élodie

Il y a autour de moi des garçons et des filles qui ne sont pas bien dans leur peau.

Il y en a qui sont en surpoids, et ils ne savent pas comment revenir à un poids normal. Et comme il y a quatre fast-foods près du lycée (deux nouveaux depuis janvier !), cela ne les aide pas, surtout à l'heure du déjeuner, car c'est l'endroit le plus pratique pour retrouver ses copains.

D'un autre côté, j'ai des copines qui sont toujours au régime parce qu'elles veulent être aussi minces que les mannequins dans les photos de mode. Elles ne réalisent pas que les photos de mode sont souvent retouchées et qu'en réalité, les mannequins ne sont pas si minces que ça. Je pense que les magazines sont vraiment irresponsables de publier des photos comme ça.

1 Parlez

1 Regardez l'affiche, page 80. À tour de rôle, décrivez-la à votre partenaire.

Exemple : Élève A : L'affiche représente un escalier. Sur la première marche, on voit du poisson (des sardines), de la viande (du poulet),…

2 Discutez en classe. À votre avis, quel est le but de cette affiche ? Y a-t-il des affiches de ce genre dans votre pays ? Si oui, est-ce qu'elles sont semblables ?

3 Est-ce que les affiches de ce genre sont utiles ? Pourquoi ? Est-ce que vous ajouteriez autre chose à cette affiche ?

2 Lisez

1 Lisez le message de Kévin et répondez aux questions.

　1　Qu'est-ce que Kévin n'aime pas, à la cafétéria du lycée ?

　2　Quels sont les deux plats que les copains de Kévin choisissent souvent ?

　3　Avec qui habite Kévin ?

　4　Pourquoi Kévin doit-il se préparer son dîner ?

　5　Qu'est-ce qu'il mange, quand sa mère fait la cuisine ?

2 En vous appuyant sur le message de Moussa, faites correspondre la première partie de la phrase dans la colonne de gauche avec la fin de phrase appropriée parmi les propositions dans la colonne de droite.

Exemple : Moussa ne mange pas de pain parce qu'…	D		
1 On peut maintenant acheter…	☐	A	du poisson pané sans gluten.
		B	achètent beaucoup de poisson.
		C	mais il mange parfois au restaurant.
2 Les parents de Moussa…	☐	D	*il digère mal le gluten.*
3 Chez Moussa, il y a un grille-pain…	☐	E	préparée chez lui.
		F	il préfère les pâtes.
4 À l'école, Moussa emporte de la nourriture…	☐	G	qui fonctionne mal.
		H	réservé au pain sans gluten.
		I	font attention à ce qu'il mange.
		J	du pain sans gluten.

3 Répondez aux questions suivantes. Basez vos réponses sur le message d'Élodie.

　1　Pour quelles raisons est-ce que c'est difficile pour les lycéens en surpoids de retrouver un poids normal ?

　2　Pourquoi est-ce que les lycéens fréquentent les fast-foods ?

　3　Pourquoi est-ce que les copines d'Élodie font un régime ?

　4　Pourquoi est-ce qu'Élodie trouve les magazines de mode irresponsables ?

3 Lisez

Relisez les textes sur le sport à la page 76 et notez toutes les constructions avec *depuis*. Quels exemples indiquent le point de départ et quels exemples la durée ?

Exemple : Je m'entraîne dur depuis janvier. – point de départ

📖 *Cahier d'exercices 7/3*

4 Parlez

Discutez avec un(e) partenaire.

- Est-ce que vous prenez des repas réguliers, ou est-ce que vous sautez quelquefois des repas ? Lesquels ? Pourquoi ?

- À votre avis, pourquoi est-ce que beaucoup de personnes mangent mal ?

- Est-ce que vous souffrez d'intolérances alimentaires ou d'allergies ? Lesquelles ? Est-ce que vous connaissez des personnes qui en souffrent ? Qu'est-ce qui est différent dans leur vie quotidienne ?

5 Écrivez

Faites un sondage dans la classe sur les habitudes alimentaires de vos camarades pour savoir s'ils prennent des repas sains et équilibrés. Écrivez ensuite un article dans le journal du lycée pour donner les résultats du sondage et expliquer les dangers d'une alimentation qui n'est pas équilibrée ; terminez votre article en donnant des conseils à vos camarades qui mangent mal.

Rappel grammaire

Depuis
(Livre 1, page 88)

Utilisez *depuis* + un verbe au temps présent pour indiquer :

- le point de départ d'une action ou d'une situation

Depuis l'âge de 11 ans, je mange à la cafétéria.

- la durée d'une situation

Depuis deux ans, j'habite seul avec ma mère.

On est ce que l'on mange

Zoé Tremblay

Heureux comme un poulet dans l'herbe.

Moi, je suis végétarienne, alors pas de viande dans mon assiette. <u>Je suis sûre</u> que c'est meilleur pour la santé. Et puis, <u>je ne supporte pas</u> qu'on exploite les animaux.

Karim Benassi

Alors moi, je ne suis pas végétarien, mais <u>je suis d'accord</u> avec toi, Zoé Tremblay, sur l'exploitation des animaux. Chez nous, on ne mange pas beaucoup de viande, mais quand on mange du poulet, par exemple, il est biologique et fermier. Ça veut dire que son bien-être est important. Le poulet n'est pas enfermé dans une cage, il peut courir dans l'herbe. Il mange principalement du grain. Il est tué de façon humaine. <u>Je suis convaincu</u> que manger un poulet bien traité, c'est meilleur pour notre santé. En consommant bio, on protège notre santé, et on protège les animaux. Alors tout le monde y gagne !

Olivia Léger

<u>Vous avez raison</u>, Zoé Tremblay et Karim Benassi. <u>Je suis comme vous</u>, contre l'exploitation. D'ailleurs, chez nous, on va plus loin : on achète des produits de commerce équitable. Moi, j'adore le chocolat, surtout pour cuisiner : je fais des brownies, des gâteaux, de la mousse au chocolat ; mais je choisis toujours du chocolat de commerce équitable. Ça coûte un peu plus cher, mais c'est mieux.

Bienaimé Dupuis

Je suis content, Olivia Léger, parce que le chocolat de commerce équitable, <u>c'est drôlement important pour nous</u>, en Haïti. C'est dur de gagner sa vie en cultivant la terre, sur notre île, mais les choses changent. Depuis quelques années, dans mon village, on produit et on vend du cacao et du café, et on les exporte directement en Europe. Regardez les étiquettes : en achetant du chocolat ou du café de Haïti, vous nous aidez directement.

Zoé Tremblay

Bonne idée, Bienaimé Dupuis ! Normalement, chez moi, à côté de Montréal, on essaie de manger des produits frais, locaux et de saison toute l'année. Pour nous, <u>c'est important</u>. Mes parents achètent directement dans une ferme de la région ou font les courses dans une épicerie qui achète des produits locaux. Je ne sais pas si je pourrai faire pareil quand je serai à l'université l'année prochaine, mais pour le moment, faire de l'autocueillette, c'est super! Nous allons chez un producteur et nous cueillons les pommes nous-mêmes. Nous mangeons de bonnes choses en laissant une empreinte carbone minimale.

1 Mise en route

Lisez la liste ci-dessous. Pour vous, qu'est-ce qui est important quand vous mangez ou quand vous faites les courses ? Pourquoi ? Discutez avec un(e) partenaire.

Exemple : Pour moi, ce qui est important, c'est la santé. Je mange des légumes frais...

- la santé
- le plaisir
- le bien-être des animaux
- la solidarité / le commerce équitable
- manger des produits frais, locaux et de saison
- réduire l'empreinte carbone

2 Lisez

Lisez les messages sur le réseau social. Associez chacun des mots ou expressions de l'activité 1 à un ou plusieurs des auteurs des messages.

Exemple : la santé : Zoé, Karim

3 Lisez

Relisez les messages. Associez chaque phrase à **une** personne : Zoé, Karim, Olivia ou Bienaimé.

Exemple : Je ne mange jamais de steak ni de poulet. – Zoé

1 On peut manger de bons desserts et aider les petits producteurs.

2 Un environnement bio respecte le comportement naturel des animaux.

3 On fait nos courses tout près de chez nous.

4 Nos produits, on veut les vendre à l'étranger.

5 En choisissant où on achète ses produits, on peut protéger la planète.

6 Je suis d'accord pour payer plus si les pays en développement en profitent.

7 J'accepte de manger de la viande si l'animal est bien traité.

4 Lisez et écrivez

Répondez aux questions suivantes. Basez vos réponses sur les messages page 82.

1 Quelles sont les caractéristiques d'un poulet bien traité, selon Karim ?

2 Pourquoi Bienaimé est-il content des choix d'Olivia ?

3 Qu'est-ce que Bienaimé conseille de faire, quand on achète du café ou du chocolat ?

4 Que font Zoé et sa famille pour manger des produits frais et locaux ? Donnez trois exemples.

5 Parlez

Travaillez à deux. L'élève A choisit l'un des sujets abordés sur le réseau social. L'élève B défend le point de vue opposé.

Exemple

Élève A : Je suis végétarien, comme Zoé. Je suis convaincu que c'est meilleur pour la santé.

Élève B : Je ne suis pas d'accord. On a besoin de manger de la viande pour rester en bonne santé.

6 Lisez

Lisez l'encadré *Grammaire en contexte*. Trouvez deux autres exemples de gérondif dans les messages page 82. Est-ce qu'ils expriment la manière ou la simultanéité ?

 Cahier d'exercices 7/4

7 Écrivez

Vous allez passer un mois dans un camp d'adolescents en France, où les ados s'occupent de la préparation des repas. Le directeur du camp demande à chacun des ados de lui envoyer un e-mail pour lui indiquer leurs priorités en ce qui concerne une alimentation saine et équilibrée et lui proposer un menu. Écrivez un e-mail (au moins 100 mots).

Vocabulaire

Exprimer son opinion, son approbation ou sa désapprobation

je suis sûr(e) que

je ne supporte pas que

je suis d'accord (avec)

je suis convaincu(e) que

vous avez raison

je suis comme vous

c'est important (pour)

Grammaire en contexte

Le gérondif

Le participe présent d'un verbe peut servir d'adjectif (*un livre* **passionnant**) ou représenter une forme verbale.

Pour former le participe présent, on ajoute -*ant* au radical de la première personne du pluriel (*nous*) de l'indicatif présent :

*consommer : nous consommons – consomm**ant***

*choisir : nous choisissons – choisiss**ant***   *faire : nous faisons – fais**ant***

Quand le participe présent représente une forme verbale, on l'appelle **gérondif**. Il sert à préciser un autre verbe et il est invariable.

Le gérondif peut exprimer <u>la manière</u> :

En consommant *bio, on protège notre santé.* = *Consommer bio, c'est* <u>une manière</u> *de protéger notre santé.*

Le gérondif peut aussi simplement indiquer que deux actions sont <u>simultanées</u> :

Nous mangeons de bonnes choses **en laissant** *une empreinte carbone minimale.* = *Nous mangeons de bonnes choses ;* <u>en même temps</u>, *nous laissons une empreinte carbone minimale.*

Point info

Il existe plusieurs organisations qui encouragent la consommation responsable et le commerce équitable.

Par exemple, **Éthiquable** est une entreprise coopérative qui aide les petits producteurs à se développer grâce au commerce équitable. Quelques exemples : producteurs de café en République Démocratique du Congo, de sucre de canne à Madagascar, d'huile d'olive en Tunisie… et même de vin dans le sud de la France.

Équiterre est une association canadienne qui encourage citoyens, organisations et gouvernements à faire des choix écologiques, équitables et solidaires. Manger, se déplacer, habiter, jardiner et consommer : la devise d'Équiterre, c'est « changer le monde un geste à la fois ».

Interview avec Fatima Abdulali, psychologue : pourquoi les ados dorment-ils mal ?

1 **Journaliste : Fatima Abdulali, le sommeil, c'est une importante question de santé pour les jeunes. Qu'est-ce que vos recherches vous ont appris ?**

Fatima Abdulali : Les jeunes dorment mal, c'est vrai. C'est en partie une question d'attitude. Les jeunes voient le sommeil comme une régression, quelque chose pour les bébés. Ils le perçoivent aussi comme une perte de temps, car le sommeil les oblige à remettre à plus tard toutes les nouvelles activités que la vie leur propose.

2 **J : Qu'est-ce que c'est, une bonne hygiène du sommeil, pour les jeunes ?**

FA : Ils devraient se coucher vers 22 heures, car la durée minimum d'une bonne nuit de sommeil, à leur âge, c'est neuf heures et 15 minutes. En fait, ils se couchent beaucoup plus tard et en semaine, beaucoup ne se réveillent pas à temps pour aller au lycée. Le week-end, c'est pire, parce qu'ils sortent tard le samedi soir, font la grasse matinée le dimanche matin, n'arrivent pas à s'endormir le dimanche soir, et le cycle recommence. Bien entendu, cela devient l'une des premières causes de conflit dans les familles.

3 **J : Et vous m'avez aussi dit que c'est une question d'attitude ?**

FA : Il y a un aspect rébellion, c'est vrai, mais au départ, le problème est physique. Les cycles naturels sont perturbés par les changements hormonaux.

4 **J : Quels sont ces cycles naturels ?**

FA : C'est notre rythme biologique, l'alternance veille / sommeil sur 24 heures. Ces changements hormonaux ne sont pas nouveaux, mais autrefois, il y avait un bon moyen pour faire face à ce problème : on lisait au lit. Malheureusement, de nos jours, les jeunes lisent beaucoup moins, surtout avant de se coucher ; ils préfèrent les conversations au téléphone ou sur Internet, les jeux vidéo et la télévision, des activités qui retardent l'heure d'aller au lit et perturbent les phases de sommeil.

5 **J : Bavarder avec des copains, ça les aide à se détendre, non ?**

FA : Mais le problème, c'est l'écran ! La lumière des écrans d'ordinateur ou de téléphone dérègle en effet l'hormone du sommeil et retarde l'envie de dormir. L'adolescent entre alors dans un cercle vicieux : comme il n'arrive pas à s'endormir, il surfe sur les réseaux sociaux, sans se rendre compte que la lumière de l'écran le maintient éveillé comme dans la journée, ce qui fait qu'il continue à ne pas avoir envie de dormir.

6 **J : Comment encourager les adolescents à dormir ?**

FA : Je pense qu'il faut faire un travail pédagogique. D'abord, on doit leur expliquer le danger de la lumière d'écran au moment de s'endormir. Il faut aussi leur rappeler les signes physiologiques qui précèdent le sommeil : quand on bâille, quand les yeux se ferment, quand la température du corps baisse, il est temps d'aller se coucher.

7 **J : Si l'adolescent est absorbé par ses jeux, ses conversations sur les réseaux sociaux, il ne fait pas attention à ces signes…**

FA : C'est juste. Il est donc important d'avoir un rituel. Par exemple, il peut se mettre en pyjama, se brosser les dents, puis éteindre son smartphone. Il faut de plus éviter les médias avec écran. Le soir, c'est mieux d'écouter la radio.

1 Lisez

En vous appuyant sur les paragraphes 1–5 du texte, page 84, faites correspondre la première partie de la phrase dans la colonne de gauche avec la fin de phrase appropriée parmi les propositions dans la colonne de droite.

Exemple : Les ados ne veulent pas dormir parce qu'…   **N**

1   Les jeunes se lèvent souvent…

2   Au départ, les problèmes de sommeil des ados sont…

3   Les phases d'éveil et de sommeil…

4   De nos jours, les ados…

5   Il est difficile de s'endormir…

6   Le problème des ordinateurs le soir,…

A   lisent beaucoup au lit.

B   sont un cycle naturel.

C   d'origine physique.

D   c'est le bruit.

E   si on fait des jeux vidéo le soir.

F   surtout psychologiques.

G   sont différentes pour les garçons et les filles.

H   c'est la stimulation visuelle.

I   quand on bavarde au lycée avec ses copains.

J   restent éveillés tard le soir.

K   tard le dimanche matin.

L   ils ont beaucoup de devoirs.

M   en lisant.

N   **ils ont beaucoup de choses à découvrir.**

2 Lisez et écrivez

Répondez aux questions suivantes, en vous appuyant sur les paragraphes 1–5 du texte.

1   Quelles sont les deux raisons pour lesquelles beaucoup de jeunes choisissent de ne pas dormir, selon le texte ?

2   Qu'est-ce qu'une nuit de sommeil idéale pour un jeune, selon Fatima Abdulali ?

3   Quelles sont les conséquences d'une mauvaise hygiène de sommeil ?

3 Parlez

Les problèmes dont on parle dans l'interview existent-ils dans votre famille, autour de vous, dans votre pays ? Expliquez pourquoi dans une discussion avec un(e) partenaire.

Exemple

Élève A : Chez moi, c'est vrai, je me lève souvent trop tard pour le lycée et ça cause des conflits avec mes parents.

Élève B : Chez moi, pas de problème, tout le monde se couche tard, parce que…

4 Écrivez

Pour le journal de votre lycée, vous interviewez un(e) psychologue scolaire sur l'importance du sommeil pour les lycéens. Rédigez le texte de l'interview.

D'abord, préparez la liste des questions à poser. N'oubliez pas de donner un titre à l'interview et un nom au / à la psychologue, ni d'inclure une date.

Incorporez des informations factuelles et des exemples concrets ; utilisez une variété de temps et de connecteurs.

Rappel grammaire

Les connecteurs logiques

Les connecteurs logiques créent des relations variées entre les parties du texte. Voici des exemples tirés du texte à la page 84.

aussi, car, en fait, et, bien entendu, au départ, mais, en effet, alors, d'abord, donc, puis, de plus

*Ils le perçoivent **aussi** comme une perte de temps, **car** le sommeil les oblige…*

📖 *Cahier d'exercices 7/5, 7/6*

Révisions

Manger, bouger,
chacun à sa façon

1 Parlez

Discutez en groupe. Décrivez ces deux photos.

* Où se passe la scène ?
* Qui voyez-vous ?
* Que font les personnes ?

2 Écrivez

Votre lycée accorde une grande importance à l'hygiène de vie. Dans le cadre de vos activités CAS, on vous demande de rédiger une brochure pour les nouveaux élèves. Cette brochure doit expliquer ce que fait le lycée pour encourager les élèves à adopter un comportement responsable en matière d'alimentation et d'hygiène de vie (sport, loisirs, détente, sommeil).

Discutez d'abord en groupes, puis préparez le texte de votre brochure.

Révisions

Protégeons notre environnement

Chapitre 8

Aspects couverts

* L'écologie, le recyclage
* Les différentes formes de pollution
* Les énergies renouvelables
* Les ressources naturelles
* L'individu et l'engagement en faveur de l'environnement

Grammaire

* La négation (rappel)
* Les connecteurs logiques pour exprimer la cause et la conséquence
* Les phrases avec *si* (rappel)
* Exprimer une cause et son effet

1 Mise en route

1 Regardez l'image. Quels mots vous suggère-t-elle ?

2 À votre avis, quelle est l'intention de l'artiste ?

3 Discutez avec un(e) camarade.

2 Parlez

Regardez la petite photo (à droite). Qu'est-ce qu'elle évoque ? Comment voyez-vous l'avenir de la planète ? Êtes-vous optimiste ou pessimiste ? Dites pourquoi à la classe.

Comment être un parfait éco-citoyen ?

1

Petit guide de l'éco-citoyen

Sommaire

Chapitre

A Je n'utilise plus de lampes halogènes. Je privilégie les lampes à basse consommation. Je ne laisse jamais mes appareils (télé, ordinateur, etc.) en veille : je les éteins toujours.

B Je n'utilise plus de produits chimiques pour nettoyer la maison. J'utilise plusieurs produits naturels, comme le vinaigre blanc contre le calcaire, les pages de journal mouillées pour les vitres, etc.

C Je n'utilise ni désherbants, ni engrais, ni pesticides chimiques. J'utilise l'eau de cuisson des pâtes ou des pommes de terre pour tuer les mauvaises herbes et l'eau de cuisson des œufs et des légumes comme engrais. Je plante du thym ou de la menthe pour éloigner les insectes nuisibles.

D Je suis complètement anti-produits jetables (comme les lingettes et l'essuie-tout). Je préfère investir dans des produits réutilisables. Je refuse les sacs en plastique et j'utilise toujours un sac en toile ou un panier pour faire les courses.

E Je mets papier, carton, plastique, verre dans les containers adaptés. Je fais attention aux produits toxiques ou dangereux comme les piles : je les mets toujours dans des poubelles spéciales.

2

Le tri sélectif à Vannes : vrai ou faux ?

1 Il faut laver les boîtes de conserve et les pots en verre avant de les jeter.

2 On ne peut pas mettre les emballages gras (beurre, huile, mayonnaise, etc.) dans le bac à recyclage.

3 On peut laisser les bouchons sur les bouteilles en plastique avant de les trier.

4 On peut mettre le papier et le carton et les déchets organiques dans la même poubelle.

5 On doit mettre les emballages les uns dans les autres (par exemple une bouteille en plastique dans un carton) pour qu'ils prennent moins de place.

6 Il est possible de recycler un emballage qui a ce logo.

1 Lisez

1 Lisez le document 1, page 88. Pour chaque extrait (**A–E**), trouvez le titre du chapitre dans le sommaire qui correspond.

Exemple : A 6 (électricité)

2 Donnez le genre (masc. ou fém.) et la signification de chaque titre de chapitre. Vérifiez dans le dictionnaire.

2 Lisez

Associez chaque mot du texte 1 dans la colonne de gauche à sa définition dans la colonne de droite. Attention, il y a plus de définitions que de mots.

Exemple : **désherbants**   [D]

1 piles   ☐

2 en veille   ☐

3 à basse consommation   ☐

4 nuisible   ☐

A complètement éteint

B petits appareils qui produisent de l'électricité

C qui sort la nuit

D *produits qui tuent les plantes indésirables*

E qui cause des dommages

F le jour avant

G temporairement arrêté

H qui utilise très peu d'énergie

3 Écrivez

Lucas n'est pas un bon éco-citoyen : il fait le contraire de ce qui est conseillé dans le texte 1. Imaginez et écrivez ce qu'il dit. Regardez l'encadré *Rappel grammaire* pour vous aider.

Exemple : « J'utilise encore des lampes halogènes. Je ne privilégie pas les lampes à basse consommation. Je laisse toujours mes appareils en veille, je ne les éteins jamais. »

 Cahier d'exercices 8/1

4 Écrivez

À deux, inventez et écrivez un autre chapitre du guide de l'éco-citoyen (page 88). Comparez avec le reste de la classe.

Exemple : Chapitre 1, Chauffage. Avant d'allumer le chauffage, je mets toujours un pull et je ferme les rideaux. Je ne mets jamais les radiateurs au maximum,…

5 Lisez et parlez

1 Regardez le texte 2, page 88. Discutez : selon vous, quels conseils sont vrais pour la ville de Vannes ? Attention à la position des mots dans les phrases négatives.

Exemple : À mon avis, numéro 1 est faux : il ne faut pas laver les boîtes de conserve ni les pots en verre avant de les jeter.

2 Est-ce la même chose dans votre ville ? Comparez.

Exemple : Ici, il ne faut pas laisser les bouchons sur les bouteilles.

6 Écrivez

En groupe, écrivez une brochure intitulée : « Comment être écolo au lycée », destinée aux élèves francophones de votre lycée. Utilisez les documents à la page 88 comme modèle, ainsi que les expressions de l'encadré *Rappel grammaire*.

Exemple:

Les déchets – Je ne laisse rien tomber dans la cour. J'utilise les poubelles de tri…

L'électricité – Dans la salle de classe, j'éteins toujours une lumière inutile.

Rappel grammaire

La négation (1)   *(Livre 1, page 139)*

ne… pas (du tout), ne… jamais, ne… rien, ne… plus, ne… aucun, ne… ni… ni

La forme affirmative	La forme négative
Je prends encore un bain.	Je **ne** prends **plus** de bain.
Je suis complètement écolo !	Je **ne** suis **pas** du tout écolo !
J'achète toujours des produits bio.	Je n'achète **jamais** de produits bio.
J'ai déjà fait du compost.	Je n'ai **jamais** fait de compost.
J'utilise déjà des lampes à basse consommation.	Je n'utilise **pas** encore de lampe à basse consommation.
J'utilise plusieurs détergents.	Je n'utilise **aucun** détergent.
J'ai quelque chose à recycler.	Je n'ai **rien** à recycler.
Je fais du tri sélectif et du compostage.	Je **ne** fais **ni** tri sélectif **ni** compostage.

Attention : *un / une / des* ou *du / de la / des* + nom à la forme affirmative ➜ *pas de* + nom à la forme négative

Le fléau des sacs en plastique : est-ce un mal inévitable ?

Interview avec Luc Kodombo, écologiste, Ouagadougou, Burkina Faso

Luc, pourquoi les sacs en plastique vous inquiètent-ils tant ?

Luc Kodombo : On utilise entre 500 et 1000 milliards de sacs en plastique dans le monde entier chaque année. Ils sont un triste symbole de notre société de surconsommation et de la pollution. Ils sont aussi malheureusement très présents dans le paysage africain, avec tous les dangers que ça comporte.

Quels sont ces dangers ?

LK : L'augmentation du nombre de sacs en plastique a de graves conséquences : ils sont très dangereux pour les animaux, par exemple. Au Burkina Faso, 30% des vaches meurent chaque année parce qu'elles pensent que les sacs en plastique sont de la nourriture et elles les mangent. Les animaux marins comme les tortues souffrent aussi.

Ont-ils des conséquences pour la santé des hommes ?

LK : Bien sûr, les conséquences s'enchaînent : les sacs bloquent les systèmes d'évacuation des eaux, ce qui augmente les risques d'inondations. À cause des eaux stagnantes, il y a plus de moustiques, et plus de moustiques veut dire plus de malaria.

Et si on remplaçait les sacs en plastique par des sacs biodégradables ?

LK : Je ne pense pas que ce soit la solution car le sac soi-disant biodégradable ne se dégrade qu'un petit peu plus vite que le sac non-biodégradable. La solution serait des sacs faits à partir de matières organiques puisqu'elles se dégradent vraiment rapidement, mais malheureusement cela coûte cher.

Que pensez-vous d'une interdiction totale des sacs en plastique ?

LK : Je ne crois pas non plus que ce soit la solution, comme ils sont déjà interdits dans plusieurs pays africains et que le problème continue. Il faudrait plutôt faire une campagne forte pour promouvoir l'utilisation de sacs réutilisables ou de paniers pour faire les courses.

Pouvez-vous nous expliquer ce qu'est le projet TVDP ?

LK : Oui, c'est le Projet National de Traitement et de Valorisation des Déchets Plastiques. Son but est de réduire l'impact des déchets plastiques sur l'environnement et sur la santé des hommes et des animaux.

En quoi consiste-t-il exactement ?

LK : Il s'agit de limiter la pollution par les déchets en plastique en les collectant, pour les transformer en poubelles ou autres objets en plastique. Ceci a aussi l'avantage de lutter contre la pauvreté par la création d'emplois pour les jeunes et les femmes surtout. Grâce à cette initiative d'emplois verts, tout le monde gagne !

---

1 ▪ Compréhension

Lisez l'interview. Répondez aux questions.

1 Quelle phrase dans le texte indique qu'on utilise beaucoup de sacs en plastique en Afrique ?

2 Comment les sacs en plastique affectent-ils les animaux en Afrique ?

3 Cela n'affecte-t-il que les animaux d'élevage ?

4 Pourquoi risque-t-on de voir plus de problèmes dûs aux inondations ?

5 Pourquoi les sacs dits « biodégradables » ne sont-ils pas la solution ?

6 Luc est-il d'accord pour interdire l'utilisation des sacs en plastique ?

7 Luc mentionne deux solutions possibles au problème des sacs en plastique. Lesquelles ?

8 Quels sont les deux avantages du projet TVDP ?

2 ▪ Lisez et écrivez

1 Relisez l'interview et trouvez six expressions utiles pour expliquer une cause.

2 Lisez l'encadré *Grammaire en contexte*. Complétez les phrases suivantes avec *grâce au / à la / aux* ou *à cause du / de la / des*.

Exemple : 1 à cause des

1 Il y a des inondations _____ sacs en plastique qui empêchent l'évacuation de l'eau.

2 On peut attraper la malaria _____ moustiques.

3 Des animaux meurent _____ pollution par le plastique.

4 L'environnement est protégé _____ projet de valorisation des déchets.

5 On lutte contre la pauvreté et la pollution _____ emplois verts.

 Cahier d'exercices 8/2

Grammaire en contexte

Les connecteurs logiques pour exprimer la cause

Négative : *à cause du / de la / des* + nom

Il y a plus de moustiques à cause des eaux stagnantes.

Positive : *grâce au / à la / aux* + nom

Tout le monde gagne grâce à cette initiative.

3 ▪ Parlez

Discutez en classe : à votre avis, pourquoi Luc dit-il que le sac en plastique est « un triste symbole de notre société de surconsommation » ?

4 ▪ Imaginez

Luc vous demande de participer à une campagne pour la promotion des sacs réutilisables ou des paniers au Burkina Faso.

Travaillez en groupes pour choisir le support qui vous semble le plus approprié : par exemple, rédiger une affiche, écrire un article pour un journal ou un magazine, écrire un blog, enregistrer une annonce radio, un flash d'info télévisé, une demonstration en public.

La meilleure solution aux déchets ? Ne pas en produire !

LA RECHARGE
la première épicerie sans emballages jetables !

UNE ÉPICERIE PAS COMME LES AUTRES !

On vient d'ouvrir à Bordeaux une épicerie pas comme les autres, appelée La Recharge : ici, on ne trouve ni sacs en plastique, ni emballages jetables, uniquement des produits en vrac. Il faut donc venir y faire ses courses avec ses propres [*Exemple*] : boîtes en plastique, bouteilles, bocaux en verre, sacs en papier ou en plastique. C'est pourquoi on l'appelle « la Recharge » ! Et si on oublie son panier? Il y a des contenants [1] disponibles sur place.

Le consommateur est [2] gagnant : pas d'emballages qui mettent sa [3] à risque (certains peuvent effectivement contenir des substances toxiques) et c'est [4]. Sans emballage coûteux, les produits sont meilleur marché que dans d'autres magasins et bien sûr, on achète [5] les quantités nécessaires et on évite le gaspillage. En plus, réduire les déchets au minimum, ça veut dire réduire les frais de tri et de [6] des déchets et donc les impôts locaux. Par conséquent, c'est [7] et bénéfique à la planète !

De plus, La Recharge achète seulement des produits [8] si bien que cela évite les frais de [9], réduisant encore le coût pour le consommateur - et les émissions de CO_2. Aussi, le magasin est en plein [10] de sorte qu'on n'a pas besoin de prendre sa voiture pour aller dans les zones commerciales. En bref, La Recharge, c'est un magasin d'avenir copié sur les boutiques du passé !

1 Lisez

Remplissez chaque blanc par le mot qui convient le mieux. Choisissez-les parmi la liste de mots à droite. Attention, il y a plus de mots que de blancs.

Exemple : contenants

> argent • centre-ville • ~~contenants~~ écologique • économique • locaux pas du tout • plusieurs fois pollution • recyclage • réutilisables santé • transport • uniquement voitures

2 Lisez et écrivez

Trouvez dans le texte les mots qui correspondent aux définitions suivantes :

1   vendu sans emballage

2   une personne qui achète des produits

3   moins cher

4   le prix à payer

3 Lisez

1   Choisissez dans l'encadré *Rappel grammaire* un connecteur logique pour relier le début et la fin des phrases ci-dessous.

  1   À La Recharge, on ne trouve ni sacs en plastique, ni emballages jetables,…

  2   Les clients oublient parfois leur panier,…

  3   Il n'y a pas d'emballages toxiques,…

  4   Il n'y a pas d'emballages coûteux,…

    A   … la santé des clients n'est pas mise à risque.

    B   … les produits sont moins chers qu'ailleurs.

    C   … La Recharge met des contenants réutilisables à leur disposition.

    D   … il faut apporter ses contenants.

2   À deux, écrivez cinq autres phrases sur le texte en utilisant une expression de conséquence différente dans chacune.

  Exemple : On achète uniquement les quantités nécessaires de sorte qu'on évite le gaspillage.

> **Rappel grammaire**
>
> **Exprimer la conséquence**
> *(Voir page 69)*
>
> alors
>
> donc
>
> par conséquent,
>
> de sorte que
>
> si bien que

4 Parlez

À deux, imaginez une conversation entre deux consommateurs : le premier est pour l'idée de La Recharge et le deuxième est contre.

Utilisez les expressions de cause et de conséquence, et les expressions *je pense que…* + indicatif, *je ne pense pas que…* + subjonctif. Jouez votre conversation à la classe.

Exemple

Élève A : Je pense que c'est un magasin formidable parce qu'il est très écologique.

Élève B : Moi, je ne pense pas que ce soit une bonne idée. Ce n'est pas très pratique.

Le Canada : champion du gaspillage alimentaire

Chaque année, les producteurs, distributeurs et consommateurs des pays riches jettent environ un tiers de la production mondiale de nourriture. Cela serait assez pour nourrir sept fois le nombre des gens qui souffrent de la faim dans le monde (un milliard de personnes).

La Journée mondiale de l'Alimentation, organisée par l'ONU, encourage plus particulièrement les Canadiens à questionner leurs habitudes alimentaires : pourquoi sont-ils les plus gros gaspilleurs, avec 40% de leurs aliments qui finissent à la poubelle ?

Le Canada : un des pays qui gaspillent le plus d'aliments au monde entre le champ et l'assiette

C'est entre le **Frigo** et la **poubelle** que tout se joue.

Le **GASPILLAGE** dans nos cuisines est de 3 à 5 fois supérieur à ce que nous estimons.

51% CONSOMMATEURS

9% production
18% transformation industrielle
3% transport
11% vente au détail
8% professionnels de l'alimentation

QUI SONT LES PRINCIPALES VICTIMES?

Chaque année, une famille canadienne jette en moyenne :

* **123 kg** de fruits et légumes, soit 820 pommes
* **16 kg** de viande rouge désossée, soit 80 steaks
* **30 L** l'équivalent de 30 L de lait

POURQUOI AUTANT DE GASPILLAGE? Voici quelques pistes :

AU MAGASIN :

* **Moins c'est cher, plus on gaspille?** Les Canadiens consacrent 10% de leur budget familial à l'épicerie alors qu'ils sont parmi les plus grands gaspilleurs au monde.

* **Quand un aliment n'est pas beau,** on ne l'achète pas et il finit aux poubelles.

À LA MAISON :

* **Les dates de péremption sont à prendre avec un grain de sel.** Manger un yogourt périmé, c'est possible!

* **Les Canadiens consacrent peu** de temps à planifier et à préparer leurs repas. Ils perdent ainsi l'habitude de cuisiner leurs restes.

Certains groupes luttent contre le gaspillage, mais il faudrait une initiative d'envergure pour aider le Canada à améliorer son bilan.

explora

1 Lisez

1 Parmi les phrases **A–J** ci-dessous, trouvez les cinq qui sont correctes selon l'introduction et l'infographie. Notez les lettres.

A Les consommateurs canadiens sont parmi ceux qui gaspillent le plus.

B Au Canada, 40% des consommateurs gaspillent de la nourriture.

C Ce qu'on jette chaque année dans le monde pourrait nourrir sept milliards de personnes.

D Les producteurs et les industriels sont responsables de plus d'un quart du gaspillage.

E Les Canadiens jettent trois à cinq fois plus d'aliments que dans les autres pays.

F Les Canadiens sous-estiment ce qu'ils gaspillent.

G Plus de la moitié des pertes d'aliments se font au niveau du consommateur.

H Une famille canadienne consomme en moyenne 30 litres de lait par an.

I 123 kilos de fruits et légumes sont perdus chaque année au Canada.

J Les Canadiens gaspillent plus de viande que de légumes.

2 Transformez les phrases fausses en phrases vraies.

*Exemple : **B** Au Canada, les consommateurs gaspillent 40% de leur nourriture.*

2 Écrivez

Lisez l'encadré *Rappel grammaire*. Complétez les phrases de ce résumé avec les verbes conjugués à l'imparfait ou au conditionnel.

Exemple : Si on [gaspiller] moins, on [pouvoir] nourrir les gens qui ont faim.

Si on <u>gaspillait</u> moins, on <u>pourrait</u> nourrir les gens qui ont faim.

1 Si la nourriture [*être*] _____ plus chère, les Canadiens la [*gaspiller*] _____ peut-être moins.

2 On [*jeter*] _____ moins de produits encore bons à la consommation si on [*comprendre*] _____ mieux les dates de fraîcheur.

3 Les familles canadiennes [*utiliser*] _____ mieux les aliments qu'elles achètent si elles [*planifier*] _____ mieux leurs repas.

4 Si on [*reprendre*] _____ l'habitude de cuisiner, on [*se servir*] _____ des restes au lieu de les jeter.

3 Parlez et écrivez

En groupe, discutez puis écrivez une liste de suggestions et d'idées pratiques pour lutter contre le gaspillage, au niveau national. Utilisez la structure avec *si* + imparfait.

Exemple : Si chaque jour, la télévision montrait une recette de cuisine facile pour utiliser les restes, les gens apprendraient à ne pas jeter la nourriture.

Rappel grammaire

Les phrases avec *si* *(Voir page 37, et Livre 1 page 163)*

Si + <u>imparfait</u>, suivi du conditionnel dans la clause principale

Si on <u>achetait</u> moins, on gaspillerait moins.

Un blog anti-gaspillage

Moi, c'est Julie, Québécoise, ex-gaspilleuse !

Voici mon blog.
Tous les mois, je poste une nouvelle astuce pour ne plus gaspiller les aliments.

JANVIER

Grand changement : je ne vais plus manger n'importe comment ! J'ai déjà commencé à faire attention : je n'attends plus le dernier moment pour penser à ce que je vais manger. Je planifie mes repas à l'avance. Je trouve des recettes sympa et je fais des listes de courses pour n'acheter que le nécessaire. Je fais des économies, je ne gaspille plus et et je n'ai jamais aussi bien mangé. N'êtes-vous pas tentés de faire comme moi ?!

FÉVRIER

Ne faites plus de grandes courses une fois par semaine au supermarché ! Faites comme moi : maintenant, je vais au marché plusieurs fois par semaine. J'ai remarqué que je gaspille beaucoup moins comme ça. J'achète des produits frais et je les consomme tout de suite ou bien si j'en ai trop, je les cuisine et je congèle. Je ne gaspille donc plus rien.

MARS

Pour ne pas gaspiller, faites comme moi ! J'organise bien mon frigo : je mets les produits les plus frais à l'arrière, les restes à finir à l'avant. Je fais la liste de ce qu'il y a dans le frigo et je la mets sur la porte du frigo avec un magnet. Comme ça, je n'oublie jamais d'utiliser les aliments que j'achète. J'écris aussi les dates de péremption sur la liste : je fais attention à ne pas manger de produits trop vieux mais je ne jette plus les produits dès que la date de fraîcheur est passée comme je le faisais avant.

Date de péremption ou date limite de consommation (DLC) : *à consommer jusqu'au...*
Après cette date, il y a des risques pour la santé.

Date de fraîcheur ou date limite d'utilisation optimale (DLUO) : *à consommer de préférence avant le...*
Après cette date, le produit est moins frais mais n'est pas dangereux pour la santé.

1 Compréhension

Lisez le blog de Julie et les phrases ci-dessous. Chaque phrase se rapporte à quel mois ?

Exemple : Elle range bien son réfrigérateur. – mars

1 Elle utilise son congélateur pour éviter de gaspiller.
2 Elle achète seulement les ingrédients mentionnés dans les recettes.
3 Elle achète moins et plus souvent.
4 Elle ne prépare plus ses repas à la dernière minute.
5 Elle n'oublie plus de consommer les aliments qu'elle a achetés.

2 Lisez

Complétez les phrases pour faire des phrases vraies sur le texte.

1 Julie planifie ses repas à l'avance et par conséquent,...
2 Elle n'achète plus de choses inutiles grâce à...
3 Elle met une liste du contenu de son frigo sur la porte de sorte que...
4 Avant, Julie jetait beaucoup d'aliments à cause de...

3 Écrivez et parlez

À deux, inventez des phrases sur le texte avec *si* + imparfait + conditionnel. Partagez-les avec la classe.

Exemple : Si les gens allaient au marché plus souvent, ils mangeraient des aliments plus frais et gaspilleraient moins.

Rappel grammaire

La négation (2)   *(Voir page 89 et Livre 1, page 139)*

Faites attention à la position de *ne pas, ne jamais, ne rien, ne plus* dans une phrase négative.

Au présent	je <u>n</u>'attends <u>plus</u>
Une interrogation	<u>N</u>'êtes-vous <u>pas</u> tentés ?
Un impératif	<u>Ne</u> faites <u>plus</u>
Une forme composée	je <u>n</u>'ai <u>jamais</u> mangé, je <u>ne</u> vais <u>plus</u> manger
Une forme infinitive	je fais attention à <u>ne pas</u> manger
Un double négatif	Je <u>ne</u> gaspille donc <u>plus rien</u>.

📖 *Cahier d'exercices 8/3*

4 Écrivez

Écrivez un commentaire sur le blog de Julie pour expliquer ce que vous faites déjà pour éviter le gaspillage, quels conseils de Julie vous allez suivre, et ce que vous feriez si vous le pouviez pour ne pas gaspiller.

Exemple : Je congèle beaucoup d'aliments. Je vais faire la liste des aliments dans mon frigo. Si je pouvais, j'organiserais des collectes d'aliments invendus dans les supermarchés et je les distribuerais aux plus pauvres.

5 Écrivez

À deux, inventez une affiche en français pour une campagne anti-gaspillage à la cantine de votre lycée.

Quelle pollution vous inquiète le plus pour la planète ?

1 Mise en route

Trouvez un exemple pour chaque sorte de pollution mentionnée ci-dessous.

Exemple : Quand des algues envahissent un lac, c'est une pollution biologique.

lumineuse biologique
atmosphérique / de l'air
de l'eau spatiale industrielle chimique sonore
visuelle
radioactive

2 Lisez et parlez

Regardez le graphique de la pollution de l'air en France. Révisez les termes de comparaison (pages 19, 23, 30) et faites une courte présentation à la classe sur la pollution de l'air en France.

Exemple : C'est l'industrie qui pollue le plus l'air que nous respirons…

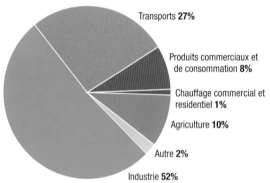

Sources d'émission de poluants atmosphériques

- Transports 27%
- Produits commerciaux et de consommation 8%
- Chauffage commercial et residentiel 1%
- Agriculture 10%
- Autre 2%
- Industrie 52%

Grammaire en contexte

Exprimer une cause et son effet

C'est parce que… que…

C'est *parce qu'*on pollue *qu'*on endommage la planète.

Comme…,

Comme on pollue, on endommage la planète.

En + -ant

En poll*uant*, on endommage la planète.

J'aime ma Terre

Chloé, *Belgique*	Moi, ce qui me fait le plus peur, c'est la pollution radioactive. C'est terrible quand il y a un accident grave dans des centrales nucléaires comme à Tchernobyl en Ukraine en 1986, ou à Fukushima au Japon en 2007, parce que c'est une pollution invisible, qui affecte tout ce qui nous entoure et sur de très grandes distances. Il y a aussi le problème des déchets nucléaires qui sont indestructibles. On ne sait pas quoi en faire et ils restent dangereux. C'est pour cela que je suis contre l'énergie nucléaire.
Justin, *Suisse*	Personnellement, la pollution de l'eau m'inquiète énormément. L'eau est très précieuse, nous ne pouvons pas vivre sans elle. Et pourtant, on n'en prend pas soin : les industries polluent les rivières par les produits qu'elles y jettent. Les agriculteurs polluent aussi l'eau avec des substances toxiques, comme les pesticides.
Katya, *France*	Pour moi, le plus grand danger, c'est le réchauffement climatique provoqué par les gaz à effet de serre. L'utilisation de combustibles fossiles (pétrole, charbon, gaz naturel) a contribué à cet effet de serre qui affecte la planète entière. Cela a des effets désastreux, comme l'augmentation du niveau des océans, qui entraîne des inondations à grande échelle.

3 Compréhension

Lisez les messages ci-dessus et répondez aux questions.

1   Pour quelles raisons Chloé a-t-elle peur du nucléaire ? (deux raisons)

2   Selon Justin, pourquoi devrait-on prendre soin de l'eau ?

3   D'après Katya, qu'est-ce qui contribue au réchauffement climatique ?

4 Lisez

En vous basant sur les messages, faites correspondre la première partie de la phrase dans la colonne de gauche avec la fin de phrase appropriée dans la colonne de droite.

Exemple : C'est parce que l'énergie nucléaire est invisible qu'…   `C`

1   C'est parce qu'ils sont indestructibles que…

2   Comme nous ne pouvons pas vivre sans eau,…

3   Comme ils utilisent des pesticides,…

4   En utilisant trop de combustibles fossiles,…

5   En augmentant le niveau des océans,…

A   on ne devrait pas la polluer.

B   les agriculteurs polluent l'eau.

C   *elle est particulièrement dangereuse.*

D   les déchets nucléaires sont très dangereux.

E   le réchauffement climatique entraîne des inondations catastrophiques.

F   on contribue au réchauffement climatique.

5 Écrivez

Écrivez un message à poster sur le forum *J'aime ma Terre*. Expliquez quel problème environnemental vous affecte le plus et pourquoi.

Quelle solution énergétique vous paraît être la meilleure ?

J'aime ma Terre

Lucas, *France*	Nos besoins en électricité vont augmenter, alors moi, je suis pour le nucléaire. L'énergie nucléaire est la plus efficace et il n'y a pas souvent d'accidents. Il y a aussi l'énergie thermique ; c'est plus propre mais c'est moins efficace.
Abdel, *Algérie*	Je trouve qu'on devrait investir plus dans l'énergie solaire. C'est une énergie « propre » ; elle ne pollue pas et elle est renouvelable : dans mon pays, il y a toujours du soleil et il y a le désert, donc de la place pour facilement installer des milliers de panneaux solaires !
Saskia, *Québec*	Pour moi, l'énergie éolienne et l'énergie solaire sont les meilleures réponses à nos besoins en énergie : elles sont absolument propres et tout le monde peut produire son électricité. On pourrait mettre des panneaux solaires sur sa maison et une éolienne dans son jardin et chacun produirait sa propre électricité !
Albert, *Burkina Faso*	L'énergie de la biomasse me semble être idéale : on peut brûler du bois comme on fait depuis des siècles, mais aussi toutes sortes de déchets, comme les déchets des humains, pour produire de la chaleur et de l'électricité. C'est deux solutions en une !
Ambre, *Madagascar*	Il ne faut pas oublier que l'on peut exploiter la mer avec l'énergie des vagues et des marées. Ça ne coûterait pas trop cher. Comme Madagascar est une île, ce serait une bonne idée d'y développer l'énergie marémotrice !

1 Compréhension

1 Lisez les messages ci-dessus et retrouvez le nom de six formes d'énergie. Laquelle ne figure pas sur les photos **A–E** à droite ?

2 En vous basant sur les messages, expliquez les avantages de chacune.

   Exemple : L'énergie nucléaire est efficace…

2 Lisez et écrivez

Complétez les phrases avec ce que dit chaque personne dans son message sur le forum.

Exemple : 1 C'est parce que nos besoins en électricité vont augmenter que moi, je suis pour le nucléaire.

1 Lucas : C'est parce que nos besoins en électricité…

2 Abdel : Comme dans mon pays, il y a toujours du soleil…

3 Saskia : En mettant des panneaux solaires sur sa maison…

4 Albert : Comme on peut brûler toutes sortes de déchets…

5 Ambre : C'est parce que Madagascar est une île…

3 Écrivez

Écrivez un message à poster sur *J'aime ma Terre* pour donner votre avis sur les meilleures formes d'énergie pour votre pays et expliquer les raisons de votre choix.

4 Parlez

Choisissez l'une des photos **A–E**. Travaillez en groupes : imaginez des arguments pour ou contre ce genre d'installation près de chez vous. Discutez en classe.

énergie solaire

énergie éolienne

énergie hydraulique

énergie nucléaire

biomasse

 Cahier d'exercices 8/4

L'environnement : la responsabilité de tous

Natagora est une association qui a pour but de protéger la nature en Belgique.

Plus nous sommes nombreux, plus nous sommes forts : devenez membre !

Grâce au soutien de ses 17 000 membres, Natagora réalise de nombreux projets de protection, de sensibilisation et d'éducation à la nature.

Chaque jour, Natagora se mobilise pour continuer à préserver la biodiversité des habitats naturels en Wallonie et à Bruxelles. On a déjà transformé 4300 hectares de terrains en réserves naturelles ! En devenant membre, vous participez à ce vaste mouvement et vous faites une différence !

Du temps à consacrer ? Devenez volontaire !

Une des grandes forces de Natagora est de pouvoir mobiliser la population. Les volontaires de Natagora travaillent ensemble, près de chez eux, chaque jour, pour atteindre les buts que nous nous sommes fixés : ralentir la dégradation de la biodiversité et reconstituer un bon état général de la nature en équilibre avec les activités humaines.

1 Lisez

En vous basant sur la page web de l'association, répondez aux questions.

1 Qu'est-ce qui permet à l'association Natagora de réussir ses projets ?

2 Nommez deux régions où l'association Natagora travaille pour la protection de la nature.

3 Qu'est-ce que l'association a déjà réussi à faire ?

4 Comment peut-on aider l'association Natagora ?

5 Où travaillent les volontaires ?

6 En vous basant sur la fin du texte, terminez la phrase suivante :
« L'objectif de Natagora, c'est créer un équilibre entre… »

2 Écrivez

Vous avez un ami, Étienne, qui habite à Bruxelles, en Belgique. Écrivez lui un e-mail pour lui faire connaître l'association Natagora et ses actions et l'encourager à devenir volontaire.

Exemple : Salut Étienne ! Je viens de découvrir l'association Natagora. Tu connais ? C'est une association qui…

3 Recherchez

À deux, faites des recherches sur une association de protection de l'environnement dans votre pays et préparez une courte présentation en français pour la faire connaître à un public francophone. Présentez-la oralement à vos camarades pour obtenir leur avis.

4 Imaginez

Inventez une bulle pour ce dessin.

Exemple : Super pour la santé, les légumes. Bon appétit !

Il faut passer à l'action

Sylvia est une jeune militante engagée dans la lutte pour la protection de l'environnement. Elle s'adresse à un groupe de lycéens.

1 ▸ Je m'appelle Sylvia Gauthier. J'ai une passion : l'environnement. J'ai toujours été une bonne éco-citoyenne mais j'ai voulu faire plus : je me suis engagée dans la politique pour mettre en place des lois concrètes au niveau de la ville. Après avoir été élue au conseil municipal, je suis maintenant déléguée au Développement Durable et à l'Environnement.

2 ▸ Je viens de réaliser ma première initiative : le ramassage scolaire en calèche à cheval pour les enfants des écoles primaires. Tout le monde y gagne : c'est moins cher et moins polluant qu'un bus et les enfants adorent aller à l'école !

3 ▸ Bien sûr, tout le monde ne veut pas ou ne peut pas faire de politique. Mais cela ne veut pas dire qu'à votre niveau, vous ne pouvez rien faire. Au contraire, l'environnement, c'est notre responsabilité à tous. Pour survivre, la planète a besoin de citoyens responsables, elle a besoin de vous !

UN MESSAGE DES ÉCO-GUERRIERS

Face aux urgences des crises écologiques, nous ne pouvons pas faire confiance aux gouvernements qui ne font rien ou pas assez.

Nous devons agir directement : attaquons les baleiniers qui détruisent les baleines, bloquons les trains de déchets nucléaires, détruisons les laboratoires de vivisection, brûlons les 4x4 pollueurs. Il faut partir en guerre contre tout ceux qui menacent la survie de notre planète par leurs comportements irresponsables. Ce sont eux, les terroristes écologistes, pas nous.

L'action directe peut et doit impliquer la violence si la violence est nécessaire à la protection des animaux et de la nature. Ne pas agir, c'est laisser les industries empoisonner notre eau et notre air, c'est laisser mourir des espèces animales. Ne pas agir, par tous les moyens, c'est là le crime violent.

---

1 Lisez

Lisez les deux textes et répondez aux questions.

1 À quels paragraphes du discours de Sylvia correspondent les titres suivants ?

  A Ma philosophie

  B Mon histoire

  C Mon action

2 Expliquez chaque titre avec vos propres mots.

  Exemple : A Elle pense que tout le monde doit protéger la nature…

3 Pourquoi les éco-guerriers ne font-ils pas confiance aux gouvernements ?

4 Nommez quatre actions concrètes qu'ils encouragent.

5 Dans la phrase « Ce sont eux, les terroristes écologistes, pas nous. » Qui sont « eux » ?

6 En vous basant sur la fin du texte, complétez la phrase : « Les éco-guerriers justifient l'utilisation de la violence en disant que… »

2 Écrivez et parlez

« Militant écologiste ou éco-guerrier ? La défense de l'environnement justifie-t-elle l'emploi de la violence ? »

1 Choisissez votre camp et écrivez une liste d'arguments pour préparer un débat.

2 Discutez en classe. Utilisez vos notes et les expressions de l'encadré *Vocabulaire* pour donner votre avis.

Vocabulaire

Exprimer son opinion

En ce qui me concerne,…

Moi, personnellement,…

Il me semble que…

Partager un point de vue

Je suis d'accord avec toi / vous.

Je pense comme toi / vous.

Je suis du même avis.

Tu as / Vous avez raison.

Exprimer son désaccord

Tu as / Vous avez tort.

Tu te trompes. / Vous vous trompez.

Je ne suis pas d'accord.

Je ne partage pas ton / votre avis.

C'est faux.

C'est inexact.

Révisions

Révisions

L'avenir est-il vert ?

1 Parlez

1 Décrivez la photo.

2 Répondez aux questions.

- À votre avis, pourquoi le photographe a-t-il pris cette photo ?

- Pourquoi cette photo est-elle ironique ?

- Cette photo pourrait-elle avoir été prise dans votre pays ? Pourquoi (pas) ?

2 Imaginez

Regardez l'image ci-contre. Écrivez une légende ou une bulle pour l'accompagner.

3 Écrivez

Dans votre lycée, vous êtes membre d'un club qui organise une campagne pour la défense de la nature dans votre région.

On vous demande de rédiger un dépliant pour expliquer aux élèves et à leurs parents les raisons et le but de cette campagne et pour les inviter à y participer.

Expliquez-leur comment ils peuvent contribuer ou participer à cette campagne.

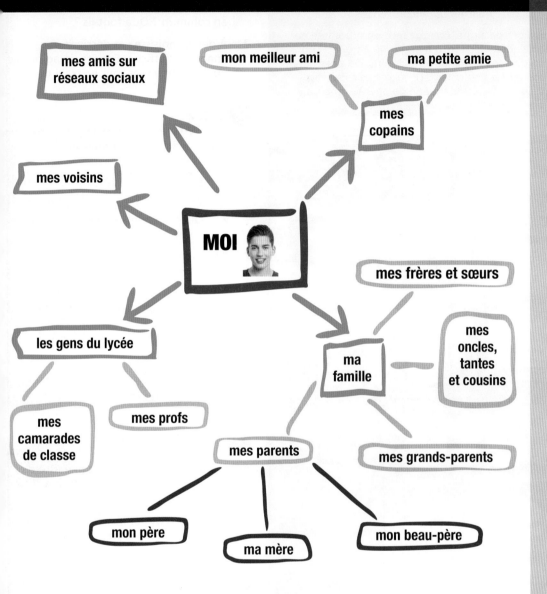

mes amis sur réseaux sociaux

mon meilleur ami

ma petite amie

mes copains

mes voisins

MOI

mes frères et sœurs

les gens du lycée

mes oncles, tantes et cousins

ma famille

mes profs

mes camarades de classe

mes parents

mes grands-parents

mon père

ma mère

mon beau-père

Aspects couverts

✳ Les relations avec les amis, la famille et les voisins

✳ La fête des voisins

✳ Les fêtes de famille

Grammaire

✳ Les adverbes irréguliers

✳ Les adjectifs possessifs (rappel)

✳ Les pronoms possessifs

✳ La position des adjectifs (rappel)

✳ Les prépositions (rappel)

1 Mise en route

1 Regardez la carte heuristique. Qu'est-ce qu'elle représente ? Choisissez une seule réponse.

   A   Mes cousins et mes cousines

   B   Les gens qui habitent chez moi

   C   Les personnes que j'admire

   D   Les gens avec lesquels j'entre en contact

2 Discutez à deux : êtes-vous en contact avec toutes ces personnes ? Quand ? Où ? Comment ? Qui sont pour vous les personnes les plus importantes ?

2 Écrivez

Faites votre propre carte heuristique. Adaptez la carte ci-dessus et ajoutez d'autres branches si nécessaire.

Voulez-vous dîner avec vos voisins ce soir ?

La fête des voisins

L'Association « Immeubles en fête » a eu l'idée d'organiser la Fête des voisins en France en 1999. Le but était d'encourager les bons rapports entre voisins. L'idée est simple : une fête annuelle où tous les voisins d'un immeuble ou d'un quartier se rencontrent.

Cette année, plus de six millions de Français y ont participé. Chaque fête est organisée par les voisins eux-mêmes. Tout le monde apporte quelque chose à manger ou à boire et on s'amuse ensemble. C'est une bonne occasion de mieux connaître ses voisins. Cela permet de créer une solidarité entre voisins et de combattre l'isolement. Le succès de cette fête a déjà dépassé les frontières de la France, de sorte qu'une vingtaine de pays européens y participent. Il y a aussi plus de 3 000 fêtes à travers le Québec.

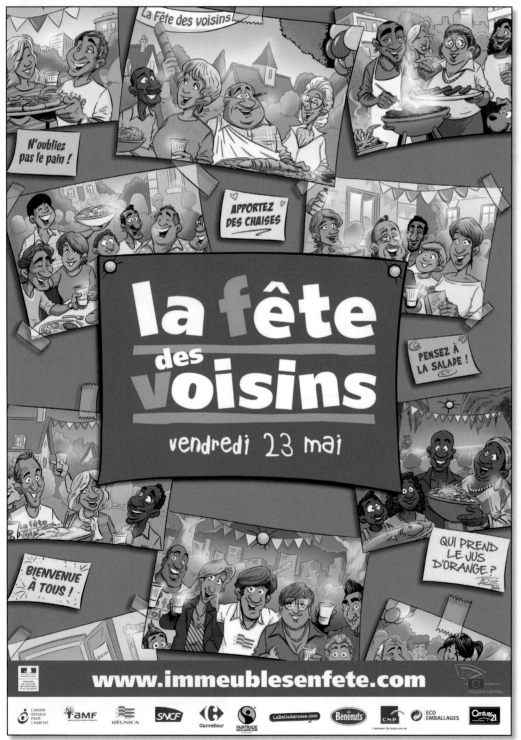

1 Mise en route

1 Regardez l'affiche et discutez en classe : Où sont ces gens ? Qu'est-ce qu'ils ont en commun ? Que font-ils ?

2 À deux, choisissez et décrivez une image de l'affiche. Ensuite, imaginez ce que les personnes sont en train de dire.

2 Lisez

1 Lisez l'affiche et répondez aux questions.

    1 En quel mois la fête a-t-elle eu lieu ?

    2 Quels aliments et boissons sont mentionnés sur l'affiche ?

2 Répondez aux questions. Basez vos réponses sur le texte.

    1 En quelle année la Fête des voisins a-t-elle commencé ? Dans quel pays ?

    2 Pour quelle raison des voisins organisent-ils cette fête ?

    3 Qu'est-ce qui indique le succès de la Fête des voisins ?

3 Parlez et écrivez

Avec un(e) camarade, écrivez une liste de ce qu'il faut faire pour organiser une Fête des voisins.

Exemple : Prévenir les immeubles voisins ; avertir les sapeurs-pompiers; penser aux sacs poubelle,…

4 Imaginez

1 À deux, lisez les instructions sur l'affiche. Inventez d'autres instructions appropriées pour la fête.

2 Faites une affiche pour une Fête des voisins dans votre quartier. (Mentionnez la date, le lieu et ce qu'il faut apporter !)

5 Lisez

1 Lisez les messages du forum. Qui est pour la Fête des voisins dans son quartier ?

2 Vrai ou faux ? Basez vos réponses sur les commentaires du forum.

Exemple : Il n'y avait pas de jeunes à la Fête des voisins de Chloé. FAUX. Il y avait des gens de tous les âges, de six mois à 89 ans.

1 Chloé dit que les voisins sont venus nombreux à la Fête.

2 Jonathan aime bien la Fête des voisins.

3 Jonathan voudrait passer plus de temps avec ses voisins.

4 Les voisins de Martin avaient l'habitude d'organiser une Fête des voisins tous les ans.

5 Les voisins de Martin ont préparé le repas eux-mêmes.

6 Farida aimerait qu'on organise une Fête des voisins dans son quartier.

7 Selon Farida, l'isolement est un problème dans certaines communautés.

6 Parlez

Avec quelles opinions exprimées dans le forum êtes-vous d'accord ? À deux ou en classe, donnez votre opinion.

Exemple : À mon avis, c'est vrai qu'on peut se faire de nouveaux amis à la Fête des voisins.

 Cahier d'exercices 9/1

7 Écrivez

À vous d'écrire un message pour le forum. Donnez votre opinion sur les avantages (ou les inconvénients) de l'initiative de la Fête des voisins. Utilisez les expressions de l'encadré *Vocabulaire*.

Exemple : Pour moi, la Fête des voisins est une excellente idée parce que je pense que c'est une bonne occasion de renforcer les liens dans la communauté.

Forum-Ados

La Fête des voisins, êtes-vous pour ou contre ?

Chloé, 17 ans, Montréal

Je trouve qu'avoir de bonnes relations avec les voisins, c'est une nécessité. Mon quartier a fait une super Fête des voisins cette année. Presque tous les habitants de la rue sont venus : il y avait des gens de tous les âges, de six mois à 89 ans. Les générations se mélangeaient et il y avait une très bonne ambiance. **Tout le monde a apporté son souper et son vin.** C'était simple et facile ! On était tous heureux de se rassembler et de faire connaissance. À mon avis, cette fête est une bonne occasion de se faire de nouveaux amis. **Je pense qu'on va sûrement répéter l'expérience l'an prochain.**

Jonathan, 18 ans, Lyon

La Fête des voisins, c'est un peu comme Halloween : c'est une fête fabriquée qui n'a pas de tradition. Je trouve ça triste de devoir inventer une journée pour être gentil avec les autres. Mes voisins, je ne les connais pas. **Je leur dis bonjour dans l'escalier et c'est tout.** Je n'ai jamais eu de problèmes avec eux. Mais aller fêter ça ? Non ! **C'est sans intérêt.** À mon avis, parler aux étrangers, c'est ennuyeux. Je n'ai pas le temps de m'occuper de la vie des autres.

Martin, 17 ans, Liège

Je ne vois que rarement mes voisins. Vendredi dernier, la Fête des voisins a eu lieu pour la première fois dans le petit immeuble où j'habite. **À ma grande surprise, les habitants de 10 appartements sur 12 sont venus.** Tous avaient cuisiné des plats et apporté des boissons. On s'est bien amusés. Et je crois que maintenant qu'on se connaît, on sera plus aimables les uns envers les autres. De toute façon, la fête a été un succès et on veut tous organiser une autre célébration pour la Fête de la musique !

Farida, 16 ans, Luxembourg

Je connais très bien mes voisins et je les vois souvent, surtout mon petit ami, qui habite la maison en face de chez moi ! C'est pourquoi je crois que nous n'avons pas besoin de la Fête des voisins ici. En revanche, **j'ai l'impression que l'isolement est un vrai problème dans les villes** et que ces fêtes peuvent aider les gens à retrouver un esprit de communauté. Pour cette raison, je ne suis pas contre ce genre de fête en général, seulement dans mon quartier.

Vocabulaire

Exprimer son opinion

Pour donner son avis, on peut :

expliquer directement

C'était simple et facile. C'est sans intérêt.

ou introduire son point de vue avec une expression emphatique (*à mon avis, je crois / pense / trouve que, pour moi, selon moi*)

À mon avis, cette Fête est une bonne occasion de…

Point info

La fraternité, c'est important pour les Français. *Liberté, égalité, fraternité* est la devise de la République française et de la République d'Haïti. Elle figure souvent sur les bâtiments publics.

Un ami, c'est pour la vie ?

Le journal d'Amélie

Cher Journal

mardi
22
juillet

Ce soir, je suis allée au cinéma avec Morgane. Nous avons vu un film
5 d'horreur un peu bête, pas effrayant du tout, et nous avons ri comme des folles. Avec Morgane, on s'amuse toujours. On a les mêmes goûts, on s'entend toujours bien. C'est
10 ma meilleure amie. Je la considère vraiment comme ma sœur. Nous partageons tous nos secrets. Si j'ai un problème, elle est toujours là pour moi. Soirée géniale !

Cher Journal

Le plus grand choc de ma vie, je l'ai eu aujourd'hui ! Tout a commencé tranquillement. Ce matin, j'ai fait mon
5 lit et j'ai rangé ma chambre. J'ai même aidé Théo à mettre un peu d'ordre dans sa chambre – c'est peut-être parce que sa chambre est plus petite que la mienne que ses affaires sont toujours
10 en désordre. Ensuite, j'avais envie de sortir, alors j'ai téléphoné à Morgane pour savoir si elle voulait aller à la piscine. Elle m'a dit qu'elle était malade et qu'elle ne voulait pas sortir. Maman m'a proposé
15 d'aller au centre commercial avec elle. Pendant que maman faisait ses achats, je suis allée dans la parfumerie qui est en face de la bijouterie. J'adore leurs parfums, même s'ils sont beaucoup trop
20 chers pour moi.
Tout à coup, du coin de l'œil, j'ai remarqué une fille dans la bijouterie. C'était Morgane ! Je me suis dit « Bonne surprise ! Elle doit aller mieux. ».

samedi
26
juillet

25 Je commençais à aller vers elle quand je l'ai vue glisser dans sa poche le bracelet qu'elle avait à la main. Sans aller à la caisse, elle est
30 sortie du magasin. Je n'en croyais pas mes yeux : ma copine venait de faire du vol à l'étalage ! J'étais trop choquée pour réagir, mais en rentrant à la maison, j'ai envoyé un SMS à Morgane : « J'ai besoin
35 de te parler. » Je suis triste parce qu'elle a volé, mais ce qui est pire, c'est qu'elle n'a pas été franche avec moi.

Cher Journal

dimanche
27
juillet

Je suis allée chez Morgane. Ses parents n'étaient pas là et je
5 lui ai dit que je l'avais vue à la bijouterie. Elle ne voulait pas en parler. Incroyable ! Elle m'a dit d'un ton brusque : « Occupe-toi de tes affaires. C'est ma vie. Si je veux faire
10 ça, c'est ma décision, pas la tienne. Tu peux garder un secret, au moins ! » J'ai l'impression que je ne la connais pas du tout. Je croyais avoir une amie fidèle et honnête, mais je ne sais plus.
15 Je la déteste ! Il me semble qu'on ne peut faire confiance à personne, même pas à sa meilleure amie !

Cher Journal

mercredi
30
juillet

Mes parents ont remarqué que j'étais triste. Je leur ai dit
5 que je m'étais disputée avec Morgane, mais je ne leur ai pas dit pourquoi. Papa m'a dit : « Tu ne veux pas perdre ta copine, alors tu dois essayer de lui parler encore une fois.
10 Si tu lui expliques calmement ton point de vue, elle va sûrement t'écouter. » C'est vrai que ma copine me manque. Est-ce que je devrais lui téléphoner ?

1 Mise en route

Lisez le journal d'Amélie. Qui commet un acte criminel ? Lequel ?

2 Lisez

Chacun des mots suivants se réfère à quelqu'un ou à quelque chose dans le journal d'Amélie. Indiquez à qui ou à quoi chaque mot se réfère.

Dans la phrase...	le pronom...	se rapporte à...
Exemple : Avec Morgane, <u>on</u> s'amuse toujours. (le 22 juillet, ligne 8)	« on »	*Amélie et Morgane*
1 Je <u>la</u> considère vraiment comme ma sœur. (le 22 juillet, ligne 10)	« la »	
2 même s'<u>ils</u> sont beaucoup trop chers (le 26, ligne 19)	« ils »	
3 je <u>lui</u> ai dit que je l'avais vue (le 27, ligne 5)	« lui »	
4 mais je ne <u>leur</u> ai pas dit pourquoi. (le 30, ligne 6)	« leur »	

3 Compréhension

En vous basant sur le journal d'Amélie, choisissez la réponse la plus appropriée.

1   Quand Amélie et sa copine sont allées au cinéma,…

   A   elles ont passé une bonne soirée parce que le film était super.

   B   elles se sont bien amusées même si le film était un peu stupide.

   C   elles se sont ennuyées car le film était nul.

   D   elles ont eu peur pendant le film.

2   Samedi matin, Amélie est sortie avec sa mère…

   A   parce que son père était occupé.

   B   parce qu'elle ne voulait pas ranger sa chambre.

   C   parce que sa copine ne pouvait pas sortir avec elle.

   D   parce qu'elle avait besoin d'acheter du parfum.

3   Au centre commercial…

   A   Amélie a volé un bracelet.

   B   Morgane a pris un bracelet sans payer.

   C   Morgane a acheté un bracelet.

   D   Amélie a acheté du parfum.

4   Quelle a été la réaction d'Amélie quand elle a vu le geste de Morgane ?

   A   Elle n'a pas été surprise.

   B   Elle a été un peu surprise.

   C   Elle a eu peur.

   D   Elle a été choquée.

5   Amélie est déçue parce que…

   A   Morgane ne partage jamais ses secrets avec elle.

   B   Morgane lui a menti.

   C   Morgane ne l'a pas vue.

   D   Morgane n'aime pas les bijoux.

6   Quelle est la réaction de Morgane quand Amélie lui parle ?

   A   Elle lui fait des excuses.

   B   Elle appelle ses parents.

   C   Elle explique qu'elle a honte.

   D   Elle refuse de répondre à ses questions.

7   Les parents d'Amélie…

   A   l'encouragent à parler à sa copine.

   B   vont prévenir la police.

   C   ont l'intention de parler aux parents de Morgane.

   D   lui conseillent de ne plus voir sa copine.

 Cahier d'exercices 9/2

4 Parlez

Jeu de rôles : à deux, imaginez une conversation entre Amélie et son frère où elle lui explique tout et demande des conseils.

5 Écrivez

Imaginez ce qu'Amélie écrit dans son journal, le jeudi 31 juillet.

Exemple : Hier soir, je me suis décidée à téléphoner à Morgane…

6 Parlez

« Un ami, pour le meilleur et pour le pire. » Discutez en classe.

Exemple : Je crois qu'on doit rester fidèle à ses amis même s'ils font des erreurs…

Rappel grammaire

Les adjectifs possessifs
(Livre 1, page 19)

	masc. sing.	fém. sing.	masc. + fém. pluriel
je	mon	ma	mes
tu	ton	ta	tes
il/elle	son	sa	ses
nous	notre	notre	nos
vous	votre	votre	vos
ils/elles	leur	leur	leurs

Attention ! L'adjectif possessif s'accorde avec **le nom qu'il décrit** :

C'est ma meilleure amie.

Elle a expliqué son point de vue.

Grammaire en contexte

Les pronoms possessifs

	masc. sing.	fém. sing.	masc. pluriel	fém. pluriel
je	le mien	la mienne	les miens	les miennes
tu	le tien	la tienne	les tiens	les tiennes
il/elle	le sien	la sienne	les siens	les siennes
nous	le nôtre	la nôtre	les nôtres	les nôtres
vous	le vôtre	la vôtre	les vôtres	les vôtres
ils/elles	le leur	la leur	les leurs	les leurs

J'ai mon portable, tu as le tien ?

Tes parents sont plus sympa que les nôtres.

Qui dit famille dit conflit ?

Chers lecteurs, la vie en famille n'est pas toujours simple. Ne boudez pas en silence, envoyez-nous vos problèmes.

Mes grands-parents ont eu dix enfants et j'ai donc un très grand nombre d'oncles, de tantes et de cousins et cousines. Nous habitons tous le même quartier et par conséquent, on se voit souvent. J'ai eu mon permis de conduire récemment et mes parents m'ont acheté une vieille voiture pour mes 18 ans. J'ai une tante qui est veuve et je l'aide beaucoup : je l'emmène avec sa fille (ma cousine) faire les courses, je les récupère chez le dentiste, etc. Mais j'ai remarqué que ma cousine commence à me prendre pour un taxi. Je n'aime pas être méchant, mais ça m'énerve. J'en ai marre car elle ne me dit même pas merci. Qu'est-ce que je dois faire ?

Karim, Paris

J'ai 18 ans, ma sœur en a 16. Nos parents sont divorcés et remariés depuis quelques années. On vit chez notre mère. Le problème, c'est que je n'ai jamais eu de bonnes relations avec mon beau-père. Il est toujours de mauvaise humeur. Il est très strict et autoritaire. Il veut tout contrôler et pour nous, c'est l'enfer. Par conséquent, je reste dans ma chambre et je ne parle qu'à ma sœur. À table, je ne parle pas et je fais la tête. Ma mère n'aime pas les disputes alors elle ne réagit pas. J'ai vraiment envie de quitter la maison et de commencer une nouvelle vie sans eux. Mais comment faire pour payer les études, le loyer, la nourriture, etc. ?

Noé, Québec

Mes parents se disputent sans arrêt. C'est presque toujours pour des riens. Quelquefois, leurs disputes sont assez violentes et je trouve que c'est un mauvais exemple pour mon petit frère. Par exemple, hier, ma mère a jeté le nouveau portable de mon père contre le mur et l'a cassé. Mon père, lui, a répondu avec des coups de poing énergiques sur la table. Et tout cela s'est passé devant mon frère qui n'a que neuf ans ! Je ne sais plus vraiment quoi faire.

Grégory, Québec

Rappel grammaire

La place des adjectifs

En règle générale, l'adjectif est placé <u>après</u> le nom :

un ami <u>fidèle</u>, une famille <u>heureuse</u>

Mais certains adjectifs, d'usage très fréquent, sont placés <u>avant</u> le nom :

grand, petit, bon, mauvais, jeune, vieux, joli, beau, nouveau

un <u>grand</u> nombre, une <u>vieille</u> voiture, de <u>bonnes</u> relations

---

1 Lisez

1 Lisez les lettres, puis regardez la photo. Décrivez-la. À quelle lettre correspond-elle ?

2 Associez chaque lettre avec le titre le plus approprié. Attention : il y a plus de titres que nécessaire.

   A Ma famille me manque

   B Grande famille, grands problèmes

   C Je veux partir !

   D La rivalité entre frères et sœurs

   E J'en ai assez de leurs disputes !

3 En vous basant sur la lettre de Karim, indiquez la personne qui lui pose problème. Expliquez pourquoi.

4 Répondez aux questions. Basez vos réponses sur la lettre de Noé.

   1 Avec quel membre de la famille Noé a-t-il des problèmes ?

   2 Avec quel membre de la famille Noé a-t-il des conversations ?

   3 Pourquoi est-ce qu'il ne quitte pas la maison ?

5 Dans la lettre de Grégory, trouvez les mots exacts qui ont le même sens que les mots suivants :

   1 tout le temps

   2 des choses peu importantes

   3 forts

2 Écrivez et parlez

Préparez une liste de phrases « vrai / faux » pour tester vos camarades sur les trois lettres.

Exemple : Karim a un problème avec ses grands-parents. (FAUX. Il a un problème avec sa cousine.)

3 Écrivez

Choisissez une lettre et écrivez une réponse avec vos conseils.

Exemple : Cher Noé, comme tu es majeur, tu as le droit de partir. Est-ce que tu as pensé à demander à ton père de t'aider ? À mon avis, une bonne solution serait…

 Cahier d'exercices 9/3

Les Français et les Québecois parlent la même langue, non ?

Annie et Bruno sont français, mais il y a un an, ils sont venus vivre au Québec. Dans cet article pour un magazine pour jeunes, ils parlent de quelques différences culturelles entre ces deux régions francophones.

Les Français et les Québecois parlent la même langue, non ?

Bruno : C'est vrai, mais nous avons remarqué certaines différences. Par exemple, au Québec, ils utilisent des mots différents. Les Québécois disent « chum » pour copain, et « avant-midi » pour matin. Et ils appellent leur téléphone portable un « cell » ou « cellulaire » tandis que nous utilisons le mot « portable » ou « mobile ».

Annie : Et le tutoiement est moins naturel ou fréquent en France qu'au Québec, surtout quand on parle à des personnes plus âgées.

**Interviewer :
Avez-vous remarqué des différences culturelles entre les Français et les Québécois ?**

Annie : Oui ! Les Québécois sont différents de nous. Je trouve que leur culture est une culture nord-américaine plutôt qu'une culture européenne.

Vous êtes-vous fait des amis de ce côté de l'Atlantique ?

Annie : Bien sûr ! Ils sont sympa, les Québécois ! Mais il n'est pas toujours facile de faire connaissance : dans les cafés et les bars, les garçons québécois ne draguent pas les filles comme en France, par exemple.

Bruno : Nous pensons aussi que ça prend plus de temps pour se faire de vrais amis au Québec qu'en France. Et si en France les amis font souvent tout ensemble, les Québécois n'aiment pas se sentir obligés de passer tous leurs loisirs avec leurs nouveaux amis.

Mais vous sortez de temps en temps avec vos nouveaux amis ?

Annie : Oui, nous allons au cinéma avec nos amis, nous allons patiner aussi…

Est-ce que vos amis vous invitent chez eux ?

Bruno : Oui. On nous a invités à des barbecues. Il faut absolument arriver à l'heure, car les Québécois sont connus pour leur ponctualité. Pour un Français, arriver 15–20 minutes après l'heure, c'est normal, mais ici, c'est impoli.

Annie : Et souvent, chaque personne doit apporter sa propre nourriture. En France, par contre, si on apporte quelque chose à manger ou à boire, c'est pour le partager avec les autres.

1 Mise en route

À trois, lisez l'interview à voix haute.

À la fin, discutez des choses qui vous ont surpris.

Exemple : La ponctualité est très importante pour les Québécois. Cela m'a surpris.

2 Lisez

Relisez l'interview. Répondez aux questions. Justifiez vos réponses avec les mots du texte.

Exemple : Est-ce qu'Annie et Bruno habitent au Québec ? Oui. « il y a un an, ils sont venus vivre au Québec.»

1 Les mots québécois et les mots français sont-ils toujours les mêmes ?

2 Les Québécois disent-ils plus souvent « tu » ?

3 Au Québec, les amis aiment-ils passer tous leurs loisirs ensemble ?

4 Annie et Bruno font-ils des activités de loisirs avec leurs nouveaux amis ?

5 En général, qui sont les plus ponctuels, les Français ou les Québécois ?

6 Pourquoi un Français risque-t-il d'être surpris quand il apporte quelque chose à manger à un barbecue au Québec ?

3 Écrivez

1 Notez les différences entre la France et le Québec mentionnées dans le texte.

Exemple : 1 Les Québécois ont une culture nord-américaine tandis que les Français ont une culture européenne.

2 Écrivez un e-mail à Annie ou à Bruno. Comparez les habitudes dont ils parlent avec celles de votre pays.

Exemple : Ici, comme au Québec, les garçons ne draguent pas les filles dans les cafés. Ils restent assis et discutent de football…

Portraits de famille

À quoi ressemble la famille française d'aujourd'hui ?

En France, pendant les années 50, la famille était composée des deux parents et de leurs enfants, très souvent nombreux. Les couples se mariaient jeunes et divorçaient rarement. En revanche, de nos jours, la famille traditionnelle ou nucléaire (avec un père et une mère) est en baisse. Les situations familiales n'ont jamais été aussi diverses.

Aujourd'hui, les divorces sont aussi courants que les mariages. Seulement 70% des enfants en France vivent dans une famille « traditionnelle », c'est-à-dire avec leurs deux parents. Un enfant sur cinq vit dans une famille monoparentale (avec un seul parent, le plus souvent la mère). Un enfant sur dix vit dans une famille recomposée (où l'un de ses parents s'est remarié), souvent avec des demi-frères et demi-sœurs, enfants d'un mariage précédent. La famille peut également être une famille adoptive ou une famille d'accueil, ou deux adultes du même sexe. Les familles nombreuses sont de plus en plus rares. La plupart des couples se limitent à deux enfants.

La famille est très importante pour la majorité des jeunes Français. Selon un sondage récent, 85% des 15–18 ans déclarent avoir besoin de leurs parents et aimeraient avoir encore plus d'échanges avec eux.

La famille au Sénégal

Comme partout en Afrique, la famille est le centre de la vie au Sénégal. La plupart des familles sont assez grandes. La polygamie* et l'insuffisance de logements font que les appartements et les maisons sont souvent occupés par un grand nombre de membres d'une famille au sens large du terme.

Les vieilles traditions familiales sont encore présentes. Par exemple, dans la plupart des familles, les hommes mangent de leur côté, séparément des femmes et des enfants. La solidarité familiale se manifeste en cas de problème. Par exemple, on offre toujours un lit ou des repas à une nièce, un grand-oncle ou une arrière-petite-cousine qui a des problèmes. Toutes ces personnes sont considérées comme la famille proche. C'est donc assez normal de les aider.

Beaucoup de Sénégalais pensent que ce mode de vie familiale favorise les bonnes relations, la solidarité et l'entraide. D'autres admettent qu'on ne s'entend pas toujours bien et que cela peut mener à des disputes et des conflits.

* La polygamie : quand un homme est marié à plusieurs femmes en même temps. Au Sénégal, on a le droit de pratiquer la polygamie (quatre femmes maximum), mais seuls 12% des mariages sont polygamiques. Cette pratique tend à disparaître un peu plus chaque année.

1 Mise en route

Les textes sont…

A des e-mails

B des extraits d'un journal intime

C des comptes rendus

D des extraits d'articles de magazine

2 Lisez

1 Dans le texte sur la France, quelle expression suggère :

    1 que les divorces n'étaient pas fréquents dans le passé ?

    2 que le modèle familial traditionnel ne va probablement pas durer ?

    3 que, de nos jours, il y a plusieurs types de famille différents ?

    4 que les jeunes sont en faveur de contacts plus fréquents avec leur père et leur mère ?

2 Dans le texte sur le Sénégal, trouvez le mot ou l'expression dont la signification est la plus proche des mots suivants.

    1 habités   **4** encourage

    2 anciennes   **5** devient plus rare

    3 à part

3 En vous basant sur le texte sur la France, terminez les phrases de la colonne de gauche en choisissant une fin appropriée dans la colonne de droite. Un exemple vous est donné. Attention : il y a plus de fins que de débuts de phrases.

Exemple : Il y a une grande diversité…   H

1 Dans les familles monoparentales, les enfants.… ☐

2 Si on habite avec des demi-frères ou demi-sœurs,… ☐

3 Dans une famille nombreuse,…… ☐

A on vit dans une famille monoparentale.

B on fait partie d'une famille recomposée.

C on n'a pas de frères et sœurs.

D vivent avec un de leurs parents.

E il y a au moins trois enfants.

F il n'y a que des adultes.

G habitent avec les deux parents.

H *dans les modèles de famille.*

4 En vous basant sur le texte sur le Sénégal, terminez les phrases suivantes (avec des mots tirés du texte).

Exemple : La famille est le centre de la vie au Sénégal, comme… partout en Afrique.

    1 Beaucoup de membres d'une même famille partagent un logement à cause de…

    2 Les jeunes enfants ne mangent pas avec leur père parce que…

    3 Si des membres de votre famille ont des problèmes, vous devez…

    4 Les désavantages de ce mode de vie, c'est…

    5 On sait que la polygamie est moins populaire qu'avant, parce que…

3 Écrivez

Recopiez les mots de l'encadré ci-dessous. Continuez les listes avec des mots et expressions sur la famille : cherchez d'abord dans les textes à la page 106 et ensuite dans un dictionnaire.

Les personnes	Les modèles de famille	Autres mots et expressions utiles
un père	la famille traditionnelle	le mariage
une mère	la famille nucléaire	le divorce
…	la famille nombreuse	…
	…	

4 Parlez

À deux, décrivez les photos de famille. Dites quels membres de la famille sont représentés. Donnez le plus possible de détails. Imaginez les relations entre eux.

Exemple : Photo A : On voit une famille traditionnelle avec son chat. À gauche, il y a la mère. Elle est brune et souriante. Elle a une main sur l'épaule de sa fille.

Grammaire en contexte

Les adverbes irréguliers

Les adverbes réguliers ont la terminaison *ment* : *également, séparément, probablement*, etc.

Mais il y a des exceptions – des adverbes irréguliers : *bien, mal, encore, souvent, vite*, etc.

Ils s'aiment bien. Elle joue mal.

Je ne suis pas encore marié.

Les divorces sont souvent fréquents.

Attention ! Tous les adverbes – réguliers et irréguliers – sont **invariables**.

*Il joue **bien**. Nous jouons **bien**. Elles jouent **bien**.*

5 Recherchez et écrivez

Sur Internet ou à la bibliothèque, faites des recherches sur la vie de famille dans un autre pays francophone. Écrivez un article (100 mots environ) pour un magazine international pour jeunes.

6 Parlez

« On ne peut pas réussir dans la vie sans le soutien de sa famille. » Discutez en classe.

Exemple : À mon avis, dans toutes les familles, il y a des hauts et des bas, mais on peut toujours compter sur sa famille si on a besoin d'aide.

Du berceau au tombeau, les grandes étapes de la vie font l'objet de célébrations très importantes.

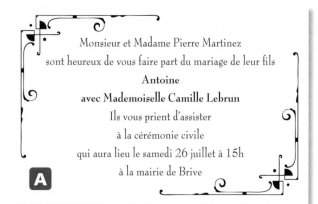

> Monsieur et Madame Pierre Martinez
> sont heureux de vous faire part du mariage de leur fils
> **Antoine**
> avec **Mademoiselle Camille Lebrun**
> Ils vous prient d'assister
> à la cérémonie civile
> qui aura lieu le samedi 26 juillet à 15h
> à la mairie de Brive

A

> Karine et Olivier ont la joie
> de vous annoncer la naissance de
> **Capucine**
> le 2 novembre 20__
> Elle pèse 3,6 kg et mesure 50 cm.
>
> Karine et Olivier Delcourt – 22, rue du Grand Maurian –
> 33000 Bordeaux
> KetO@yahoo.fr – 05 55 23 44 66

B

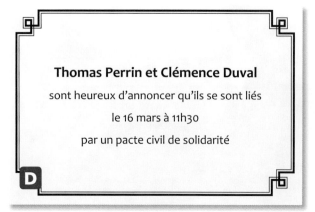

> Madame Marie-Joëlle TAVERNIER
> *Ses enfants*
> *Pierre-André et Dominique, Agathe et Luc*
> *Ses petits-enfants*
> *Emma, Romain et Juliette*
> ont la profonde tristesse de vous faire part du décès de
> **Monsieur André TAVERNIER**
> Survenu le 4 janvier 20__ à Lille à l'âge de 79 ans
> La cérémonie religieuse aura lieu le lundi 10 janvier 20__ à 16h00
> En l'église Saint-Étienne
> L'inhumation aura lieu au cimetière de Lille

C

> **Thomas Perrin et Clémence Duval**
> sont heureux d'annoncer qu'ils se sont liés
> le 16 mars à 11h30
> par un pacte civil de solidarité

D

1 Mise en route

Qu'est-ce que les faire-parts A–D annoncent ?

Exemple : A le mariage d'un couple

- la naissance d'un bébé
- le mariage d'un couple
- le PACS (pacte civil de solidarité) d'un couple
- la mort d'une personne

2 Lisez

En vous basant sur les quatre faire-parts, recopiez et complétez la grille ci-dessous.

Étape annoncée	Qui envoie le faire-part ?	Pour qui est-ce / était-ce un jour important ?	Date, heure	Lieu
Naissance	*Karine et Olivier (Delcourt)*			X
Mariage				
PACS				X
Décès				

3 Recherchez et écrivez

À quelles occasions se réunissent tous les membres de votre famille ? Notez les grandes étapes de la vie dans votre culture ou pays. Utilisez un dictionnaire pour vous aider.

Exemple : Le baptême,…

4 Lisez et parlez

À deux, relisez les faire-parts. Discutez du style et du format de chacun.

Exemple : Pour le mariage, ce sont les parents du marié qui ont envoyé les faire-parts. Le style est très formel. Ils écrivent à la troisième personne.

5 Écrivez

Écrivez une invitation ou un faire-part pour une célébration.

Exemple : Samedi, 15 juin, nous vous invitons à célébrer, auprès de notre fils Samuel, sa Bar Mitzvah. Rendez-vous à la Synagogue Blanche de Marseille à 15h30.

Point info

Chaque pays a ses traditions pour les grandes étapes de la vie. Selon la tradition dans les campagnes marocaines, quand un bébé naît, toutes les femmes de la famille viennent aider la mère. Elles s'occupent de la toilette et des vêtements du nouveau-né. La grand-mère pose du henné sur la main droite du bébé et lui donne une amulette pour chasser les mauvais esprits.

Le mariage est-il encore à la mode ?

Laura, France

Dans mon pays, le mariage reste la façon principale de vivre ensemble. Pourtant, la France est un des pays d'Europe où on se marie le moins : le nombre de couples mariés baisse tandis que le nombre de couples qui vivent en union libre augmente.

Le seul mariage légal est le mariage civil à la mairie. Après la cérémonie civile, beaucoup de couples vont à l'église pour une cérémonie religieuse, mais cela n'est pas obligatoire. Pendant la cérémonie, les époux échangent des bagues (les alliances) et deviennent mari et femme pour la vie. Les traditions comme la robe blanche de la mariée, les alliances et le repas familial sont encore très populaires.

Moi, je trouve que le mariage est un peu démodé. Dans le passé, on se mariait avant d'avoir des enfants. De nos jours, la moitié des femmes qui ont un enfant ne sont pas mariées. On n'a pas besoin d'un document pour vivre heureux ensemble !

Alassane, Mauritanie

Ici aussi en Mauritanie*, le mariage est la façon principale de vivre ensemble. Selon la tradition, les rites du mariage durent quelquefois deux ou trois jours. Il y a des chants et des danses. La femme porte un voile bleu nuit. Après, on amène la mariée chez ses beaux-parents. Elle apporte beaucoup de cadeaux qu'elle distribue aux membres de la famille de son mari. Elle reste masquée car elle ne doit montrer son visage à personne et elle parle à voix basse.

Dans l'ancienne société, la femme devait rester un an chez ses beaux-parents. Mais dans la société moderne, c'est plus courant qu'elle reste avec eux la première nuit de ses noces seulement.

Pour moi, le mariage n'est pas du tout démodé. Je ne voudrais pas rester célibataire. Je pense qu'il faut respecter les traditions et je voudrais bien me marier un jour. Pourtant, je suis tout à fait contre les mariages précoces ou forcés.

* La Mauritanie est un pays d'Afrique de l'ouest, composé en grande partie de déserts. Elle fait partie de la Francophonie et une grande part de la population parle français, bien que la seule langue officielle soit l'arabe.

1 Lisez

1 Lisez les deux bulles. Qui pense que le mariage a une place dans le monde moderne ?

2 Complétez les phrases suivantes en utilisant les mots de la bulle de Laura.

Exemple : Selon Laura, le mariage est... la façon principale de vivre ensemble.

1 En France, pour un mariage civil, il faut aller...

2 Tout le monde ne va pas à l'église pour une cérémonie de mariage religieuse parce que/qu'...

3 Il y a des vêtements traditionnels pour un mariage, par exemple...

4 On pourrait dire que le mariage n'est pas à la mode parce que/qu'...

3 Les phrases suivantes sont-elles vraies ou fausses ? En vous basant sur la bulle d'Alassane, justifiez votre réponse en utilisant des mots tirés du texte.

Exemple : Une cérémonie de mariage en Mauritanie est souvent longue. VRAI. Les rites du mariage durent quelquefois deux ou trois jours.

1 La mariée porte un grand chapeau.

2 Après la cérémonie, la femme rentre chez elle.

3 Alassane est en faveur du mariage.

4 Il pense qu'on ne devrait pas se marier trop jeune.

📖 *Cahier d'exercices 9/4*

2 Parlez

Discutez en classe ou avec un(e) camarade.

• Le mariage ne sera jamais démodé.

• Les cérémonies de mariage sont trop chères et trop compliquées.

• Il vaut mieux se marier jeune.

• Aimeriez-vous vous marier ?

3 Recherchez et écrivez

Votre ami(e) francophone s'intéresse à l'évolution de la famille au cours des trente dernières années. Il/Elle aimerait savoir si l'évolution dans son pays est la même que l'évolution dans votre pays. Envoyez-lui un courriel qui répond à ses questions :

• Est-ce qu'on se marie plus ou moins aujourd'hui ?

• Est-ce que l'union libre, les familles monoparentales et les divorces sont plus ou moins fréquents ?

• Vit-on ensemble avant le mariage ?

• Quelles sont les cérémonies et traditions autour du mariage aujourd'hui ?

Révisions

1 Parlez

Décrivez l'image.

Exemple : Dans cette image, on voit deux parents avec leurs enfants…

Rappel grammaire

Prépositions utiles pour une description

à côté de

à droite de / à gauche de

à l'arrière-plan / au premier plan

au-dessous de / au-dessus de

dans

devant / derrière

entre

sous

sur

---

2 Parlez

« Une famille nombreuse est une famille heureuse. » Discutez en classe ou avec un(e) camarade.

Exemple : Je suis d'accord, parce que si on a beaucoup de frères et sœurs, on apprend à partager…

3 Écrivez

Votre ami Lucas s'est disputé avec son père. Il vous a envoyé un e-mail pour vous dire qu'il va quitter la maison familiale. Écrivez-lui un e-mail pour le convaincre qu'il a tort. Rappelez-lui l'importance de la famille, donnez-lui quelques conseils et invitez-le à passer quelques jours chez vous pour lui permettre de bien réfléchir.

Exemple : Salut Lucas, je suis désolé(e) d'apprendre que tu ne t'entends pas avec ton père. Je sais que les disputes sont pénibles. Mais, à mon avis, tu ne devrais pas… N'oublie pas… Pourquoi ne pas… ?

1 Mise en route

Lisez le nom de catastrophes naturelles ci-dessous. Lesquelles sont illustrées sur les photos **A–F**?

2 Parlez

Avez-vous vu des films ou lu des livres sur les catastrophes naturelles ? Lesquels ? La classe devrait-elle les voir ou les lire ? Pourquoi ?

tornades **canicules** cyclones avalanches **inondations** **tremblements de terre** **éruptions volcaniques** **tsunamis** **sécheresse**

Par tous les temps

Notre mode de vie dépend en grande partie du temps qu'il fait.

Comment la météo influe-t-elle sur votre vie de tous les jours ?

Des jeunes des quatre coins de la Francophonie commentent...

Claudia – Marseille, France

Ici, dans le sud de la France, il fait très chaud en été et il fait doux en hiver, alors les maisons sont construites pour protéger de la chaleur : les fenêtres sont petites et elles ont des volets qu'on ouvre quand il fait frais et qu'on ferme dans la journée pour garder la fraîcheur. Par contre, j'ai remarqué que dans les pays du nord de l'Europe, les maisons ont de grandes fenêtres pour laisser entrer la lumière du soleil et il n'y a pas de volets. À l'intérieur de ces maisons, il y a souvent de la moquette épaisse dans toutes les pièces et du chauffage central. Chez moi, par contre, pas de moquette mais du carrelage et du parquet. On a une petite piscine, plus pour se rafraîchir l'été que pour nager ! L'hiver, on fait du feu dans la cheminée de temps en temps pour se réchauffer.

Samir – Sousse, Tunisie

Il peut faire des températures très élevées ici, alors on évite de sortir quand il fait le plus chaud. Par exemple, les commerçants ouvrent tôt le matin et ferment tard le soir quand il fait plus frais. Beaucoup de gens n'hésitent pas à faire la sieste l'après-midi. Le soir, on mange tardivement, après 21 heures, le plus souvent sur la terrasse, dans la cour ou le jardin. On vit beaucoup dehors, même en décembre parfois parce que le temps est très doux. Pendant les célébrations familiales, comme l'Aïd, on mange selon la tradition des plats très épicés à base de viande ou de poisson et aussi beaucoup de légumes, comme on en a beaucoup dans le jardin.

Théo – Montréal, Québec

Au Québec, on dîne* généralement tôt, vers midi, et on soupe* vers 17h, surtout à la fin de l'automne quand il fait nuit et quand il neige ou il gèle. Après le souper, soit on reste à la maison devant la télé, soit on s'habille chaudement, comme moi, avec parka, gants, écharpe et bonnet pour aller faire du hockey sur glace, du ski ou du patinage.

L'hiver, il fait tellement froid qu'ici à Montréal, il y a une « ville intérieure », en sous-sol, où tout est accessible sans sortir : on peut prendre le métro, aller au travail, aux magasins, au cinéma, etc. sans jamais avoir froid !

La nourriture traditionnelle est très riche au Québec, on a besoin d'énergie ! Par exemple, on mange des poutines (frites avec fromage fondu et sauce brune) et des tourtières (pâtés de viande en croûte). Au printemps, traditionnellement, on va en famille dans les « cabanes à sucre » où on mange des plats très caloriques à base de sirop d'érable.

* dîner – prendre le repas de midi au Québec et dans certains autres pays francophones
* souper – prendre le repas du soir

Sylvaine, Sainte-Anne, Guadeloupe

Ici, en Guadeloupe, les températures restent autour de 20–25 degrés pendant les deux saisons, le carême ou saison sèche (de janvier à juin) et l'hivernage ou saison des pluies (de juillet à décembre). Je n'ai jamais vu de neige et je n'ai ni gants, ni écharpe ni bonnet dans mon armoire ! Je suis le plus souvent en robe, en short et t-shirt ou en maillot de bain ! Pendant la saison des pluies, il pleut, il y a du vent et la mer est mauvaise, surtout quand il y a des cyclones ou des ouragans. Le risque est grand entre août et octobre. Il faut faire attention quand on fait de la natation ou de la plongée et si l'ouragan est très violent, on nous conseille de ne pas sortir de chez nous. Pendant la saison sèche, rarement pluvieuse, on vit dehors – d'ailleurs, dans beaucoup de maisons ici, le séjour est sur la terrasse ! On ne manque pas de célébrer les fêtes comme Pâques et Noël en famille, mais cela se passe sur la plage et non pas autour de la cheminée comme en France métropolitaine !

1 Compréhension

1 Lisez rapidement les messages. Trouvez :

1 quatre saisons dans l'ordre mentionné sur le forum

2 huit expressions pour la météo

3 huit vêtements

4 cinq sports

2 Relisez. Qui parle...

1 de ce qu'on mange ?

2 des horaires de repas ?

3 de ce qu'on porte ?

4 des sports qu'on pratique ?

5 des maisons ?

6 des fêtes traditionnelles ?

2 Lisez et écrivez

1 Parmi les phrases **A–F** sur le message de Claudia, choisissez les trois qui sont vraies.

A En Provence, les hivers peuvent être très froids.

B Les maisons provençales sont équipées pour garder la fraîcheur.

C On ouvre les volets quand il fait chaud.

D Plus on va vers les pays froids, plus les fenêtres sont grandes.

E Chez Claudia, il y a du parquet plutôt que de la moquette.

F Claudia a une piscine pour pratiquer la natation.

2 Trouvez dans le message de Samir les mots exacts qui correspondent aux définitions suivantes :

1 marchands

2 dormir un peu pendant la journée

3 à l'extérieur

4 un plat relevé

3 En vous basant sur le message de Théo, répondez aux questions suivantes :

1 Comment appelle-t-on le repas du soir au Québec ?

2 Quelles activités Théo fait-il en général le soir ?

3 Pourquoi y a-t-il une ville souterraine à Montréal ?

4 Citez trois spécialités culinaires québécoises traditionnelles.

4 En vous basant sur le message de Sylvaine, dites si les phrases suivantes sont vraies ou fausses. Justifiez votre réponse avec des mots tirés du texte.

Exemple : Il ne fait jamais froid en Guadeloupe. VRAI. Les températures restent autour de 20–25 degrés pendant les deux saisons.

1 On doit parfois être prudent quand on fait des sports nautiques.

2 Août est un bon mois pour visiter la Guadeloupe.

3 On vit beaucoup à l'extérieur en Guadeloupe.

4 On ne célèbre pas les fêtes chrétiennes en Guadeloupe.

3 Parlez

Reliez chaque message du forum, page 112, avec la photo qui correspond. Expliquez pourquoi.

Exemple: La photo X va avec le message de X parce qu'il fait beau et on voit des gens qui...

Grammaire en contexte

Les familles de mots

Pour mieux comprendre et retenir les mots nouveaux, considérez les autres mots de différente nature dans la même famille. Par exemple :

nom : *la fraîcheur*

adjectif : *frais*

adverbe : *fraîchement*

verbe : *(se) rafraîchir*

4 Lisez

Complétez la famille du nom « chaleur » avec des mots tirés des textes à la page 112.

Exemple : nom : le chauffage

5 Lisez

Trouvez dans les textes page 112 un ou plusieurs mots de la même famille que les mots ci-dessous. Indiquez leur nature.

Exemple : influence (nom) – influer (verbe)

> douceur • protection • natation • tard célébration • tradition • familial • pluie

📖 *Cahier d'exercices 10/1*

6 Écrivez

Répondez à la question du forum : « Comment la météo influe-t-elle sur votre vie de tous les jours ? » Mentionnez votre maison, ce que vous mangez, les horaires de repas, ce que vous portez, les sports que vous pratiquez et les fêtes traditionnelles.

7 Parlez

Le temps affecte-t-il autre chose ? Discutez en classe.

Exemple : Pour moi, le temps affecte comment on se sent. Quand il fait beau, on est de bonne humeur...

Quand la planète se met en colère...

CATASTROPHES NATURELLES : LES PAYS À RISQUE

A Depuis 2011, l'Observatoire permanent des catastrophes naturelles et des risques naturels (CATNAT) note toutes les catastrophes naturelles du monde dans une banque de données : inondations, glissements de terrain, séismes, avalanches, éruptions, incendies, cyclones, tempêtes, orages et foudre, grêle, tornades, froid et neige, canicules, sécheresses, tsunamis et événements extra-terrestres.

B En collaboration avec l'ONU, CATNAT publie le classement des pays les plus à risque, selon cinq critères :

1 le nombre de catastrophes naturelles dans le pays

2 le nombre de morts et de blessés

3 les dégâts causés

4 les facteurs sociaux, politiques, économiques et environnementaux

5 la capacité du pays à faire face aux conséquences des catastrophes

C D'après CATNAT, les deux continents les plus touchés sont l'Asie et l'Amérique et le pays le plus à risque après le Bangladesh est Haïti, pays francophone indépendant des Caraïbes.

D Près d'un habitant de la planète sur dix est exposé à un ou plusieurs risques naturels et le nombre des victimes augmente tous les ans car la population augmente dans les zones à risques (zone tropicale, bord de mer, vallée inondable).

E Le classement CATNAT montre que les pays en voie de développement sont beaucoup plus vulnérables – même quand ils sont moins exposés aux risques naturels, comme certains pays d'Afrique – que les pays développés (par exemple les États-Unis ou le Japon) qui peuvent mieux faire face aux désastres naturels.

Tremblement de terre
Haïti (magnitude 7 sur l'échelle de Richter en janvier 2010)
230 000 morts, 300 000 blessés et 1,2 million de sans-abris

Éruption volcanique
Montagne Pelée, Martinique : l'éruption la plus meurtrière du 20ème siècle (1902)
30 000 morts
Piton de la Fournaise, Réunion : un des volcans les plus actifs du monde avec plus de 58 éruptions depuis 1931 – peu de victimes

Zone cyclonique
Antilles (Martinique, Guadeloupe, Haïti), Nouvelle-Calédonie, Polynésie, Madagascar, Réunion
(en moyenne un ouragan tous les 4 ans)

Sécheresses et inondations
Le Sahel (une bande de 5 000 km en Afrique de l'ouest et en Afrique centrale)
Une alternance de sécheresses et d'inondations de plus en plus extrêmes
Des millions de victimes depuis 1970 (désertification rapide du Sahel)

1 Lisez

Lisez l'article et dites à quels paragraphes (**A–E**) correspondent les questions suivantes.

1 Quel est le pays le plus à risque ?

2 Quels sont les catastrophes naturelles qui affectent la planète ?

3 Pourquoi y a-t-il de plus en plus de victimes de catastrophes naturelles dans le monde ?

4 Pourquoi existe-t-il une inégalité entre les pays par rapport aux risques naturels ?

5 Quels sont les éléments qui déterminent la notion de « pays à risque » ?

2 Lisez et écrivez

Relisez l'article et répondez aux questions 1–5 à gauche.

Exemple : 1 Le pays le plus à risque, selon le classement de CATNAT, c'est...

3 Lisez

1 Voici les cinq critères du classement des pays à risques de CATNAT. Trouvez la définition de chacun dans le paragraphe B (points 1–5).

Exemple : A 1 (le nombre de catastrophes naturelles dans le pays)

A Exposition aux risques

B Gravité matérielle

C Résilience

D Gravité humaine

E Vulnérabilité

2 Lisez l'encadré *Grammaire en contexte*. Les noms **A–E** ci-dessus sont-ils masculins ou féminins ?

4 Lisez et parlez

Parmi les risques naturels mentionnés dans l'article, lesquels affectent plus particulièrement votre pays ? À votre avis, où se situe votre pays dans le classement de CATNAT ? Discutez.

Exemple : Moi, je pense que notre pays n'est pas un pays à risques parce que...

📖 *Cahier d'exercices 10/2*

5 Lisez et écrivez

Lisez cette liste des conséquences possibles d'un tremblement de terre.

1 Repérez les suffixes des mots **en caractères gras** et recopiez ces mots en faisant deux colonnes (masculin, féminin). Regardez l'encadré *Grammaire en contexte* pour vous aider.

Exemple

Noms masculins	Noms féminins
dommages	destruction

2 Quelles autres conséquences pouvez-vous ajouter ? Cherchez dans le dictionnaire. Attention au genre des mots !

Exemple : famine (f.), épuisement (m.) des réserves alimentaires

Grammaire en contexte

Le genre : terminaisons typiques du masculin et féminin

Comment savoir si un nom est masculin ou féminin ? Certaines terminaisons sont typiquement masculines ou féminines. (Attention, il y a des irrégularités !)

Généralement masculins	Généralement féminins
les noms finissant par les suffixes :	les noms finissant par les suffixes :
-age (un garage)	**-ade** (une ambassade)
-ement (un appartement)	**-aison** (une comparaison)
-ier (un dossier)	**-ance / anse / ence** (une ambiance, une danse, une conséquence)
-isme (un organisme)	
-on (le béton)	**-ette** (une recette)
-oir (un couloir)	**-ière** (une rivière)
-ou (un bijou)	**-ille** (une béquille)
-taire (un commentaire)	**-ité** (une irrégularité)
	-sion / ssion / tion (une explosion, une mission, une nation)
	-ure (une nature)
	-tude (une étude)

Savoir le genre des mots est important pour faire les accords nécessaires quand vous parlez ou écrivez :

*Il a des blessures **importants** ou **importantes** ?*

***Un** ou **une** traumatisme psychologique?*

(liste sur bloc-notes)

dommages

effondrement *des bâtiments*

destruction *des routes*

blessures

décès

contamination *de l'eau*

infections

épidémies

absence *de moyens de communication*

traumatisme *psychologique*

6 Recherchez, écrivez et parlez

En groupe, choisissez un des endroits mentionnés. Faites des recherches et présentez une catastrophe naturelle qui s'est produite dans ce pays ou cette région (causes et conséquences). Faites une présentation écrite puis orale devant la classe.

Point info

Les inondations sont les catastrophes les plus menaçantes à travers le monde (potentiellement 380 millions de personnes menacées par les rivières et la mer). Un Français sur quatre est exposé aux risques d'inondation.

Les 35 secondes qui ont changé ma vie

Je m'appelle Benjamin Langlois et j'habite en Haïti. En janvier 2010, je venais d'avoir 12 ans et ma vie était parfaite : je vivais avec mon père, ma mère et mes deux
5 sœurs. J'allais au collège, je rêvais d'être ingénieur. On avait une petite maison, j'aidais ma mère au jardin, on avait assez à manger. On était pauvres mais heureux. Le 12 janvier 2010, tout a changé.

10 Il était presque 17 heures. J'étais rentré du collège plus tôt ce jour-là parce qu'un prof était absent. Je venais juste de finir mes devoirs. J'avais débarrassé la table et j'aidais ma mère à la cuisine quand
15 tout à coup, on a entendu une explosion, un bruit incroyable, comme un train qui arrivait, puis tout s'est mis à bouger dans la maison et le plafond s'est effondré presque aussitôt. On n'a pas eu le temps
20 de sortir.

C'est moi, l'année dernière

J'étais coincé sous un gros bloc de béton. Je ne pouvais pas bouger, j'avais mal partout. Je ne savais pas si ma famille était morte ou vivante. Je suis resté comme ça longtemps. Je n'avais qu'une pensée en tête : survivre... J'ai perdu connaissance.

25 Quand je me suis réveillé, j'étais dans un hôpital d'urgence. Un infirmier est arrivé et m'a pris la main. Il m'a dit que les secouristes m'avaient trouvé, que j'avais passé deux jours dans les ruines de la maison. Il m'a expliqué que j'avais des blessures graves : le
30 chirurgien m'avait amputé de la jambe droite parce que le bloc de béton l'avait écrasée. C'était un cauchemar.

J'ai appris que mon père et mes sœurs n'avaient pas survécu au tremblement de terre. J'ai retrouvé
35 ma mère mais elle est morte en mars 2011, pendant l'épidémie de choléra. Je vis maintenant chez une tante. Je viens de finir mes études au lycée. Je rêve toujours d'être ingénieur un jour. Pour le moment, je fabrique des colliers pour
40 gagner de l'argent.

Les ruines de ma maison, à Port-au-Prince

1 Compréhension

Lisez le témoignage de Benjamin et répondez aux questions.

1 Pourquoi Benjamin dit-il que sa vie était parfaite avant la catastrophe?

2 Pourquoi n'a-t-il pas eu le temps de sortir de sa maison ?

3 Pourquoi ne pouvait-il pas bouger ?

4 Quelle opération a-t-il eu ? Pourquoi ?

5 Qu'est-il arrivé à sa famille ?

6 Que fait-il maintenant ?

2 Lisez et écrivez

Recopiez la grille et complétez-la avec les verbes du texte au passé composé, à l'imparfait et au plus-que-parfait.

passé composé	imparfait	plus-que-parfait
tout a changé	je venais	j'étais rentré

3 Écrivez et parlez

Relisez les textes et écrivez des phrases « vrai ou faux ». Lisez-les à la classe qui décide si elles sont vraies ou fausses.

Exemple : Benjamin est né en juillet. (FAUX. En janvier, il venait d'avoir 12 ans.)

Rappel grammaire

Les temps du passé

Quel temps utiliser pour parler du passé ?

Le passé composé	Une action finie, située à un moment précis dans le passé
	Une action qui interrompt une autre action passée
L'imparfait	Une description ou une action habituelle dans le passé
	Une action en train de se passer
Le plus-que-parfait	Une action qui s'est produite avant une autre action passée
Le passé récent (*venir de* + infinitif)	Une action très récente

4 Parlez

À deux, imaginez l'interview de Benjamin. L'élève A est reporter et prépare des questions, l'élève B est Benjamin et relit le texte pour répondre. Attention aux temps du passé !

Exemple

Élève A : Quel âge avais-tu l'année du tremblement de terre ?

Élève B : En janvier 2010, j'avais 12 ans.

 **Cahier d'exercices 10/3**

Haïti : un séisme inévitable mais des conséquences évitables

Haïti, janvier 2010 : Quoi faire pour ne plus jamais voir ça ?

Camille Honorat, vous êtes haïtienne et vous êtes géologue. Pouvait-on éviter le séisme de janvier 2010 en Haïti ?

Camille Honorat : Non, bien sûr, on ne peut malheureusement pas arrêter la Terre de trembler. Nous savions qu'il y aurait un séisme mais nous ne pouvions pas dire précisément quand. Nous savions que Port-au-Prince était particulièrement à risque : la capitale est l'endroit le plus peuplé de l'île, elle est construite sur une zone sismique et un séisme l'a déjà complètement détruite deux fois au 18ème siècle.

Les autorités haïtiennes connaissaient-elles ce risque?

CH : Bien sûr, plusieurs équipes de scientifiques en avaient parlé en 2008 et 2009 et avaient dit que le risque était imminent. Mais pour prendre des mesures de prévention, il faut avoir de l'argent et une bonne organisation : les deux manquent en Haïti.

Pourquoi le séisme de 2010 a-t-il eu des conséquences si catastrophiques ?

CH : Eh bien, surtout parce qu'on n'a pris aucune mesure de prévention avant le séisme : on n'avait pas évacué la capitale, on n'avait pas renforcé les habitations qui se sont effondrées dès les premières secousses et qui ont fait des milliers de victimes. Vous savez, ce n'est pas le tremblement de

terre qui tue les gens mais les bâtiments qui s'écroulent.

Que faudrait-il faire pour éviter une nouvelle catastrophe ?

CH : D'abord, il faudrait apprendre systématiquement à toute la population, et ceci dès l'école, les bons réflexes en cas de séisme. Il faudrait aussi interdire la construction de bâtiments qui ne sont pas aux normes parasismiques – et il faudrait arrêter le phénomène de déboisement qui a rendu l'écosystème de l'île encore plus vulnérable aux glissements de terrain.

1 Lisez et écrivez

Lisez l'entretien et répondez aux questions.

1 Quel est l'endroit le plus à risque de l'île ? Pourquoi ?

2 Connaissait-on le risque de tremblement de terre ? Comment ?

3 Pourquoi Haïti ne s'est-il pas organisé pour réduire les effets d'un séisme ?

4 Comment expliquer les conséquences catastrophiques pour Port-au-Prince ?

5 Qu'est-ce qui cause le plus de morts ?

6 Quels sont les trois mesures à prendre pour éviter un nouveau désastre ?

2 Parlez

À votre avis, quelles catastrophes naturelles citées à la page 114 sont liées à l'activité humaine ? Discutez en classe.

Exemple : Les inondations, parce que…

Point info

Il y a entre 500 000 et 1 million de tremblements de terre chaque année dans le monde – 100 000 sont ressentis et 1 000 ont des conséquences graves.

L'homme, ami ou ennemi de la planète ?

L'écologie n'est plus une idée, c'est une nécessité

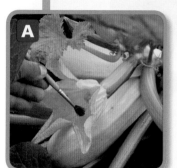

1 **Ce que la biodiversité nous apporte**

La nature nous donne tout : la nourriture que nous mangeons, l'eau que nous buvons, les fibres qui servent à faire nos vêtements, le bois qui sert à faire nos meubles et nos maisons, le carburant qui fait avancer nos véhicules, etc.

5 La nature, c'est là où l'homme trouve des remèdes pour ses maladies et des idées pour ses inventions : par exemple, savez-vous que c'est une plante, la bardane, qui lui a donné l'idée pour le velcro ? Tous les animaux sont utiles, même les plus petits micro-organismes : après tout, ce sont eux qui transforment le lait en fromage ou en yaourt et le jus de raisin en vin !

2 10 **Les écosystèmes qui nous protègent**

L'existence d'écosystèmes variés est tout aussi vitale puisqu'elle minimise les risques naturels. Par exemple, les zones humides (où on trouve lacs et marais) absorbent les eaux de pluies, ce qui permet d'éviter des inondations. Il faut aussi protéger les sols de

15 l'érosion, ce que font très bien les forêts grâce aux racines des arbres, réduisant ainsi le risque de glissement de terrain.

3 **L'influence de l'homme**

La survie de l'homme dépend de la nature et pourtant, beaucoup d'activités humaines la menacent. C'est ___[1]___ l'on

20 constate par exemple avec la disparition de beaucoup d'espèces. Prenons l'exemple des abeilles, ___[2]___ l'on tue avec nos pesticides : sans elles, plus de pollinisation. Dans les régions ___[3]___ il n'y a plus assez de pollinisateurs, les arbres fruitiers sont pollinisés à la main, ___[4]___ n'est pas facile et coûte une fortune. La dégradation des

25 milieux naturels, provoquée par l'urbanisation et le développement industriel et agricole, est très grave. D'autres facteurs de cette dégradation sont aussi d'origine humaine : la pollution, ___[5]___ contribue au réchauffement climatique, et la surexploitation des ressources, ___[6]___ entraîne la disparition de certaines espèces.

30 ___[7]___ nous devons absolument faire si nous voulons assurer l'avenir de l'homme, c'est reprendre conscience de ___[8]___ nous unit à la nature et de protéger à tout prix ce lien précieux.

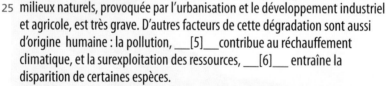

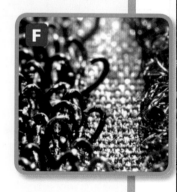

---

1 Compréhension

1 Lisez l'article pour comprendre le sens général. Choisissez la phrase qui le résume le mieux :

   A L'homme fait beaucoup pour protéger la nature.

   B Les idées écologistes ne servent à rien.

   C La planète est en danger à cause de l'homme.

   D L'homme pourra vivre dans des écosystèmes moins diversifiés.

2 Faites correspondre chaque paragraphe à deux photos (A–F).

2 Lisez

1 Relisez le premier paragraphe de l'article. Trouvez les pronoms relatifs *qui* et *que*. À quels noms se réfèrent-ils ?

Exemple : (ligne 2) que – la nourriture

2 Relisez le second paragraphe. À quoi se refère « ce qui » (ligne 13) ? Et « ce que » (ligne 15) ?

3 Relisez et complétez le dernier paragraphe avec les pronoms relatifs qui conviennent : *qui, que, où, ce qui, ce que*.

Exemple : 1 ce que

 Cahier d'exercices 10/4

Rappel grammaire

Les pronoms relatifs

(Livre 1, pages 74, 87, 109)

Un pronom relatif remplace un nom ou une idée.

Il permet d'écrire des phrases plus longues et plus sophistiquées.

Quel pronom choisir ?

qui   quand le pronom est le sujet du verbe

*Il faut protéger la nature **qui** nourrit l'homme.*

que   quand le pronom est un complément d'objet direct

*Il faut protéger la nature **que** l'homme détruit.*

où   quand le pronom indique un lieu ou un moment

*Il faut protéger les écosystèmes **où** vivent les animaux.*

*Le jour **où** il n'y aura plus de pollution, la planète pourra mieux respirer !*

Quand le pronom introduit ou reprend une idée plutôt qu'un mot :

ce qui   (sujet)

La biodiversité est en danger. Cela est grave.

*La biodiversité est en danger, **ce qui** est grave.*

ce que   (complément d'objet direct)

Il faut protéger la nature si nous voulons survivre. Nous devons le faire sans délai.

*Protéger la nature, c'est **ce que** nous devons faire sans délai si nous voulons survivre.*

3 Lisez

Relisez l'article page 118. Recopiez la grille et indiquez à qui ou à quoi chaque mot se réfère, comme dans l'exemple.

Dans la phrase...	le mot...	se réfère à...
Exemple : pour <u>ses</u> maladies (ligne 5)	*« ses »*	*l'homme*
1 <u>lui</u> a donné l'idée (ligne 7)	« lui »	
2 ce sont <u>eux</u> (ligne 8)	« eux »	
3 <u>elle</u> minimise (ligne 11)	« elle »	
4 beaucoup d'activités humaines <u>la</u> menacent (ligne 19)	« la »	
5 sans <u>elles</u> (ligne 22)	« elles »	

4 Parlez

1   En vous basant sur l'article, décrivez chacune des photos (**A–F**) et expliquez à la classe ce qui se passe ou s'est passé. Utilisez un pronom relatif.

Exemple : Dans certains pays, il n'y a plus d'abeilles, ce qui oblige l'homme à polliniser les plantes à la main.

2   À deux, regardez les deux dessins ci-dessous. Expliquez ce que l'artiste veut dire et inventez une légende pour chacun.

Exemple : Sur le dessin de gauche, l'homme est le plus important...

PAS BIEN

BIEN

5 Parlez

Regardez cette bande dessinée. Expliquez à la classe ce qui se passe.
Pourquoi est-ce ironique ?

Complétez cette phrase : *Si l'homme ne détruisait pas...*

6 Imaginez

À deux, inventez et écrivez une courte histoire pour aller avec cette bande dessinée. Utilisez des pronoms relatifs !

Puis lisez votre histoire en classe.

Exemple : Il était une fois un monde où les oiseaux étaient en danger...

L'homme a abîmé la planète : maintenant, il doit la protéger.

1 Lisez

Lisez l'interview et répondez aux questions ci-dessous:

1 Qui a créé l'association Océanium de Dakar et pourquoi ?

2 Où l'association Océanium est-elle active ?

3 Que fait Océanium pour protéger la mer ?

4 Quelle est l'importance de la mangrove pour la population ?

5 Comment est-ce qu'Océanium éduque la population à l'écologie ?

6 Comment est-ce qu'Océanium arrive à diffuser l'information ?

7 Pourquoi les circuits offerts aux touristes par Océanium sont-ils écologiques ?

2 Lisez et écrivez

1 Remue-méninges : comment exprimer la cause et la conséquence ? (Révisez les connecteurs logiques, pages 69, 90, 91 et 94.)

Exemple : cause – parce que, car… ; conséquence – alors, donc…

2 Lisez les deux parties de phrases 1–7. Quelle partie est la cause ? Quelle partie est la conséquence ? Reliez les deux parties avec un connecteur approprié.

Exemple : des écologistes ont créé une association (conséquence) / le milieu marin se détruisait très vite (cause)

Des écologistes ont créé une association parce que le milieu marin se détruisait très vite.

C'est parce que le milieu marin se détruisait très vite que des écologistes ont créé une association.

Le milieu marin se détruisait très vite, par conséquent, des écologistes ont créé une association.

1 nos activités industrielles polluent la mer / on doit nettoyer les fonds marins

2 il y a souvent des incendies de forêts / Océanium plante des arbres et les protège

3 les hommes coupent les palétuviers / les cultures comme le riz disparaissent

4 les palétuviers absorbent le sel de la mer / ils protègent les cultures

5 Océanium produit des ressources pédagogiques / on doit apprendre aux gens à protéger la nature

6 les camions-cinéma vont de village en village / la population ne peut pas se déplacer

7 Océanium propose des circuits écotouristes / il faut protéger la nature et la vie des habitants

3 Imaginez

Océanium vous demande de faire un spot publicitaire de radio d'une minute pour promouvoir ses actions. Travaillez à deux et présentez votre spot à la classe qui doit choisir le meilleur.

Yerim, explique-nous ce qu'est l'Océanium de Dakar.

C'est une association créée en 1984 par des écologistes qui voulaient surtout protéger le milieu marin que l'homme détruisait très rapidement. On agit maintenant pour protéger toutes les ressources naturelles, sur terre comme sur mer, au Sénégal et dans les pays voisins.

Yerim, jeune bénévole de l'association Océanium de Dakar

Dans quels domaines l'association agit-elle principalement ?

Au niveau de l'océan, elle participe à la création d'aires marines protégées, elle organise des opérations de nettoyage des fonds marins, extrêmement pollués essentiellement par l'activité humaine (pollution industrielle, sacs en plastique, etc.).

Océanium lutte aussi contre les feux de forêts très fréquents et crée et protège des forêts communautaires.

Et toi, à quelle action as-tu participé pour protéger les écosystèmes ?

Moi, j'ai participé au reboisement de la mangrove*. (L'association a replanté plus de 150 millions de palétuviers* depuis 2006.) Elle avait été détruite à cause de l'homme qui coupait les palétuviers et construisait des routes. Sans mangrove, il n'y a plus de riz, car ce sont les palétuviers qui absorbent le sel de la mer et protègent les cultures.

L'association est aussi active dans l'éducation à l'environnement, c'est exact ?

Oui, c'est vrai. Elle organise des campagnes pour sensibiliser la population à la protection de la nature en créant des ressources pédagogiques (films, affiches, expositions, guides techniques) et en organisant des séances de cinéma-débat.

Cela se passe comment ?

Des camions-cinéma itinérants vont de village en village. Ils montrent des documentaires sur un écran en plein air aux populations des villages qui ne pourraient pas venir en ville. Ce sont des documentaires sur les problèmes écologiques comme la déforestation, la surpêche ou la pollution des eaux, etc.

Et Océanium encourage aussi l'écotourisme ?

Oui, Océanium propose des circuits d'écotourisme et fait découvrir aux visiteurs des sites naturels exceptionnels, tout en garantissant la protection de la nature, ainsi que le bien-être et le développement économique des communautés locales.

* mangrove – écosystème typique du bord de mer des pays tropicaux

* palétuvier – arbre typique des mangroves

L'eau sous le Sahara : un espoir pour l'Afrique ?

1 Compréhension

Lisez l'article. Choisissez le bon connecteur logique dans chaque paire.

Exemple : (ligne 4) à cause de

2 Lisez

1   Relisez l'article et trouvez le titre de chaque paragraphe (1–4). Attention, il y a plus de titres que de paragraphes.

A   Les dangers de l'exploitation des eaux souterraines

B   L'Afrique va vers la catastrophe naturelle

C   L'impact de la présence d'eau sur la population

D   Aucun accès possible aux eaux souterraines en Afrique

E   Le problème africain

F   La richesse du sous-sol africain

2   Trouvez dans les paragraphes 3 et 4 les mots qui correspondent aux définitions suivantes.

Exemple 1 le forage

1   l'action de faire un trou dans une matière dure

2   très cher

3   trop grande

4   vite

5   actionnées à la main

6   approvisionné en eau

7   arrosées d'eau

8   le déplacement des populations des campagnes vers la ville

3 Écrivez

Pendant que vous faites un stage dans une agence de presse française, on vous demande d'écrire un petit article sur la découverte de l'eau dans le sous-sol africain. Vous devez résumer les idées principales de l'article en 80–100 mots.

4 Parlez

Discutez en classe : quels sont les avantages et les dangers de cette découverte ?

1 ▸ Plus de 300 millions d'Africains n'ont pas facilement accès à l'eau potable. Un Africain sur deux fait plus de 10 km à pied par jour pour aller chercher de l'eau potable. Plus de 3 800 enfants meurent chaque jour grâce à / à cause de nombreuses maladies (choléra, typhoïde, etc.) causées
5   par le manque d'eau potable. Avec l'augmentation de la population et la désertification de certaines régions parce que / à cause du changement climatique, les besoins en eau vont dramatiquement augmenter dans les années à venir.

2 ▸ Certains scientifiques sont pourtant / en effet optimistes : ils ont
10   récemment découvert dans le sous-sol du continent africain de très grandes réserves d'eau datant de 5 000 à 10 000 ans, un espoir pour l'Afrique : en effet / en plus, pour des raisons géologiques, ces eaux se trouvent en majorité sous les régions les plus sèches (les pays d'Afrique du Nord, le Sahara, la Namibie, etc.).

3 ▸ 15   Les chercheurs déconseillent l'exploitation industrielle et commerciale de cette eau grâce à / à cause de sa profondeur (entre 100 et 250 mètres), qui rend le forage difficile et très coûteux. En plus / Par contre, une exploitation excessive risquerait de rapidement vider les réserves (comme cela se passe pour le pétrole) et de déstabiliser l'écosystème local.

4 ▸ 20   Par contre / Pourtant, avec l'installation de pompes manuelles, les petites communautés vivant dans les zones les plus sèches pourraient avoir accès à l'eau potable des réserves moins profondes. Ceci limiterait les maladies causées par la consommation d'eau non-potable. Le bétail serait mieux abreuvé, les cultures mieux irriguées, ce qui favoriserait la sécurité
25   alimentaire, réduirait l'exode rural et donc la surpopulation dans les banlieues des villes.

Révisions

Quand la terre bouge...

Comment ?

Quand ?

Pourquoi ?

Qui ?

Où ?

Quoi ?
(Qu'est-ce qui se passe ?)

Révisions

1 Parlez

Regardez la photo ci-dessus. En classe, répondez aux questions.

Exemple : Où ? C'est dans un pays où il y a eu un tremblement de terre, sans doute en Haïti.

2 Imaginez

Travaillez en groupe. Dans le cadre d'une campagne pour sensibiliser les touristes francophones aux questions environnementales de votre région, on a demandé à votre classe de préparer une page web pour le site de votre ville. Sur cette page, présentez brièvement les attractions touristiques, les problèmes environnementaux et les solutions pour éviter de les aggraver.

Le rap de Paris qui étouffe !

N'aggravez pas la pollution et les problèmes de circulation.

Pour voir la tour Eiffel sans les nuages

Laissez votre voiture au garage.

Venez en train, prenez les transports en commun !

Aspects couverts

* La pauvreté infantile
* L'aide au développement
* La guerre
* Les ONG
* L'ONU et son travail
* Les initiatives des jeunes en faveur de la paix et de la tolérance

Grammaire

* Les adverbes d'affirmation et de doute
* L'impératif (rappel)
* Les connecteurs logiques : présentation, conclusion
* Les verbes pronominaux au passé composé (rappel)
* La voix passive (rappel)
* Le participe passé employé comme adjectif
* Les verbes en *-ir* (rappel)

1 Mise en route

Regardez la photo. Discutez en groupe.

* Que signifie le slogan sur la tente, à votre avis ?

* Que font les enfants ? Ont-ils l'air heureux ou malheureux ? Est-ce que cela vous surprend ?

* Est-ce qu'il y a des réfugiés dans votre pays ?

L'**UNHCR** (United Nations High Commission for Refugees), c'est l'Agence des Nations Unies pour les réfugiés, un programme de l'Organisation des Nations Unies basé à Genève, en Suisse.

L'**OCDE**, c'est l'Organisation de coopération et de développement économiques, une organisation internationale basée à Paris regroupant des pays développés.

2 Parlez

Êtes-vous surpris par le gros titre ci-dessous ? Pourquoi ? Discutez en groupe.

À la suite de la crise économique, les inégalités et la pauvreté infantile ont augmenté dans les pays de l'OCDE

Des enfants pauvres dans tous les pays

Jeunes Curieux

Cette semaine notre dossier porte sur la pauvreté infantile. Pour en savoir plus, nous avons questionné la sociologue Paula Meyer.

1 **Jeunes Curieux :** Paula Meyer, vous êtes sociologue. Expliquez-nous ce qu'est la « pauvreté infantile », s'il vous plaît.

Paula Meyer : Volontiers. Mes recherches portent sur les pays de l'Union européenne. Ce sont des pays généralement riches et pourtant, 25 millions d'enfants, soit un enfant sur
5 quatre, vivent dans la pauvreté. Cela veut dire que la famille n'a pas de revenus suffisants pour lui donner un niveau de vie acceptable.

2 **JC :** Vraiment ! Alors, pourriez-vous nous donner quelques exemples, s'il vous plaît ?

PM : Certainement. En raison de la pauvreté, ces enfants et leur famille sont défavorisés de multiples manières : non seulement leur alimentation est inappropriée, mais ils vivent aussi
10 dans un logement et un environnement insalubres. De plus, ils reçoivent des soins de santé inadéquats.

3 **JC :** Et cela crée un sentiment d'exclusion, peut-être ?

PM : Tout à fait. La pauvreté infantile empêche ces enfants de participer à des activités ordinaires : partir en voyage scolaire, suivre des leçons de natation, inviter des amis, aller à
15 un goûter d'anniversaire ou répondre à une invitation, partir en vacances… Ils se sentent donc exclus, et ils peuvent également être victimes de discriminations.

4 **JC :** Cependant, comparés à beaucoup d'enfants africains, les enfants européens ne sont pas réellement pauvres, n'est-ce pas ?

PM : Si, ces enfants sont pauvres ! Bien sûr, on associe le plus souvent la pauvreté infantile aux
20 pays en développement et aux conséquences des famines et des conflits (faim, malnutrition, maladie). Mais regardez les chiffres : dans l'Union européenne, un enfant sur quatre vit dans la pauvreté. Cela veut dire qu'il dire qu'il mange mal, qu'il est mal soigné, qu'il a moins de chances dans la vie que les autres. Si l'Union européenne veut être le leader mondial dans le développement et l'aide humanitaire, elle doit commencer par bien traiter ses propres enfants.
25 Sinon, elle est mal placée pour donner des leçons aux pays en développement.

5 **JC :** Les solutions sont complexes, j'imagine…

PM : Tout à fait. C'est une question de volonté politique. Il faut des mesures au niveau national et international. Mais il existe aussi des mesures simples, au niveau local.

6 **JC :** Vous pouvez nous donner un exemple ?

30 **PM :** Oui. Prenez l'exemple du petit déjeuner pour tous. Une telle initiative permet aux élèves de mieux travailler et de bien s'intégrer car ils ne se sentent pas exclus.

Les réactions des lecteurs de Jeunes Curieux

Solène : D'accord avec Paula. Luttons contre la pauvreté infantile !

Ali : Cela devrait être la priorité pour les politiciens. N'ayons pas peur. Mobilisons-nous et écrivons-leur !

Max : Bravo, Paula. Préparons une pétition et signons-la vite.

Inès : Soyez réalistes. Les enfants sont pauvres parce que les parents sont pauvres, ne l'oubliez pas. Donnons du travail aux parents.

Source pour les chiffres et les données :
EAPN et EUROCHILD, mars 2013

1 Lisez

1 Les mots de la colonne de gauche sont repris des sections 1 et 2 de l'interview. Trouvez, pour chaque mot de la colonne de gauche, le mot dans la colonne de droite dont la signification est la plus proche.

Exemple : pauvreté (ligne 2) — **B**

1 revenus (ligne 5)	☐
2 défavorisés (ligne 8)	☐
3 alimentation (ligne 9)	☐
4 logement (ligne 10)	☐
5 insalubres (ligne 10)	☐
6 soins de santé (lignes 10–11)	☐
7 inadéquats (ligne 11)	☐

A convenables
B *manque d'argent*
C trop cher
D quartier
E différents
F nourriture
G argent
H éducation
I absence
J habitation
K information
L malsains
M pauvres
N insuffisants
O traitement médical
P docteurs

2 Choisissez la réponse la plus appropriée parmi les options suivantes. Basez votre réponse sur les sections 3–6 de l'interview.

1 Pour un enfant pauvre, il est quelquefois difficile de…

- **A** faire du sport
- **B** faire ses devoirs
- **C** fêter son anniversaire en famille
- **D** prendre le bus

2 Dans l'Union européenne, …

- **A** la majorité des enfants ne mangent pas suffisamment
- **B** les maladies infantiles sont un grave problème
- **C** 25% des enfants sont pauvres
- **D** les enfants sont souvent maltraités

3 Pour aider les enfants pauvres à l'école, il faut…

- **A** obliger les enfants à déjeuner à l'école tous les jours
- **B** donner un petit déjeuner à tous les enfants
- **C** donner un petit déjeuner aux enfants pauvres
- **D** obliger les enfants à aller à l'école tous les jours

2 Lisez

Relevez dans le texte de l'interview tous les adverbes d'affirmation et de doute (voir l'encadré *Grammaire en contexte*).

3 Écrivez

Dans le cadre du programme CAS, vous avez choisi d'aider les enfants pauvres dans votre ville. Vous avez fait quelques recherches. Vous écrivez ensuite un e-mail en français à votre coordinateur CAS, qui est aussi votre professeur de français, pour lui expliquer ce que vous avez découvert, ce que vous avez choisi de faire pour aider ces enfants, et les résultats que vous espérez obtenir.

Grammaire en contexte

Les adverbes d'affirmation et de doute

On utilise ces adverbes pour donner une réponse positive ou pour indiquer un doute.

– *Expliquez-nous ce qu'est la pauvreté infantile, s'il vous plaît.*
– **Volontiers.** (affirmation)

– *Les enfants européens ne sont pas réellement pauvres.*
– **Si**, *ces enfants sont pauvres !* (affirmation)

– *Cela crée un sentiment d'exclusion,* **peut-être** ? (doute)

Rappel grammaire

L'impératif

(Livre 1, page 68 ; Livre 2, page 11)

L'impératif est la forme verbale utilisée pour donner un ordre, des conseils ou des instructions. On utilise les formes *tu*, *nous* ou *vous* du présent de l'indicatif, sans le pronom sujet. Les verbes en *-er* perdent le *-s* final au singulier.

Regarde cet enfant.

Luttons contre la pauvreté !

Regardez les chiffres.

Les verbes *avoir* et *être* ont des formes irrégulières :

N'ayons pas peur. Soyez réalistes.

À la forme affirmative, le pronom complément d'objet (direct ou indirect) se place après le verbe et il est relié au verbe par un tiret :

Signons-la vite.

Expliquez-nous ce qu'est la « pauvreté infantile ».

Écrivons-leur.

À la forme négative, le pronom complément se place avant le verbe :

Ne l'oubliez pas.

Avec les verbes pronominaux, le pronom réflexif se place après le verbe :

Mobilisons-nous. (se mobiliser)

 Cahier d'exercices 11/1, 11/2

Aider les pays en développement : aide publique ou commerce équitable ?

L'AIDE PUBLIQUE AU DÉVELOPPEMENT (APD) : est-ce que c'est efficace ?

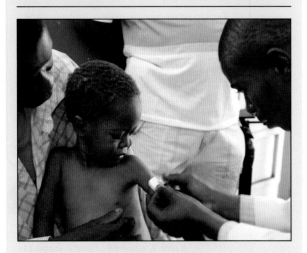

Les inégalités entre les pays sont énormes : d'un côté, il y a des pays très riches comme le Luxembourg, le Qatar, la Norvège… D'un autre côté, parmi les pays les plus pauvres, il y
5 a le Malawi, la République Démocratique du Congo, le Burundi, le Niger… Les habitants du Luxembourg, par exemple, sont en moyenne 500 fois plus riches que les habitants du Malawi.

Depuis la décolonisation (après la Seconde
10 Guerre mondiale), les pays les plus développés ont accepté la nécessité d'aider financièrement les plus pauvres. En principe, cette aide devrait servir à financer des projets concrets et durables : infrastructures essentielles (routes, chemins de
15 fer, aéroports…), lutte contre la faim, actions pour la santé et l'éducation.

L'Organisation des Nations Unies (ONU) recommande que les pays développés dépensent au moins 0,7% de leur Revenu National Brut
20 (indicateur qui mesure leur richesse) en aide publique au développement. Toutefois, peu de pays respectent cet objectif.

On reproche également à l'APD d'être inefficace, parce qu'on ne sait pas comment l'argent est
25 dépensé. Parfois, l'aide semble profiter plus aux élites qu'aux gens ordinaires.

En conclusion, l'APD est une belle idée en théorie, mais en pratique, elle ne change pas grand-chose à la vie quotidienne des populations
30 les plus pauvres. Est-ce que le commerce équitable, par contre, serait une meilleure solution ? Que proposent des associations comme Max Havelaar ou Artisans du Monde ?

1 Lisez

Choisissez la réponse la plus appropriée parmi les options suivantes. Basez votre réponse sur la totalité de l'article.

1 Le Luxembourg est un pays…

   A très riche

   B plus riche que le Qatar

   C assez riche

   D aussi riche que le Malawi

2 On appelle ce que les pays riches donnent aux pays pauvres…

   A le Revenu National Brut

   B la richesse du pays

   C les infrastructures durables

   D l'aide publique au développement

3 Selon l'article, un projet concret pour aider un pays pauvre, c'est par exemple…

   A un cinéma

   B un aéroport

   C une usine

   D une église ou une mosquée

4 Pour aider les pays en développement, les pays développés devraient dépenser…

   A un quart de leur Revenu National Brut

   B 0,7% ou plus de leur Revenu National Brut

   C moins de 0,7% de leur Revenu National Brut

   D des sommes différentes tous les ans

5 Selon l'auteur du texte, l'APD est une initiative…

   A réussie

   B inutile

   C nécessaire

   D dangereuse

2 Lisez

Recopiez et remplissez le tableau ci-dessous. Indiquez à qui ou à quoi se rapportent les mots soulignés. Basez vos réponses sur l'article ci-contre.

Dans la phrase…	le mot…	se rapporte à…
Exemple : 500 fois plus <u>riches</u> (ligne 8)	« riches »	*habitants du Luxembourg*
1 ont accepté la nécessité d'aider les plus <u>pauvres</u> (ligne 12)	« pauvres »	
2 des projets concrets et <u>durables</u> (ligne 13)	« durables »	
3 indicateur <u>qui</u> mesure leur richesse (ligne 20)	« qui »	
4 <u>elle</u> ne change pas grand-chose (ligne 28)	« elle »	

3 Parlez

Avez-vous déjà acheté ou consommé des produits de commerce équitable ? Si oui, lesquels ? Comment savez-vous que ces produits proviennent du commerce équitable ? Discutez avec un(e) partenaire.

4 Lisez

1 Choisissez les quatre affirmations qui sont correctes selon le texte 1.

   A Le mouvement Fairtrade s'appelle Max Havelaar dans quatre pays européens.

   B Les associations Max Havelaar sont membres d'une organisation plus grande.

   C Fairtrade International est contrôlé par le gouvernement.

   D Les personnes qui achètent les produits Max Havelaar aident les producteurs des pays en développement.

   E Un produit Fairtrade / Max Havelaar coûte plus qu'un produit ordinaire.

   F Grâce au commerce équitable, les producteurs deviennent très riches.

   G Ce sont les commerçants qui profitent le plus du commerce équitable.

2 Trouvez dans les deux textes les mots qui signifient :

Texte 1 :

1 objectif
2 combattre
3 rendre meilleur
4 garantir

Texte 2 :

5 l'action de vendre
6 faits à la main
7 choses qui se mangent
8 essaie d'influencer

3 En vous appuyant sur le texte 2, faites correspondre la première partie de la phrase dans la colonne de gauche avec la fin de phrase appropriée parmi les propositions dans la colonne de droite.

Exemple : *Artisans du Monde est* `D`

1 Artisans du Monde organise ☐

2 Artisans du Monde veut convaincre les gouvernements ☐

3 Dans leurs magasins, on peut ☐

4 Les produits sont en vente ☐

A de changer les règles du commerce mondial.

B dans les supermarchés.

C trouver de la nourriture.

D *une association française.*

E acheter seulement des aliments.

F mondiale.

G d'arrêter les pressions sur leur commerce.

H dans des magasins réservés à Artisans du Monde.

I la vente de machines agricoles.

J la vente d'objets artisanaux.

LE COMMERCE ÉQUITABLE, une vision différente

® Fairtrade Max Havelaar

Max Havelaar, c'est le nom d'une association née aux Pays-Bas en 1988. Elle est active en France, en Belgique et en Suisse. On retrouve le concept au Royaume-Uni (Fairtrade), aux États-Unis (Transfair) et ailleurs. Ces organisations font partie de la fédération Fairtrade International, une ONG (organisation non gouvernementale). Cette organisation a pour but de mettre en place des conditions d'échange plus justes. Les producteurs agricoles des pays en développement de l'hémisphère sud peuvent ainsi lutter eux-mêmes contre la pauvreté et améliorer leurs conditions de vie.

Les produits labellisés Fairtrade / Max Havelaar sont vendus maintenant dans 125 pays, dans des magasins et supermarchés, où les consommateurs acceptent de payer un peu plus cher pour assurer un revenu plus juste aux producteurs.

Artisans du Monde

Artisans du Monde est un mouvement français de commerce équitable créé en 1974. Ses activités sont la vente de produits artisanaux et alimentaires de commerce équitable (par exemple vêtements, sacs, bijoux, épices…) dans son propre réseau de magasins. Le mouvement a aussi comme objectif l'éducation à la solidarité internationale et à une consommation responsable. Il fait pression sur les gouvernements pour que les règles du commerce mondial deviennent plus équitables.

Grammaire en contexte

Les connecteurs logiques : présentation, conclusion

d'un côté… d'un autre côté	en conclusion	non seulement… mais aussi
de plus	grâce à	par contre
donc	mais	

📖 *Cahier d'exercices 11/3*

5 Parlez

Discutez en classe.

• Pensez-vous que si les pays riches donnent 0,7% de leur Revenu National Brut pour aider les pays en développement, c'est suffisant ?

• Qu'est-ce qui est préférable pour les pays en développement, l'aide publique ou le commerce équitable ? Donnez des raisons.

6 Écrivez

Vous préparez une présentation en français sur une activité de CAS pour des lycéens francophones en visite dans votre lycée. Vous avez choisi de parler de l'assistance aux pays en développement. Mentionnez les différentes sortes d'aide possibles, leurs côtés positifs et négatifs, puis dites ce que votre lycée a choisi de faire pour aider ces pays et comment les élèves qui font CAS organisent cette aide.

La guerre : la terreur et l'espoir

www.leblogdemarion.fr

Accueil | Photos | Contact

Marion

La guerre, j'en ai marre

Quand on regarde les actualités à la télé, tout ce qu'on voit, c'est la guerre et la violence. Il y a toujours des guerres ou des attentats terroristes quelque part sur la planète. Et ce qui me révolte le plus, c'est de voir souffrir les enfants. Dans les zones de conflit, ils risquent d'être blessés ou tués. Ils peuvent avoir faim, être privés de soins médicaux, ou perdre leurs parents. Ils courent le risque de violences sexuelles. Quelquefois, ils sont même recrutés comme enfants soldats, et sont ensuite rejetés par leur communauté. S'ils fuient le conflit, ils se retrouvent dans des camps de réfugiés, quelquefois pendant des années. Leur scolarité est gravement perturbée. Dans tous les cas, ce sont des enfants terrifiés, traumatisés et malheureux.

L'Enfant multiple

Récemment, j'ai lu le beau livre d'Andrée Chedid, *L'Enfant multiple*. Le personnage principal, Omar-Jo, est un jeune garçon qui a des origines multiples : son père est musulman égyptien et sa mère est chrétienne libanaise. L'histoire commence en 1975, au Liban, en pleine guerre. (Dans les années 1970 et 1980, au Liban, les chrétiens et les musulmans se sont battus avec férocité.) La famille d'Omar-Jo est victime d'un attentat. Ses parents sont tués et Omar-Jo lui-même est blessé : il perd son bras gauche et son visage est déformé. Il émigre en France. Là-bas, Omar-Jo fait la connaissance de Maxime, un forain* malheureux, et il l'aide à reprendre courage et à apporter de la joie autour de lui. Omar-Jo, c'est le symbole de l'espoir qui surmonte tout.

* un forain – un homme qui présente des attractions dans les fêtes de rue

Saison sèche

Il y a aussi une belle leçon d'espoir dans un film tchadien que j'ai vu au lycée. Il s'appelle *Saison sèche* et c'est l'histoire d'Atim, 16 ans, qui est traumatisé par la guerre civile dans son pays, le Tchad. (Dans les années 1970, les populations musulmanes du nord du pays se sont rebellées contre le chef d'État et contre les chrétiens du sud.) Après la guerre, Atim réussit à retrouver l'homme qui a tué son père. Il s'appelle Nassara et il est maintenant boulanger. Atim dit à Nassara qu'il cherche du travail et Nassara le prend comme apprenti. Atim a un revolver et il a bien l'intention de venger son père en tuant Nassara. Mais une étrange relation se crée entre Atim et Nassara. Atim retrouve chez Nassara la présence paternelle qu'il a perdue. Il comprend qu'après la colère et le désir de vengeance, le pardon est possible.

1 Mise en route

Lisez rapidement tout le blog de Marion. De quoi parle-t-elle ? Écrivez une phrase pour résumer chacune des trois parties.

 Cahier d'exercices 11/4

Rappel grammaire

Les verbes pronominaux au passé composé

(Livre 1, page 92)

N'oubliez pas le pronom : *me, t', s', nous, vous, se*. Il faut l'auxiliaire *être* au présent. Il faut accorder le participe passé.

se battre	je me suis battu(e)	nous nous sommes battu(e)s
	tu t'es battu(e)	vous vous êtes battu(e)(s)
	il s'est battu	ils se sont battus
	elle s'est battue	elles se sont battues
	on s'est battu(e)(s)	

Ils se sont battus avec férocité.

2 Lisez

Les mots de la colonne de gauche sont repris de la première partie du blog de Marion. Trouvez, pour chaque mot de la colonne de gauche, le mot dans la colonne de droite dont la signification est la plus proche.

Exemple :
actualités [B]

1	attentats	☐	A modifiée
			B *informations*
2	rejetés	☐	C s'éloignent vite
			D choqués
3	fuient	☐	E effrayés
			F observent
4	scolarité	☐	G étonnés
			H études
5	gravement	☐	I films
			J groupe
6	perturbée	☐	K exclus
7	terrifiés	☐	L nationalité
			M parfois
8	traumatisés	☐	N sérieusement
			O identifiés
			P attaques
			Q reconnus
			R déstabilisée

3 Lisez et parlez

Dans le premier paragraphe de son blog, Marion décrit les problèmes que la guerre cause aux enfants. Qu'en pensez-vous ? Est-ce qu'il y a d'autres problèmes qu'elle n'a pas mentionnés ? Discutez avec un(e) partenaire.

4 Lisez

Remplissez les blancs dans le résumé suivant en utilisant les mots exacts de la deuxième partie du blog de Marion.

L'Enfant multiple, c'est l'histoire d'un jeune **garçon** qui vient du __[1]__ . Son père est musulman et sa mère est __[2]__ . Omar-Jo perd ses __[3]__ et il est gravement blessé dans un __[4]__. Il quitte le Liban pour aller vivre en __[5]__. Omar-Jo rencontre Maxime, qui est malheureux, et il lui redonne du __[6]__. Le message de cette histoire, c'est l'importance de l'__[7]__.

5 Lisez et parlez

Relisez la deuxième partie du blog. Avec un(e) partenaire, trouvez des mots ou expressions (nom, verbe, adjectif, etc.) avec un sens négatif et avec un sens positif.

Exemple : négatif : en pleine guerre, ... positif : le beau livre, ...

6 Lisez et écrivez

Relisez la troisième partie du blog de Marion. Vrai ou faux ? Justifiez vos réponses avec les mots du texte.

Exemple : Marion a vu Saison sèche à l'école. VRAI. Justification : un film tchadien que j'ai vu au lycée.

1 Atim ne sait pas qui a tué son père.

2 Nassara cherche du travail comme boulanger.

3 Atim trouve un emploi chez Nassara.

4 Atim est armé.

5 Atim veut tuer Nassara.

6 Nassara est indifférent envers Atim.

7 Nassara devient comme un père pour Atim.

8 À la fin du film, Atim ne déteste plus Nassara.

7 Parlez

Discutez avec un(e) partenaire :

- Quelles sont les ressemblances et les différences entre les expériences de Omar-Jo et Atim ?

- Que pensez-vous de l'histoire d'Atim et Nassara ? Est-ce que le pardon est possible, après un grave acte de violence ?

8 Écrivez

Postez un commentaire sur le blog de Marion.

- Dites ce que vous pensez des histoires d'Omar-Jo et d'Atim.

- Parlez d'un film que vous avez vu ou d'un livre ou article que vous avez lu sur des enfants victimes de la guerre.

Grammaire en contexte

La voix passive (rappel)   *(Livre 2, page 27)*

Pour conjuguer un verbe à la voix passive, on conjugue le verbe *être* au temps voulu, suivi du participe passé du verbe, qui s'accorde avec le sujet du verbe.

*Ils **sont recrutés** comme enfants soldats.*

*Ils **sont rejetés par** leur communauté.*
(Voix active : *Leur communauté les **rejette**.*)

Le participe passé employé comme adjectif

Le participe passé peut aussi s'employer comme adjectif, pour décrire un nom. Il se place après le nom et s'accorde avec lui.

*Ce sont des enfant **terrifiés, traumatisés**.*

 Cahier d'exercices 11/5

Travailler pour la paix

Au courant

Le point sur...

Les Casques Bleus

1 ▶ On voit souvent dans les zones de conflit ces soldats reconnaissables à leur casque bleu. Qui sont-ils exactement ? Ce ne sont pas des soldats ordinaires : ce sont des « soldats pour la paix », qui agissent pour l'Organisation des Nations Unies (ONU) afin de rétablir ou maintenir la paix.

2 ▶ L'ONU a été créée en 1945 à la suite de la Seconde Guerre mondiale, pour aider à résoudre les conflits sans violence. Elle se compose principalement d'une Assemblée Générale, regroupant les représentants de tous les États du monde, et d'un Conseil de Sécurité, qui compte cinq membres permanents. C'est l'Assemblée Générale qui choisit le Secrétaire Général.

3 ▶ En cas de guerre, le Conseil de Sécurité peut envoyer des Casques Bleus en mission sur le lieu du conflit. La première intervention a eu lieu en 1948, pendant la guerre israélo-arabe. Depuis, les Casques Bleus sont intervenus dans de nombreux pays, comme le Congo, l'Amérique centrale, la Géorgie.

4 ▶ Cependant, toutes les missions ne réussissent pas. Par exemple, il y a eu des massacres de civils au Rwanda et en Yougoslavie, malgré la présence des Casques Bleus. Avant, les Casques Bleus n'utilisaient leurs armes qu'en cas de légitime défense (c'est-à-dire pour se défendre, pas pour attaquer), mais à cause de ces massacres, les Casques Bleus utilisent parfois des armes quand la population civile est en danger.

5 ▶ En 1988, les Casques Bleus ont reçu le Prix Nobel de la paix. Leur travail est dangereux et plus de 3 500 soldats sont morts en remplissant leur mission pour l'ONU depuis 1948. Tous les ans, une cérémonie a lieu au cimetière de Mouzillon, en France, à la mémoire de ces soldats.

Sophie Lacaze, Belgique

Merci pour l'article sur les Casques Bleus. Je voudrais ajouter qu'il y a d'autres organisations qui travaillent pour la paix. L'Union européenne, par exemple, a aussi reçu le Prix Nobel de la paix, en 2012. L'UE est après tout le plus gros donateur mondial d'aide humanitaire et d'aide au développement. Le montant du Prix Nobel s'élève à près d'un million d'euros. L'UE a doublé le montant et l'a donné aux enfants victimes de conflits.

Amadou Tidjane, France

N'oublions pas Amnesty International ! C'est une organisation non gouvernementale qui défend les droits de l'homme. Non seulement Amnesty défend les prisonniers de conscience (les personnes emprisonnées à cause de leurs convictions), mais l'organisation dénonce aussi la torture et les crimes de guerre, comme la violence contre les populations civiles. Elle fait aussi des actions de sensibilisation et de collecte de fonds. Amnesty a reçu le Prix Nobel de la paix en 1977.

1 Lisez

1 Choisissez le titre qui résume le mieux chacun des cinq paragraphes de l'article. Attention : il y a plus de titres que de paragraphes.

Exemple : 1 E

A   Les pays d'origine des Casques Bleus

B   Des interventions dans des pays variés

C   Récompense et reconnaissance

D   La dernière intervention des Casques Bleus

E   Le rôle des Casques Bleus

F   Des missions difficiles

G   Les Nations unies avant la Seconde Guerre mondiale

H   La structure de l'ONU

I   La fin des Casques Bleus

J   Des soldats comme les autres

2 Les mots de la colonne de gauche sont repris du texte de l'article. Trouvez, pour chaque mot de la colonne de gauche, le mot dans la colonne de droite **qui a un sens opposé**.

Exemple : *conflit*	H
1 ordinaires	☐
2 créée	☐
3 permanents	☐
4 première	☐
5 nombreux	☐
6 présence	☐
7 population civile	☐
8 en danger	☐

A   absence

B   soldats

C   courage

D   dernière

E   détruite

F   en sécurité

G   fréquents

H   *paix*

I   rares

J   spéciaux

K   temporaires

L   travailleurs

2 Lisez et écrivez

1 Les phrases suivantes sont soit vraies, soit fausses. En vous appuyant sur les paragraphes 1–3 de l'article, justifiez votre réponse en utilisant des mots tirés du texte.

Exemple : Les Casques Bleus sont différents des armées nationales. VRAI. Justification : Ce ne sont pas des soldats ordinaires.

1   On peut reconnaître un soldat de l'ONU à son uniforme bleu.

2   Les États du monde sont tous représentés au Conseil de Sécurité de l'ONU.

3   Le Secrétaire Général de l'ONU est nommé par l'Assemblée Générale.

4   Les Casques Bleus sont envoyés dans les zones de conflit par le Conseil de Sécurité.

5   Les Casques Bleus sont intervenus pour la première fois dans un conflit africain.

2 Répondez aux questions suivantes. Basez vos réponses sur les paragraphes 4 et 5 de l'article.

1   Que s'est-il passé pendant les conflits au Rwanda et en Yougoslavie ?

2   Qu'est-ce que c'est, la « légitime défense » ?

3   Qu'est-ce que cela a changé pour les Casques Bleus ?

4   Que s'est-il passé en 1988 ?

5   Que se passe-t-il tous les ans à Mouzillon ?

3 Parlez

Est-ce que les Casques Bleus sont une solution pratique et efficace pour limiter ou éviter les conflits ? Avez-vous d'autres idées pour éviter la guerre ? Lesquelles ? Discutez avec un(e) partenaire.

4 Écrivez

1 Votre lycée prépare une journée afin de collecter de l'argent pour une organisation humanitaire. (Soit une organisation liée à l'ONU, par exemple l'Unicef, soit une organisation non gouvernmentale). Rédigez le texte de l'affiche annonçant cet événement. Donnez des informations sur :

•   le lieu et la date

•   l'organisation et son travail (en quelques mots)

•   les activités prévues pour le jour de la manifestation

•   comment faire un don si on ne peut pas venir ce jour-là

•   à quoi servira l'argent collecté.

2 La semaine suivante, vous écrivez un article pour le site web de l'école. Dans cet article, vous faites un bref compte-rendu de la journée, vous remerciez les organisateurs, les participants et les spectateurs qui ont contribué à son succès et vous indiquez combien d'argent vous avez collecté et à quoi il servira.

Les jeunes veulent changer le monde

Forum jeunes : La question du jour

Après les examens, il y a deux mois de vacances. Qu'allez-vous choisir ? Deux mois à vous relaxer dans un hamac ou bien devant un écran, ou alors préférez-vous changer le monde ? Partagez vos idées !

Philippe, Strasbourg, France

Changer le monde, bien sûr ! ☺ Pour moi, c'est décidé : je participe au Forum de la Jeunesse organisé par le Conseil de l'Europe*. Le thème, c'est « une nouvelle démocratie ». Mon idée à moi, c'est d'abaisser l'âge du vote à 16 ans. D'abord, on discutera en ligne, puis on se réunira en personne en août pour des ateliers de discussion. Pour moi, c'est facile, comme j'habite à Strasbourg.

Khadija, Paris, France

Pareil pour moi, Philippe ! On m'a choisie pour participer au Forum des Jeunes de l'Unesco*, à Paris. Je suis vraiment contente. On échange des points de vue avec des jeunes du monde entier, on réfléchit ensemble. Les sujets sont la démocratie, l'emploi des jeunes, les situations de conflit, le développement durable... Moi, j'aimerais parler des conflits. Franchement, les adultes ne réagissent jamais assez vite quand une guerre éclate quelque part ☹ Peut-être que les jeunes auront de meilleures idées !

Cécile, Kigali, Rwanda

Discuter, c'est bien, mais pour moi, ce n'est pas suffisant. En novembre, je pars un an à l'étranger pour travailler comme VIF*. J'ai 21 ans et je viens d'obtenir une licence de biologie. Je travaillerai comme auxiliaire d'enseignement dans un collège en République démocratique du Congo. C'est un pays voisin du Rwanda, mais je connais mal les Congolais. J'ai saisi l'occasion d'élargir mes horizons... et aussi d'élargir les horizons de mes voisins ! Au Rwanda, nous avons eu une guerre et même un génocide. Il est temps d'apprendre la tolérance. Je pense que c'est indispensable d'apprendre à connaître et à apprécier ses voisins pour empêcher les conflits à l'avenir.

Simon, Bruxelles, Belgique

Après les examens, je ne sais pas ce que je vais faire... Par contre, quand j'avais 13 ans, je suis allé au Burkina Faso avec les « écoles du désert ». Je suis parti avec un groupe de jeunes de Belgique, de France et du Luxembourg, et nous avons apporté des fournitures scolaires à des écoles de village. Nous avons été très bien reçus. Les habitants des villages ont organisé une grande fête traditionnelle, avec musique et danse. De plus, j'ai gardé contact avec des élèves que j'ai rencontrés, comme Santi, par exemple, un garçon de mon âge. Tu as raison, Cécile, ça a vraiment élargi mes horizons !

* Conseil de l'Europe – principale organisation de défense des droits de l'homme en Europe

* Unesco – Organisation des Nations unies pour l'éducation, la science et la culture

* VIF – Volontaire International de la Francophonie, programme de participation au développement pour les jeunes de pays francophones

1 Parlez

Comment les jeunes peuvent-ils changer le monde ? Comment peuvent-ils contribuer à la paix dans le monde ? Discutez avec un(e) partenaire.

2 Lisez

Choisissez la réponse la plus appropriée parmi les options suivantes. Basez vos réponses sur la totalité du texte.

1 Pendant le Forum du Conseil de l'Europe, on va parler...

   A d'informatique

   B de sciences

   C de politique

   D de pauvreté infantile

2 Khadija est...

   A inquiète

   B optimiste

   C effrayée

   D patiente

3 En novembre, Cécile va changer...

   A d'université

   B de travail

   C de pays

   D de continent

4 Pour Simon, l'objectif principal de son voyage, c'était...

   A l'aide humanitaire

   B la discussion

   C le tourisme

   D les études

3 Lisez

1 Associez chaque élément à une ou deux personnes (Philippe, Khadija, Cécile ou Simon). Basez vos réponses sur les textes page 132.

Exemple : Participer à un forum international – Philippe, Khadija

1 Avoir une expérience directe de la violence

2 Aller dans une école

3 Discuter de la violence

4 Voyager avec d'autres jeunes

5 Communiquer par ordinateur

2 Les mots de la colonne de gauche sont repris des textes de Cécile et Simon. Trouvez, pour chaque mot de la colonne de gauche, **la définition** dans la colonne de droite qui convient le mieux.

Exemple : volontaire [O]

1 licence [ ]

2 auxiliaire d'enseignement [ ]

3 élargir [ ]

4 génocide [ ]

5 tolérance [ ]

6 apprécier [ ]

7 empêcher [ ]

8 fournitures scolaires [ ]

9 fête [ ]

A adulte qui aide un professeur
B agrandir
C rendre impossible
D augmenter le prix
E autorisation d'enseigner
F célébration
G comprendre et aimer
H diplôme universitaire
I enthousiasme
J guerre civile
K équipement d'un écolier
L massacre de personnes du même groupe ethnique
M respect
N visite
O *travailleur qui n'est pas payé*

4 Lisez et écrivez

Répondez aux questions suivantes. Basez vos réponses sur la totalité du texte.

1 Pourquoi Philippe ira-t-il à Strasbourg cet été ?

2 De quoi parleront Khadija et ses camarades ?

3 Quelle sera l'activité de Cécile en République démocratique du Congo ?

4 Quelles sont les motivations de Cécile pour partir ?

5 Qu'est-ce que Simon a aimé quand il est allé au Burkina Faso ?

5 Écrivez

Après le lycée, vous voulez travailler comme bénévole pendant un an avant de commencer vos études supérieures. Écrivez une lettre à l'organisation de votre choix pour solliciter un poste. Mentionnez :

- ce que vous voulez faire et pourquoi
- vos diplômes et vos compétences
- votre expérience
- vos motivations principales.

Rappel grammaire

Les verbes en *-ir* *(Livre 1, page 29)*

finir	présent	imparfait	futur	conditionnel	passé composé	participe présent
je/j'	finis	finissais	finirai	finirais	ai fini	finissant
tu	finis	finissais	finiras	finirais	as fini	
il/elle/on	finit	finissait	finira	finirait	a fini	
nous	finissons	finissions	finirons	finirions	avons fini	
vous	finissez	finissiez	finirez	finiriez	avez fini	
ils/elles	finissent	finissaient	finiront	finiraient	ont fini	

Attention : beaucoup de verbes en *-ir* sont irréguliers, mais certains de ces verbes irréguliers partagent la même conjugaison, par exemple s*ortir* et *partir*, ou *venir* et *tenir*.

📖 *Cahier d'exercices 11/6*

133

Révisions

1 Parlez

Que représente cette photo ?

Où se passe la scène, à votre avis ?

Que font ces personnes ?

2 Imaginez

Votre lycée accueille des réfugiés d'un conflit armé dans un pays francophone. Vous interviewez un(e) réfugié(e). Vous lui posez les questions suivantes. Imaginez ses réponses. Travaillez avec un(e) partenaire.

- De quel pays venez-vous ?

- Pourquoi avez-vous quitté votre pays ?

- Êtes-vous venu(e) seul(e), ou avec votre famille ?

- Qu'est-ce qui était le plus dur pour vous, dans votre pays ?

- Qu'est-ce qui est le plus difficile ici, dans votre nouveau pays ?

- Quels sont vos inquiétudes et vos espoirs pour l'avenir ?

Exemple : Je viens du Mali. J'ai quitté le Mali parce que dans le nord du pays, il y a un conflit armé...

3 Écrivez

Vous postez un message sur un forum francophone, décrivant l'expérience de la personne que vous avez interviewée.

Exemple : Dans notre lycée, nous avons accueilli un réfugié malien, Moussa. Il a quitté le Mali parce que...

Je n'aime pas

En ligne, mais pas toujours virtuel

WWW.CYBERJEUNES.COM

Parler pour ne plus souffrir

☎ 0800 12 34 56

Aspects couverts

* Avant et après Internet
* L'informatique à l'école
* Les réseaux sociaux
* Les relations virtuelles
* Les jeux interactifs en ligne

Grammaire

* Les styles direct et indirect
* Les phrases avec *si* (rappel)
* Exprimer la durée : *depuis (que)*, *pendant (que)*
* Le double infinitif : *(se) faire* + infinitif
* L'accord du participe passé (rappel)

1 Mise en route

1 Regardez l'affiche. C'est...

A une publicité pour des vêtements

B l'affiche d'une campagne anti cyber-harcèlement

C l'annonce d'un nouveau réseau social pour jeunes

D une publicité pour le nouvel album d'une chanteuse

2 À votre avis, que signifie cette image ? Pourquoi est-elle importante ?

2 Imaginez

Inventez des bulles pour chaque personne sur l'affiche. Comparez avec la classe.

3 Parlez

Regardez la photo en bas à droite. Réfléchissez aux différentes utilisations d'Internet. Comment utilisez-vous Internet ?

Être ado avant Internet, c'était comment ?

C'est difficile à imaginer, mais au début des années 90, presque personne n'avait accès à Internet. Jean-Claude Gentier, qui avait 16 ans en 1990, répond aux questions de son fils Thomas.

Thomas : Papa, qu'est-ce que tu faisais pour t'occuper quand il n'y avait pas Internet ? Tu devais t'ennuyer, non ?

M. Gentier : Non, je ne m'ennuyais pas et
5 pourtant les réseaux sociaux, les salons de discussion, les jeux en ligne, rien de tout ça n'existait !

Thomas : Alors qu'est-ce que tu faisais à la maison le week-end ? La télé existait
10 quand même ?

M. Gentier : Oui, bien sûr ! Mais il n'y avait que cinq ou six chaînes à l'époque. À part ça, je lisais ou je voyais mes copains. J'avais un copain qui enregistrait des émissions ou des films à la télé sur le magnétoscope de ses parents (tes grands-parents n'en avaient pas encore à l'époque) et on
15 les regardait ensemble chez lui. Tu sais, pour revoir un film qui venait de sortir, il fallait attendre au moins deux ans avant de pouvoir l'acheter en cassette vidéo !

Thomas : Le streaming en ligne n'existait pas à l'époque ?

M. Gentier : Eh non, et pour la musique, pas de YouTube, pas de mp3, pas
20 de téléchargement possible non plus ! J'écoutais des CD sur une chaîne hifi ou un baladeur ou alors j'enregistrais des chansons directement de la radio sur des cassettes audio avec un magnétophone.

Thomas : Un magnétophone, des cassettes audio ? Je ne sais même pas ce que c'est ! Et pour parler aux copains alors ? Est-ce que tu avais
25 un portable ?

M. Gentier : Non, je n'ai eu mon premier téléphone portable qu'à la fin des années 90. À l'époque, il fallait utiliser des cabines téléphoniques (mais il fallait une carte ou de la monnaie et faire la queue) ou alors appeler du téléphone fixe (et souvent unique) de la maison. Bien sûr, il
30 fallait aussi que les amis soient chez eux pour répondre : peu de gens avaient un répondeur.

Thomas : Ça paraît incroyable ! Mais alors, qu'est-ce que tu faisais pour communiquer avec tes copains qui étaient loin ?

M. Gentier : Eh bien, on s'écrivait des lettres et des cartes postales
35 pendant les vacances. On arrivait à ne pas se perdre de vue, même sans e-mail, même sans réseau social. On s'envoyait des photos papier, prises sur un appareil photo avec une pellicule – pas d'Internet pour mettre des photos en ligne à cette époque-là.

Thomas : Et comment s'informait-on alors sans Internet, sans moteurs
40 de recherche ?

M. Gentier : Difficilement et lentement ! Il y avait plusieurs solutions : la télévision, la radio ou la presse écrite, les encyclopédies et bien sûr les livres qu'on achetait en librairie ou qu'on empruntait à la bibliothèque. On contactait aussi les organisations qui avaient les informations par
45 courrier ou téléphone. Cela pouvait prendre des jours ! Il y avait le Minitel*, mais c'était très limité. En plus, on n'avait absolument aucun moyen de vérifier ces informations comme on peut le faire maintenant. Pour moi, c'est cela le plus grand changement dû à Internet, cette possibilité qu'on a tous d'accéder immédiatement à l'information.

50 **Thomas :** C'est vrai, tu as sans doute raison. J'ai vraiment du mal à imaginer ma vie sans Internet !

* Une invention française, le Minitel avait certaines des fonctions d'Internet. Ce terminal informatique, distribué gratuitement au public, a été utilisé en France entre 1980 et 2012 et permettait d'accéder à des services en ligne comme l'annuaire téléphonique, la vente par correspondance (billets de train, etc.), une messagerie et des sites de rencontre.

1 Compréhension

Lisez la conversation. Regardez les photos. Classez et nommez les objets **A–H** dans l'ordre où ils sont mentionnés dans le texte.

*Exemple : 1 **H** la télé, 2…*

2 Compréhension

Lisez les phrases suivantes et dites si elles sont vraies ou fausses. Justifiez votre réponse en reprenant les mots du texte.

Exemple : M. Gentier dit qu'il ne savait pas quoi faire pendant son temps libre quand il était jeune. FAUX. Je ne m'ennuyais pas… Je lisais ou je voyais mes copains.

1 M. Gentier dit que ses parents avaient un magnétoscope.

2 M. Gentier affirme qu'il n'y avait pas encore de CD.

3 Thomas demande si son père avait un téléphone portable.

4 M. Gentier répond qu'il avait un portable depuis longtemps.

5 Thomas demande ce que son père faisait pour garder contact avec ses amis.

6 M. Gentier explique qu'il ne pouvait pas rester en contact avec ses copains.

7 M. Gentier explique comment on s'échangeait des photos.

8 M. Gentier raconte qu'avant Internet, s'informer prenait beaucoup de temps.

9 Thomas dit qu'il est d'accord avec son père sur l'importance d'Internet.

3 Lisez et parlez

1 Inventez des questions sur le texte et posez-les à un(e) camarade.

Exemple : Est-ce que Monsieur Gentier s'ennuyait quand il était ado ?

2 Lisez l'encadré *Grammaire en contexte*. Répondez aux questions de votre camarade en commençant vos réponses par : *Monsieur Gentier dit / affirme / explique que…*

Exemple : Monsieur Gentier explique qu'il ne s'ennuyait pas quand il était ado.

 Cahier d'exercices 12/1

4 Écrivez et parlez

1 Interrogez vos parents et grands-parents et posez-leur des questions sur leur vie avant Internet. Ensuite, présentez leurs réponses à la classe en utilisant le style indirect. Faites attention aux temps !

Exemple : Mes parents disent qu'ils préféraient la vie avant, parce qu'il y avait plus de contacts humains que maintenant. Par exemple, ils m'ont expliqué que…

2 Discutez des résultats de votre enquête en classe. Que pensez-vous des changements apportés par Internet ?

Exemple : Je pense qu'Internet a amélioré notre vie parce que… Le côté négatif d'Internet, c'est …

Rappel grammaire

Les phrases avec si (Page 37 et Livre 1, page 163)

si + imparfait + **conditionnel** :

*Si Internet disparaissait, on ne **pourrait** plus envoyer d'e-mails.*

Attention aux verbes irréguliers :

on aurait / on serait / on ferait / on irait / on pourrait

5 Parlez

Comment serait votre vie si Internet disparaissait ? À deux, faites une liste des changements (négatifs ou positifs) puis discutez en classe.

Exemple

– *Si Internet disparaissait, on ne pourrait pas tchatter sur les réseaux sociaux.*

+ *Si Internet disparaissait, on aurait la surprise de recevoir des lettres.*

6 Imaginez

Imaginez comment réagiraient, en regardant cette photo :

- une personne de 80 ans
- les parents d'un(e) des jeunes sur la photo
- un(e) des jeunes sur la photo.

Donnez le point de vue de chacune de ces personnes.

Grammaire en contexte

Les styles direct et indirect

Au style direct, on donne les mots exacts de la personne qui parle. On utilise un verbe introductif (*demander, dire, répondre*, etc.) et la ponctuation : *deux points* : et *guillemets « … »*.

M. Gentier dit : « Je voyais mes copains ».

Au style indirect, on explique ce que la personne dit. On utilise un verbe introductif (*demander, dire, répondre*, etc.) et la conjonction *que*, mais pas de ponctuation. On modifie les pronoms personnels, la terminaison du verbe et les adjectifs possessifs.

*M. Gentier dit qu'**il voyait ses** copains.*

Quand le verbe introductif est <u>au présent</u>, le temps du **second verbe** ne change pas.

*Il <u>dit</u> : « Je n'**ai** pas de portable. » Il <u>dit</u> qu'il n'**a** pas de portable.*

Quand le verbe introductif est <u>au passé composé</u>, le temps du second verbe change s'il est au présent, au passé composé ou au futur.

Style direct	Style indirect
présent Il <u>a dit</u> : « J'ai un portable. »	**imparfait** Il <u>a dit</u> qu'il avait un portable.
passé composé Il <u>a dit</u> : « J'ai eu un portable. »	**plus-que-parfait** Il <u>a dit</u> qu'il avait eu un portable.
futur Il <u>a dit</u> : « J'aurai un portable. »	**conditionnel** Il <u>a dit</u> qu'il aurait un portable.

Le temps du second verbe ne change pas s'il est à l'imparfait, au plus-que-parfait ou au conditionnel.

Style direct	Style indirect
imparfait Il <u>a dit</u> : « J'avais un portable. »	**imparfait** Il <u>a dit</u> qu'il avait un portable.
plus-que-parfait Il <u>a dit</u> : « J'avais eu un portable. »	**plus-que-parfait** Il <u>a dit</u> qu'il avait eu un portable.
conditionnel Il <u>a dit</u> : « J'aurais un portable. »	**conditionnel** Il <u>a dit</u> qu'il aurait un portable.

Des technologies au service de l'éducation

L'école sur le portable pour les élèves nomades

Chez les Peuls, une communauté nomade du Sénégal, comme chez la plupart des autres nomades d'Afrique de l'Ouest, très peu d'enfants sont scolarisés : moins de 1% de garçons et presque aucune fille. Pourquoi ? Quand
5 le Sénégal était une colonie française, les Peuls ont longtemps refusé l'éducation que leur offrait la France. En outre, l'école traditionnelle ne convenait pas à leur vie itinérante : ils sont éleveurs et se déplacent souvent avec leurs troupeaux.

10 Mais les mentalités changent et beaucoup de familles peules voudraient désormais envoyer leurs enfants à l'école. Cependant, pour pouvoir y aller, il faut être sédentaire, mais comme ils n'ont pas de terre et sont souvent rejetés par les populations locales, ils ne peuvent
15 pas se sédentariser. C'était un véritable cercle vicieux, mais récemment, un projet intitulé *Mlearning4Africa* qui a été réalisé par un homme d'affaires sénégalais, Mamadou Diop, a apporté une solution.

Ce projet propose effectivement aux nomades d'accéder à
20 une éducation tout en respectant leur mode de vie : c'est une plateforme mobile d'apprentissage sur téléphone portable pour leurs enfants. En plus, comme le système est relié au GPS, il est possible d'informer les parents sur la présence d'une école ou d'un enseignant qui peut les recevoir pour
25 quelques jours à proximité de leur campement.

Un bus pour l'avenir

L'association Biblio'Brousse a pour objectif d'initier à l'informatique le plus de monde possible au Burkina Faso, où il y a beaucoup d'ordinateurs dans les lycées, hôpitaux, gendarmeries, etc., mais où très peu de gens savent s'en servir
5 faute de formation.

Les jeunes Burkinabés doivent désormais savoir utiliser un ordinateur s'ils veulent trouver du travail ou continuer leurs études. D'où l'idée de Biblio'Brousse : permettre aux lycéens de se former gratuitement à l'informatique et au multimédia
10 pendant la semaine dans le cadre de leur emploi du temps.

Le week-end, cette formation est ouverte au grand public : pour une somme très modique, chômeurs, employés du secteur public (hôpitaux, etc.), commerçants, peuvent venir s'initier ou se perfectionner à l'utilisation d'ordinateurs.

15 Le moyen utilisé par Biblio'Brousse ? Un grand bus itinérant a été aménagé en salle de classe informatique avec à bord 12 ordinateurs, deux caméras numériques, trois appareils photos numériques et des centaines de livres. Il peut accueillir 20 personnes par cours d'une heure 30 minutes. La formation
20 dure environ 18 séances. Le Ministère de l'Enseignement du Burkina Faso a accepté de reconnaître officiellement le diplôme de Biblio'Brousse, attribué après réussite à un examen final. Biblio'Brousse a formé plus de 7 200 personnes, âgées en majorité de moins de 25 ans. Le bus va dans des villes ou
25 villages qui disposent d'au moins un cyber-café de façon à permettre aux gens de s'entraîner pour ne pas oublier. Une belle réussite.

1 Lisez et écrivez

1 Chacun des mots suivants se réfère à un élément du texte **A**. Indiquez à qui ou à quoi chaque mot se rapporte.

Dans la phrase...	le mot...	se rapporte à...
Exemple : que leur offrait la France (ligne 6)	*« leur »*	*les Peuls*
1 que leur offrait la France (ligne 6)	« que »	
2 Cependant, pour pouvoir y aller (ligne 12)	« y »	
3 qui a été réalisé (ligne 16–17)	« réalisé »	
4 tout en respectant leur mode de vie (ligne 20)	« leur »	
5 qui peut les recevoir (ligne 24)	« les »	

2 Parmi les affirmations **A–I**, choisissez les cinq qui sont correctes selon le texte **A**.

A Les Peuls sont un peuple nomade du Sénégal.

B Les Peuls sont les seuls éleveurs nomades d'Afrique de l'Ouest.

C Beaucoup de Peuls vont à l'école.

D Le système scolaire traditionnel n'était pas adapté à la façon de vivre des Peuls.

E Rien ne s'oppose à la scolarisation des enfants peuls.

F L'accès à l'éducation des enfants nomades est devenu plus facile.

G Pour accéder à la plateforme d'apprentissage, la famille doit avoir un téléphone portable.

H Les enfants peuls peuvent désormais être sédentaires.

I Ce nouveau système permet aux parents de trouver un professeur ou une école près de l'endroit où ils campent.

2 Lisez et écrivez

1 Les mots de la colonne de gauche sont tirés du texte **B**. Trouvez, pour chacun, la définition dans la colonne de droite dont la signification est la plus proche. Attention : il y a plus de mots dans la colonne de droite que dans la colonne de gauche.

Exemple : initier (ligne 1) [D]

1 faute de (ligne 5) [ ]

2 très modique (ligne 12) [ ]

3 réussite (ligne 22) [ ]

A pas élevée du tout

B à la mode

C par manque de

D *former*

E succès

G évidente

H installer

2 Choisissez la réponse la plus appropriée parmi les options suivantes. Basez vos réponses sur le texte **B**.

1 Biblio'brousse, c'est …

A une agence pour l'emploi

B une école secondaire

C une organisation caritative

D une bibliothèque en ville

2 Selon l'auteur du texte, Biblio'Brousse est…

A un problème pour les écoles et les administrations

B une formation qui coûte trop cher au public

C un bus assez mal équipé

D un bon moyen pour former de nombreux jeunes

3 En vous basant sur le texte **B**, faites correspondre la première partie de la phrase à gauche avec la fin de phrase appropriée parmi les propositions à droite.

Exemple :
La situation au Burkina Faso est frustrante car [C]

1 On a créé Biblio'Brousse pour [ ]

2 Biblio'Brousse propose une formation gratuite [ ]

3 La formation de Biblio'Brousse est reconnue [ ]

A les jeunes qui aiment l'informatique.

B aux élèves des collèges et lycées.

C *il y a des ordinateurs mais peu de personnes formées en informatique.*

D par un diplôme officiel.

E il n'y a pas assez d'ordinateurs au Burkina Faso.

F par plus de 7 200 personnes.

G au grand public.

H donner aux jeunes une formation en informatique.

4 En vous basant sur le texte **B**, répondez aux questions suivantes.

1 Pourquoi est-il essentiel que les jeunes Burkinabés apprennent l'informatique ?

2 Quand font-ils la formation de Biblio'Brousse ?

3 À part les jeunes, qui profite de la formation ?

4 Pourquoi Biblio'Brousse va-t-il dans des endroits où on trouve un cyber-café ?

3 Parlez

« Ces projets sont de parfaits exemples de l'utilisation bénéfique des technologies modernes. » Expliquez pourquoi.

Quand trop, c'est trop !

Témoignagne de Louane, une jeune accro d'Internet

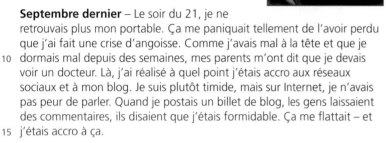

15 février – Voici mon premier billet de blog depuis longtemps. J'étais devenue tellement accro des réseaux sociaux que j'ai dû me déconnecter pendant plusieurs mois.
5   Aujourd'hui, je suis une internaute modérée. Je vous raconte…

Septembre dernier – Le soir du 21, je ne retrouvais plus mon portable. Ça me paniquait tellement de l'avoir perdu que j'ai fait une crise d'angoisse. Comme j'avais mal à la tête et que je
10   dormais mal depuis des semaines, mes parents m'ont dit que je devais voir un docteur. Là, j'ai réalisé à quel point j'étais accro aux réseaux sociaux et à mon blog. Je suis plutôt timide, mais sur Internet, je n'avais pas peur de parler. Quand je postais un billet de blog, les gens laissaient des commentaires, ils disaient que j'étais formidable. Ça me flattait – et
15   j'étais accro à ça.

Octobre – Comme je n'allais pas mieux, le docteur a dit que je devrais faire une expérience pour éviter l'addiction : me déconnecter des réseaux sociaux et de mon blog. Au début, je ne voulais pas ; je n'imaginais pas ma vie sans mon portable, et puis, finalement, j'ai décidé d'essayer. Le 5 octobre,
20   j'ai commencé à laisser mon téléphone et mon ordinateur portables à mes parents le soir et ils m'ont dit que si je voulais, ils me surveilleraient pendant que je faisais mes devoirs et mes recherches Internet.

Novembre – J'étais déconnectée depuis un mois mais je trouvais toujours ça très dur. Je me sentais très, très isolée. Tout se passe sur les
25   réseaux sociaux, et moi, je n'étais plus au courant de rien ! Par contre, j'ai réalisé à quel point je perdais du temps à lire et à écrire des bêtises sur les réseaux sociaux ! J'avais plus de temps qu'avant pour faire des choses comme lire des livres ou sortir mon chien et je reprenais plaisir à être avec ma famille. J'étais aussi devenue plus zen. Je sentais moins la pression des
30   autres : je m'inquiétais beaucoup moins de ce que les autres pensaient ou disaient de moi.

Janvier – Quand j'ai sorti mon portable et que je l'ai allumé, mi-janvier, j'avais des milliers de messages sur les réseaux sociaux, c'était de la folie ! Je les ai tous effacés : il n'y avait rien de vital dans tout cela. J'avais très
35   bien vécu sans les messages pendant que j'étais déconnectée ! Je suis retournée voir le docteur. Je l'ai remercié et je lui ai dit que maintenant, je suivais ses conseils : j'ai coupé les relevés automatiques des mails, je ferme les pages des réseaux sociaux quand je travaille sur Internet et pour le moment, ça marche. Depuis que je fais attention, je sens que je
40   contrôle bien la situation, je ne suis plus accro.

Et vous, êtes-vous accro ? Je joins un test, faites-le pour le savoir !

TEST : ÊTES-VOUS ACCRO AUX NOUVELLES TECHNOLOGIES ?

Réagissez par oui ou non. Puis regardez nos commentaires !

1 Je regarde mon portable ou ma tablette dès que je me lève.

2 Je panique quand je n'ai pas de signal sur mon portable.

3 Je peux rester connecté(e) pendant des heures sans m'en rendre compte.

4 J'ai besoin de vérifier mes messages plusieurs fois par jour.

5 Je ne vais nulle part sans un GPS.

6 J'ai toujours deux portables au cas où l'un d'entre eux ne marche pas.

7 Je préfère aller sur mes réseaux sociaux que de regarder un film en famille.

8 Je vérifie toujours s'il y a le WiFi gratuit là où je vais en vacances.

9 Je prends tous les appels sur mon portable, même quand je suis à table.

10 Je n'éteins jamais mon portable, même la nuit.

11 Je préfère jouer à mon jeu vidéo en ligne que de sortir avec des copains.

12 Je communique de moins en moins au téléphone et de plus en plus par SMS ou réseau social.

13 Je veux toujours acheter le dernier gadget technologique dès qu'il sort sur le marché.

14 J'ai très peur de rater quelque chose d'important sur les réseaux sociaux.

15 Le soir, même si je suis fatigué(e), je repousse le moment de déconnecter.

16 J'ai l'impression que je n'ai pas assez de temps pour répondre à tous mes messages, visiter tous les sites, voir toutes les vidéos, etc.

- Vous avez moins de 6 « oui » :
  Vous êtes assez technophobe. Vous êtes équipé(e) mais ça ne vous passionne pas.
- Vous avez entre 7 et 12 « oui » :
  Vous aimez bien être connecté(e) mais vous savez contrôler votre utilisation des nouvelles technologies.
- Vous avez plus de 13 « oui » :
  Vous êtes technophile, mais un peu trop dependant(e). Attention !

---

1 Lisez, écrivez et parlez

Répondez aux questions sur le texte de Louane. Vérifiez avec un(e) camarade et discutez vos réponses.

1   Pourquoi Louane a-t-elle paniqué le 21 septembre ?

2   Pourquoi ses parents l'ont-ils amenée chez le docteur ?

3   Qu'est-ce qui l'a rendue accro, selon elle ?

4   Qu'est-ce que ses parents ont fait pour l'aider ?

5   Qu'est-ce qui était le plus dur pour Louane au début ?

6   Que pense-t-elle du temps qu'elle passait avant sur les réseaux sociaux ?

7   Qu'est-ce qu'elle a recommencé à faire ?

8   Pourquoi dit-elle qu'elle sentait moins la pression des autres ?

9   Pourquoi n'a-t-elle pas lu ses messages quand elle a rallumé son portable ?

10   Quelles mesures prend-elle maintenant pour ne pas retomber dans son addiction ?

2 Lisez et écrivez

1 Trouvez dans le texte de Louane quatre phrases au style indirect (voir *Grammaire en contexte*, page 137). Mettez-les au style direct.

> *Exemple : (lignes 10–11) Mes parents m'ont dit que je devais voir un docteur. Mes parents m'ont dit : « Tu dois voir un docteur ».*

2 Chacun des mots suivants se réfère à quelqu'un ou à quelque chose dans le texte de Louane. Indiquez à qui ou à quoi chaque mot se réfère.

Dans la phrase...	le mot...	se rapporte à...
Exemple : Ça me paniquait tellement de l'avoir perdu (ligne 8)	**« l' »**	**mon portable**
1 que je l'ai allumé (ligne 32)	« l' »	
2 Je les ai tous effacés (ligne 34)	« les »	
3 Je l'ai remercié (ligne 36)	« l' »	

3 Lisez et écrivez

Lisez l'encadré *Grammaire en contexte* et reliez les débuts et fins de phrases sur le texte de Louane.

Exemple : C'est le premier billet de blog de Louane   [A]

1 Elle est allée chez le médecin parce qu'elle dormait mal   ☐

2 Elle était devenue accro à son blog   ☐

3 Elle s'est sentie isolée   ☐

4 Ses parents la surveillaient   ☐

5 Elle a réussi à rester déconnectée   ☐

A *depuis longtemps.*

B pendant le premier mois.

C pendant qu'elle faisait ses devoirs.

D pendant plusieurs mois.

E depuis qu'elle recevait des commentaires flatteurs.

F depuis des semaines.

📖 *Cahier d'exercices 12/2*

4 Écrivez

Imaginez la lettre que la mère de Louane écrit à M. Dujardin, professeur principal de Louane, pour expliquer le problème de sa fille. Utilisez les éléments du texte et écrivez au moins 100 mots.

Exemple

> 15 janvier 20XX
>
> Monsieur Dujardin,
>
> Je vous écris pour vous parler de ma fille, Louane. Elle nous inquiétait depuis plusieurs semaines parce qu'elle avait souvent mal à la tête et elle dormait mal. Puis, le 21 septembre,...

5 Imaginez

À deux, inventez les trois conversations de Louane avec son docteur, le 21 septembre, puis en octobre et en janvier. Jouez les scènes à la classe.

Exemple

Docteur : Bonjour, Louane. Qu'est-ce qui se passe ?

Louane : J'ai perdu mon téléphone ! Je ne me sens pas bien...

6 Lisez et parlez

À deux, faites le test, page 140. Ensuite, inventez d'autres phrases pour le test et la classe réagit par oui ou non.

Exemple : J'ai mes écouteurs dans les oreilles 24 heures sur 24.

Grammaire en contexte

Exprimer la durée : *depuis (que), pendant (que)*

Depuis ou *depuis que* indique le début et la continuité : l'action dure (ou durait) encore au moment où on parle (ou parlait). Avec *depuis*, les verbes sont au présent ou à l'imparfait, jamais au futur.

Elle écrit un blog depuis un an. (Elle l'écrit encore.)

Elle écrivait un blog depuis qu'elle avait son portable. (Elle l'écrivait encore quand on parlait.)

Pendant ou *pendant que* indique une durée limitée : l'action ne dure (durait) plus au moment où on parle (parlait).

Elle a écrit un blog pendant un an. (Elle ne l'écrit plus.)

Elle écrira un blog pendant qu'elle voyagera en Australie. (Elle ne l'écrira plus après.)

Le cyber-harcèlement

Ludovic Augier, journaliste, a fait une enquête sur le cyber-harcèlement. Il a obtenu de nombreux renseignements grâce à l'Observatoire des Droits de l'Internet, à Bruxelles, en Belgique. Il répond à nos questions.

Question 1 ?

Une victime de cyber-harcèlement se fait insulter ou menacer sur les messageries instantanées, dans les forums, les tchats, les jeux en ligne, les courriers électroniques. Elle peut aussi faire l'objet de moqueries, d'humiliation ou d'intimidation dans des groupes ou des pages spécialement créés sur les réseaux sociaux ou les sites de partage de photographies. Une victime peut également se faire pirater son compte ou bien se faire voler son identité en ligne. Le nombre de victimes ne fait qu'augmenter.

Question 2 ?

Se faire harceler par quelqu'un en face de vous, c'est grave mais en général, il n'y a pas beaucoup de témoins. Par contre, un cyber-harceleur peut faire passer des messages très rapidement, à un très large public et ceci à n'importe quelle heure du jour ou de la nuit. La victime n'a plus aucun contrôle et elle n'a plus aucun refuge, même pas à la maison. En plus, comme le harceleur reste souvent anonyme, caché derrière un pseudo, et qu'il n'y a pas de contacts réels, il peut faire souffrir sa victime encore plus que si elle était en face de lui. Et puis, Internet n'oublie rien : on ne peut pas faire disparaître les mots ou les photos publiés.

Question 3 ?

Cette forme de violence peut affecter la santé mentale des victimes. Contrairement à la violence ordinaire, les victimes sont souvent seules face à l'écran et il n'est pas facile pour leurs camarades de les aider. La victime connaît donc un état d'insécurité 24 heures sur 24, 7 jours sur 7 et elle se sent encore plus isolée et vulnérable. Cela peut aller jusqu'à la dépression ou même au suicide.

Question 4 ?

Tout d'abord, il faut protéger ses informations personnelles en ligne : ne pas donner son nom, son prénom, son âge, son adresse. Il faut bien gérer les paramètres de confidentialité, ne pas partager son mot de passe, choisir un pseudo neutre. Il ne faut pas diffuser trop de photos et ne pas allumer sa webcam avec des inconnus. Il ne faut pas faire confiance aux personnes « virtuelles ». Il ne faut jamais aller à un rendez-vous fixé avec un « cyber-ami » sans en parler à ses parents.
Si vous êtes victime de cyber-harcèlement, sauvegardez et imprimez les menaces et parlez-en aux parents ou aux professeurs, à une ligne d'aide téléphonique ou à la police.

Campagne « stop au harcèlement sur Internet »

Ludovic Augier
@Ludogier

@stopaucyberharcèlement Un de tes amis est harcelé ou harceleur. Que vas-tu faire ? Ne sois pas un témoin silencieux, réagis ! Dis non au cyber-harcèlement.

Point info

Selon l'Observatoire des Droits de l'Internet, sur 20 000 jeunes questionnés, un jeune Européen sur trois avoue avoir été victime de cyber-harcèlement. Les victimes sont plus souvent les filles que les garçons (58% contre 42%), et parmi les plus jeunes (45% des 12–14 ans, 25% des 9–11 ans et 28% des 15–17 ans).

Un jeune sur cinq déclare avoir été l'auteur de harcèlement. Le profil type du harceleur : un garçon de 15 ans ou plus, en lycée professionnel mais peu intéressé par les études, assez sûr de lui, qui aime dominer et qui est grand consommateur de tabac et d'alcool. Environ 50% des harceleurs se sont fait harceler eux-mêmes.

1 Compréhension

Lisez le texte, page 142. Il n'y a pas les questions, c'est à vous de les retrouver. Pour cela, faites correspondre les questions ci-dessous avec les paragraphes. Notez la lettre correspondant à chaque bonne réponse. **Remarque** : il y a plus de questions que de paragraphes.

Exemple : Question 1 C

A   Quelles sont les conséquences du cyber-harcèlement sur les victimes?

B   Qui le cyber-harcèlement affecte-t-il le plus ?

C   Comment devient-on victime de cyber-harcèlement ?

D   Qui sont exactement les harceleurs?

E   Quels conseils donneriez-vous aux jeunes pour éviter le cyber-harcèlement ?

F   Qu'est-ce qui différencie le cyber-harcèlement du harcèlement ordinaire?

2 Lisez et écrivez

Les phrases suivantes sont soit vraies, soit fausses. Notez la bonne réponse. Justifiez votre réponse en utilisant des mots tirés du texte.

Exemple : Il y a de plus en plus de victimes de cyber-harcèlement. VRAI. Justification : leur nombre ne fait qu'augmenter

1   Une fois chez elle, la victime est tranquille et protégée contre le harcèlement.

2   Un harceleur peut faire plus de mal à la victime en ligne que face à face.

3   Ce n'est pas difficile d'aider un(e) camarade victime de cyber-harcèlement.

4   Le cyber-harcèlement est extrêmement stressant pour la victime.

5   Pour diminuer le risque de harcèlement, on ne doit donner son mot de passe à personne.

6   L'utilisation de la webcam ne présente aucun danger.

7   Quand on reçoit des menaces, il faut garder des preuves.

Grammaire en contexte

Le double infinitif : *(se) faire* + infinitif

Faire + infinitif : indique que le sujet a besoin d'une autre personne pour réaliser l'action.

Il fait passer des messages. (Des gens passent ses messages à d'autres.)

Je fais réparer mon ordinateur. (Un spécialiste répare mon ordinateur.)

Se faire + infinitif : indique qu'une autre personne fait subir l'action au sujet.

Je me fais insulter. (Quelqu'un m'insulte.)

Je me fais couper les cheveux. (Quelqu'un me coupe les cheveux.)

3 Lisez et parlez

Donnez des réponses personnelles aux questions **A–F** de l'activité 1 ci-dessus. Comparez vos réponses avec un(e) camarade.

4 Écrivez

Une amie vous envoie un e-mail expliquant qu'elle se fait harceler sur les réseaux sociaux, qu'elle ne sait pas quoi faire et qu'elle est désespérée. Répondez-lui par e-mail. Posez-lui des questions pour savoir ce qui se passe exactement et donnez-lui des conseils. Pour réaliser cette tâche, utilisez seulement les informations fournies dans le texte mais en évitant de recopier de longs extraits. Écrivez au moins 50 mots.

5 Lisez et écrivez

Répondez au tweet de Ludovic. Attention, vous ne pouvez utiliser que 140 caractères !

Exemple : Non au cyber-harcèlement ! J'en parle à mes parents ou j'appelle une ligne téléphonique d'entraide pour avoir les conseils d'experts.

6 Parlez et écrivez

Vous participez à la campagne *Stop au harcèlement sur Internet* et on vous a demandé de créer un dépliant pour encourager les jeunes, victimes ou témoins de harcèlement, à le signaler. À deux, discutez d'abord du contenu de votre dépliant, puis écrivez-le. Mentionnez les différents types de cyber-harcèlement, les conséquences possibles, et ce qu'un témoin doit faire, à qui il / elle peut parler, etc.

 Cahier d'exercices 12/3

Internet, c'est aussi pour s'amuser !

Julie et son ami Yohan sont des fans de jeux vidéo. Ils aiment jouer à des jeux multijoueurs en ligne.

Le Seigneur des Châteaux

« Même si vous n'êtes pas fan de l'univers médiéval, vous aimerez ce jeu de rôle. Je l'ai essayé récemment et il est maintenant gratuit, sauf si vous voulez personnaliser vos personnages : dans ce cas, il faut aller dans le magasin en ligne. Moi, je les ai personnalisés en payant quelques euros pour des accessoires et des costumes. Avec l'avatar que j'ai créé, j'ai participé à beaucoup de missions. Elles étaient assez simples et des fois décevantes, mais j'ai aussi collaboré avec des joueurs que j'ai rencontrés en ligne, et les missions que j'ai réalisées avec eux ne m'ont pas déçu : elles étaient plus complexes et intéressantes. Le scénario est passionnant et le graphisme est impressionnant pour un jeu gratuit. Alors, n'hésitez pas ! »

De Zéro à Héros

« Je pensais que ce jeu allait être original parce que c'est une parodie de super héros : le personnage du départ est le contraire d'un héros, mais de mission en mission, il devient un super héros. L'idée me semblait bonne, mais finalement, je n'ai pas trouvé le scénario très drôle. En plus, les missions que j'ai faites étaient très répétitives. Je suis allée dans les différentes zones du jeu, mais comme il n'y en a pas beaucoup, je les ai vite toutes découvertes. Le héros n'était pas super non plus. Je ne l'ai pas personnalisé parce que ce n'était pas possible et le graphisme n'est pas très sophistiqué. La partie que j'ai faite avec d'autres joueurs ne m'a pas impressionnée non plus : il n'y a pas assez de participants alors je me suis ennuyée. Je me suis même demandé s'il y avait d'autres joueurs en ligne ! Un copain m'avait prévenue que ce jeu n'était pas super. Heureusement, il est gratuit ! Alors, jouez-y, mais seulement si vous n'avez rien d'autre à faire ! »

 Cahier d'exercices 12/4

Rappel grammaire

L'accord du participe passé

… avec l'auxiliaire *être*

Le participe passé s'accorde avec le sujet de la même façon qu'un adjectif.

Elles sont allées en ligne.

Le participe passé d'un verbe pronominal s'accorde avec le complément d'objet direct du verbe (COD) placé devant le verbe. Souvent, ce COD est le pronom réflexif.

Elles se sont rencontrées en ligne.

Le participe passé d'un verbe pronominal ne s'accorde pas si le COD est placé après le verbe (ou si le complément est COI).

Elle s'est lavé les mains.

Ils se sont acheté un jeu vidéo.

Ils se sont téléphoné tous les jours. (COI)

… avec l'auxiliaire *avoir*

Le participe passé ne s'accorde jamais avec le sujet :

Il a joué. Elle a joué. Nous avons joué.

Le participe passé ne s'accorde jamais avec le COD s'il est placé après le verbe :

J'ai acheté ce jeu. J'ai acheté ces accessoires.

Le participe passé s'accorde avec le COD, seulement s'il est placé **avant** le verbe:

Ces cartes, je les ai achetées hier.

Quelles cartes as-tu achetées ?

J'aime les cartes que tu as achetées.

Attention, pas d'accord avec en :

Des cartes, je n'en ai pas encore acheté.

---

1 Compréhension

Lisez les deux critiques de jeux vidéo, par Julie et Yohan. Est-ce qu'elles sont positives ou négatives ?

2 Lisez

Relisez attentivement. Quel texte a été écrit par Julie ? Comment le savez-vous ? (4 indices)

3 Parlez

Discutez en classe de ce que disent Julie et Yohan sur les points suivants :

- le scénario
- le graphisme
- la personnalisation
- les missions
- la version multijoueurs

Exemple : Julie explique que le scénario…

4 Parlez

Relisez les textes en les adaptant pour Julie et Yohan.

Exemple

A : <u>Julie et moi l'avons</u> essayé récemment…

B : <u>Yohan et moi pensions</u> que ce jeu allait être original…

5 Écrivez

À votre tour d'écrire la critique d'un jeu vidéo pour votre correspondant français (au moins 120 mots). Mentionnez les points de l'activité 3.

Les nouvelles technologies : les avantages et les inconvénients

Les nouvelles technologies : le mur des opinions

1. faire partie d'une communauté qui partage ses intérêts
2. ignorer la véritable identité de la personne à qui on parle
3. être joignable à tout moment et pouvoir appeler en cas d'urgence
4. télécharger des virus
5. se faire filmer ou photographier à tout moment sans le savoir
6. briser l'isolement et se créer un réseau de nouveaux amis
7. dévoiler sa vie privée dans un espace public
8. profiter des nombreuses applications
9. se faire voler son identité en ligne
10. écrire et envoyer des documents joints
11. être confronté à des contenus choquants et violents
12. accéder à une immense variété de données
13. rencontrer des personnes malintentionnées
14. rester en contact avec des amis
15. voir ses photos déformées et ridiculisées
16. communiquer et s'exprimer librement
17. pouvoir se voir et parler en même temps
18. recevoir des e-mails en chaîne ou de faux e-mails
19. se faire envahir par la publicité (spam)
20. s'amuser avec des personnes du monde entier

1 Lisez et parlez

À deux, classez les graffitis sur les nouvelles technologies en deux groupes : positifs et négatifs. Expliquez pourquoi.

Exemple : 1 C'est positif, parce que c'est enrichissant de pouvoir discuter avec des gens qui viennent du monde entier et qui aiment les mêmes choses que vous.

2 Écrivez

Ajoutez vos propres graffitis sur le mur des opinions.

Exemple

+ *ne plus s'ennuyer*
− *devenir accro*

3 Écrivez

1. Écrivez au moins 50 mots sur l'un des sujets suivants.

   - Vous êtes responsable du club informatique à la Maison des Jeunes de votre ville. Pour alerter les jeunes utilisateurs sur les dangers des jeux en ligne, vous mettez **une affiche** dans la salle des ordinateurs. Dans le texte de cette affiche, vous devez mentionner les avantages de ces jeux, les dangers et les précautions à prendre.

   - Le lycée a organisé un nouvel espace de tchat privé en ligne et des séances pour informer les membres des dangers de l'Internet. Vous postez **un billet sur le blog** de l'école. Dans le texte du blog, vous devez mentionner les avantages de cet espace, les dangers d'Internet et les précautions à prendre.

2. Écrivez au moins 100 mots sur l'un des sujets suivants.

   - Une amie française a été victime de cyber-harcèlement par des gens de son lycée. Elle est très déprimée et ne parle plus à personne, uniquement à vous. Vous décidez d'écrire **une lettre** à ses parents pour les informer de la situation. Expliquez les effets que le cyber-harcèlement a sur votre amie, et faites des suggestions pour arrêter le harcèlement.

   - On vous a demandé d'écrire **un article** dans le magazine du lycée sur « les jeunes et Internet ». Vous faites une enquête parmi les élèves du lycée. Vous écrivez ensuite l'article dans lequel vous mentionnez : comment vos camarades utilisent Internet, les côtés positifs et négatifs de leurs activités sur Internet et les précautions à prendre.

   - Dans votre **journal intime**, vous racontez une journée-type dans votre vie d'adolescent(e) hyper-connectée. Dites à quel point vous êtes accro de nouvelles technologies, comment cela affecte votre vie quotidienne et ce que vous faites ou essayez de faire pour ne plus être aussi accro.

Révisions

Internet : la révolution du 20ème siècle !

1 Parlez

1 À votre avis, qui sont ces personnes ?

2 Dans quelle pièce de leur maison sont-elles ?

3 Que font-elles ?

4 Pourquoi ont-elles besoin de l'ordinateur ?

5 Est-ce que la photo illustre bien le titre de cette page : « Internet : la révolution du 20ème siècle ! » ?

2 Imaginez

Regardez ce dessin. À votre avis, de quoi s'agit-il ?

Imaginez une légende pour l'accompagner.

Remerciements

Pour leur autorisation de reproduction tous nos remerciements à :

IMAGES

Couverture: Markhunt – Dreamstime.com, auremar – Fotolia, oliveromg – Shutterstock, Fabiana Ponzi – Shutterstock, Vaclav Volrab – Shutterstock, zoetnet (CC), catmando – Fotolia, France Chateau – Alamy

Marish – Shutterstock (p5), Momius – Fotolia (p5), Auremar – Shutterstock (p6), Tanandda – Fotolia (p7), SergiyF – Fotolia (p7), Luckraccoon – Shutterstock (p7), Claud B. – Shutterstock (p7), Fotokostic – Shutterstock (p7), Bob Klissours – Shutterstock (p8), Lightpoet – Shutterstock (p8), Michaeljung – Shutterstock (p9), Rook76 – Fotolia (p9), Maridav – Fotolia (p10), Atlantis – Fotolia (p10), Antalia – Fotolia (p10), Nuiiun – Fotolia (p10), Dirk Ercken – Shutterstock (p11), www.inigo-volontariat & Nicolas MAHE (p12), Peshkova – Fotolia (p13), ullstein bild/Getty Images (p14), Believeinme – Dreamstime.com (p14), sutichak – Fotolia (p17), Andrey_Popov – Shutterstock (p17), ben bryant – Shutterstock (p17), Geneviève Talon (p17, p20), Mediapart (p17), NetPhotos – Alamy (p17), Maridav – Shutterstock (p18), Household Hacker (p21), Erica Guilane-Nachez – Fotolia (p21), Rido – Fotolia.com (p22), michaeljung – Fotolia (p23), CC crepsqy (p24), Antonioguillem – Fotolia (p24), © Archives / Agence QMI (p26), CC Ronny Junnilainen (p27), CC Miss Karen (p28), CC Patrick Subotkiewiez (p28), cronopio – Fotolia (p29), Mirage3 – Dreamstime.com (p30), Gloria P. Meyerle – Dreamstime.com (p30), MonkeyBusinessImages – Dreamstime.com (p31), contrastwerkstatt – Fotolia (p31), jpgon – Fotolia (p33), KavalenkavaVolha – Fotolia (p33), shockfactor.de – Fotolia (p33), PhotoSky – Shutterstock (p34), Aide et Action (p34, p35), Michael Pettigrew – Fotolia (p36), alphaspirit – Fotolia (p36), tackgalichstudio – Fotolia (36), Karol Kozłowski – Fotolia (p36), gpointstudio – Fotolia (p36), Everett Collection Historical / Alamy (p39), Le cadran solaire, © Robert Doisneau/Rapho (p40), kichigin19 – Fotolia (p41), tycoon101 – Fotolia (p41), pf30 – Fotolia (p41), CC EC/ECHO/Cyprien Fabre (p41), Sergey Nivens – Fotolia (p42), Africa Studio – Fotolia (p42), grgroup – Fotolia (p43), CC Lauren Seibert (p45), Agence DER – Fotolia (p46), Miss Natïaa (p47), Hugo Félix – Fotolia (p48), Monkey Business – Fotolia (p48), Robert HM Voors – Shutterstock (p51), Bombaert Patrick – Fotolia (p51), Caey K. Bishop – Shutterstock (p51), Alenavlad – Fotolia (p51), Alina G. – Fotolia (p51), Andrey Burmakin – Fotolia (p51), donatas1205 – Fotolia (p51), Everette Collection – Shutterstock (p51), Danièle Bourdais (p51), CC Davide Costanzo (p51), peschkova – Fotolia (p52), Romain Gary (Emile Ajar), La vie devant soi (Collection « Folio»), © Gallimard (p52), Chlorophylle – Fotolia (p52), Marguerite Abouet et Clément Oubrerie, Aya de Yopougon. Edition du film (Bandes dessinées hors collection) (p53), La cour de Babel, Une création Christophe Blain, copyright Pyramide (p54), air – Fotolia (p55), nito – Shutterstock (p55), Image utilisée avec la permission de Camille Rutherford (p56), Zic Zazou, spectacle Brocante Sonore, Ville de Saint Dié des Vosges (p58), Hector Conesa – Shutterstock (p59), pauli197 – Fotolia (p59), morane – Fotolia (p59), Gilles Paire – Shutterstock (p59), Nolte Lourens – Shutterstock (p59), CC muffinn (p60), coralie labbé – Fotolia.com (p61), CC Mana Moo (p61), MF – Fotolia (p61), World History Archive / Alamy (p62), Richard Villalon – Fotolia (p63), Pétrouche – Fotolia (p63), CandyBox Images – Fotolia (p64),

Sabphoto – Fotolia (p65), coramax – Fotolia (p66), contrastwerkstatt – Fotolia (p66), michaeljung – Fotolia (p68), peshkova – Fotolia (p69), JPC-PROD – Fotolia (p69), Maridav – Fotolia (p70), Eléonore H – Fotolia (p71), apops – Fotolia (p72), Chany167 – Fotolia (p72), Philippe Devanne – Fotolia (p73), CC Maya-Anais Yataghere (p73), chris32m – Fotolia (p74), contrastwerkstatt – Fotolia (p74), industrieblick – Fotolia (p74), SADEQ – Fotolia (p75), Paty Wingrove – Fotolia (p75), auremar – Fotolia (p75), KeeT – Fotolia (p75), Rene Wouters – Fotolia (p75), CC Keith Williams (p75), Maryia Bahutskaya – Fotolia (p75), FikMik – Fotolia (p76), CC Shawn Carpenter (p76), CC Peter Mooney (p76), CC Jake Brown (p76), Syda Productions – Fotolia (p78), CC Muséum de Toulouse (p78), CC fhwrdh (p78), CC hardworkinghippy (p82), Martinan – Fotolia (p82), Rawpixel – Fotolia (p82), stillkost – Fotolia (p82), Blacqbook – Shutterstock (p82), Krawczyk-Foto – Fotolia (p83), Monkey Business – Fotolia (p84), gawriloff – Fotolia (p84), Monkey Business – Fotolia (p85), pio3 – Shutterstock.com (p86), Chantal de Bruijne – Shutterstock.com (p86), Sergey Nivens – Fotolia (p87), Vera Kuttelvaserova – Fotolia (p87), © Jacques Mangé – Illustrateur France (p88), westfotos.de – Fotolia (p89), smuay – Fotolia (p89), Boris Bulychev – Fotolia (p89), CC klndonnelly (p90), Kaesler Media – Fotolia. (p90), La recharge (p91), Sandor Kacso – Fotolia (p93), Alx – Fotolia (p94), martin33 – Fotolia (p95), womue – Fotolia (p95), CC albertlecuistot (p95), Pixinoo – Fotolia (p95), Wolfgang Jargstorff – Fotolia (p95), mangostock – Fotolia (p97), Aaron Amat – Fotolia (p97), zmijak – Fotolia (p98), CC Kevin Dooley (98) mangostock – fotolia (p99), Hugo Félix – fotolia (p99), Danielle Bonardelle – fotolia (p101), CC Didier ZMI (p101), CC J, Viard (p101), Photographee.eu – Fotolia (p102), Jérôme Rommé – Fotolia (p103), Three Rocksimages – Fotolia (p104), Igor Zakowski – Fotolia (p104), Eléonore H – Fotolia (p105), Pétrouche – Fotolia (p106), michaeljung – Fotolia (p107), DNF-Style – Fotolia (p107), Barabas Attila – Fotolia (p107), Vitalinka – Fotolia (p108), CC TeeWee.eu (p109), Gelpi – Fotolia (p109), Monkey Business – Fotolia (p109), Erica Guilane-Nachez – Fotolia (p110), al1center – Fotolia (p111), boonsom – Fotolia (p111), victor zastol'skiy – Fotolia.com (p111), trubavink – Fotolia.com (p111), mb67 – Fotolia.com (p111), FiCo74 – Fotolia.com (p111), Beboy – Fotolia.com (p111), rh2010 Fotolia (p112), elnariz fotolia (p112), robyelo357 Fotolia (p112), AUFORT Jérome – Fotolia (p112), DURIS Guillaume – Fotolia (p112), PhotoKD – Fotolia (p112), Cyril Comtat – Fotolia (p112), alpegor – Fotolia (p112), CC Colin Cowley (p114, p116, p117), CC akunamatata (p114), CC NASA's Earth Observatory (p114), CC Shever (p114), CC Theresa Carpenter (p114), Ekaterina Pokrovsky – Shutterstock (p115), CC Department for International Development / Russell Watkins (p116), paulmz – Fotolia.com (p117), DLeonis – Fotolia.com (p118), 3355m – Fotolia (p118), sergeysikharulid – Fotolia (p118), overcrew – Fotolia (p118), filipefrazao – Fotolia (p118), CC Hadley Paul Garland (p118), DiversityStudio – Fotolia (p120), mariesacha – Fotolia (p120), ployubon – Fotolia (p120), Sura Nualpradid – Shutterstock (p120), 2visuals – Fotolia (p121), CC RIBI Image Library (p122), laurent dambies – Fotolia (p122), Nolte Lourens – Fotolia (p123), liandstudio – Fotolia (p124), stillkost – Fotolia (p124), bst2012 – Fotolia (p124), grafikplusfoto – Fotolia (p124), Samuel Borges – Fotolia (p124), CC Russell Watkins/Department for International Development (p126),

Max Havelaar France (p127), Artisans du Monde (p127), Antonioguillem – Fotolia (p128), L'enfant multiple, Andrée Chedid, Pierre Mornet © Éditions J'ai lu (p128), CC MONUSCO/Sylvain Liechti (p130), dinostock – Fotolia (p130), loreanto – Fotolia (p130), xixinxing – Fotolia (p130), CC Mathieu Nivelles (p132), katrin_timoff – Fotolia (p132), Piero Gentili – Fotolia (p132), vlam1 – Fotolia (p132), Jörg Hackemann – Fotolia (p132), CC Julien Harneis (p132), DragonImages – Fotolia.com (p135), CREATISTA – Shutterstock (p135), Eléonore H – Fotolia (p136), stokkete – Fotolia (p136), Uolir – Fotolia (p136), Kramografie – Fotolia (p136), Kimberly Reinick – Fotolia (p136), Fyle – Fotolia (p136), graham tomlin – Fotolia (p136), satopon – Fotolia (p136), pixindy – Fotalia (p136), AntonioDiaz – Fotolia (p137), CC karah24 (p138), Association Biblio'Brousse (p 138), Photographee.eu – Fotolia (p140), goodluz – Fotolia (p142), Moneky Business Images – Fotolia (p143), NLshop – Fotolia (p143), Africa Studio – Fotolia (p144), Serp – Fotolia (p144), Fredy Sujono – Fotolia (p144), CC Joe Shlabotnik (p146), Prends le contrôle de tes données personnelles. © Union européenne, 2012. Illustrations: © Pierre Krol (p146)

TEXTES

PAROLES 'Les vacances au bord de la mer' – lyrics by Pierre Grosz, music by Michel Jonasz, © Warner Chappell Music France – 1975 (p6); Compagnons Bâtisseurs & Sarah CRISCI (p16); Institut de statistique de l'UNESCO (ISU), 2013, http://www.uis.unesco.org/datacentre (p29); Cité Scolaire Internationale de Lyon (p32); Albert Camus, "Le premier homme" © Gallimard (p39); Amon Rémy Marlet www.Dakaroiseries.com (p44); La Grande Battle, Le Figaro (p58); mangerbouger.fr (p80); Radio-Canada & Ici.Explora TV (p92); © Natagora (p96); Fédération Européenne des Solidarités de Proximité http://www.immeublesenfete/ http://www.voisinssolidaires.fr/ (p100); REUTERS / A. Lat if/ UNHCR (p123)

Nous avons fait notre possible pour obtenir les autorisations de reproduction des textes et images publiés dans cet ouvrage. Dans le cas où des omissions ou des erreurs se seraient glissées dans nos références, nous y remédierons dans les éditions à venir.

The authors and publishers acknowledge the aforementioned sources of copyright material and are grateful for the permissions granted. While every effort has been made, it has not always been possible to identify the sources of all the material used, or to trace all copyright holders. If any omissions are brought to our notice we will be happy to include the appropriate acknowledgements on reprinting.

CC refers to Creative Commons licenses.